교육학개론

송성순 · 공은화

창지사

머리말

2016년에 개최된 세계경제포럼(World Economy Forum)에서 포럼의 창립자이자 회장인 클라우스 슈밥(Klaus Schuwab)은 지금까지 인류가 경험해 보지 못한 빠른 전환으로써 지능정보기술 기반의 '4차 산업혁명'이 시작되고 있다고 발표하였고 이후 세계적인 이슈가 되었다. 4차 산업혁명은 우리 사회의 다양한 분야에서 엄청나게 빠른 속도로 융합적으로 변화를 가져올 뿐만 아니라, 과거의 변화 경험에서 벗어나 파괴적 양상을 보일 것으로 예측된다. 디지털 사회의 도래와 더불어 지식은 학교 교실이나 교과서에만 있는 것이 아니다. 이제는 스마트폰을 이용하여 언제 어디서나 원하는 지식이나 정보를 마음대로 얻을 수 있게 되었다.

또한 4차 산업혁명의 변화는 우리나라 교육에 커다란 위기요인이 될 수도 있지만 새로운 교육의 시스템을 디자인할 수 있는 좋은 계기가 될 수도 있다. 변화하는 사회에 맞는 새로운 인재상을 논의하고 핵심역량에 대한 재구성을 통해 교육의 방향을 새롭게 설정할 수 있기 때문이다. 교육과정, 교수-학습과정, 평가방법 등에도 새로운 전환이 요구된다. 주어진 문제에 대한 답을 찾기보다는 무엇이 문제인지를 찾아내고 스스로 문제를 만들어 낼 줄 아는 문제제기 능력 또는 문제창출 능력이 필요한 시대가 되었다. 전통적으로 교육은 가르치는 일(pedagogy)로 여겨져 왔지만, 이제는 교육의 중심축이 성인교육 또는 평생교육(andragogy)으로 옮겨져 왔으며, 앞으로의 사회에서는 자기주도적 교육의 필요성이 점점 증가할 것으로 예상된다.

자기주도적 학습은 학습자 스스로가 주체가 되어 필요한 지식과 정보를 찾거나 또는 직접 만들고 활용하며 동시에 타인과 공유해나가는 것을 의미한다. 자기에게 필요한 지식을 선택하고 활용하여 문제를 해결하고 자기주도적으로 학습을 이어가기 위해서는 창의적인 문제해결력과 의사소통 능력, 그리고 스스로 학습을 이끌어 갈 수 있는 능력이 필요하다. 수업방식, 학습방법에서도 참여학습, 협력학습, 동료학습, 문제기반학습, 프로젝트기반학습, 토론식 수업, 플립학습(flipped learning) 등을 통해서 학습자가 능동적으로 참여하고 학습하는 것이 필요하다. 한편, 점점 자동화되고 인공지능화되는 시스템 속에서 타인과 협동하는 대인관계 능력과 인간 소외(alienation)를 극복하고 삶의 의미를 찾는 인성교육, 심성개발 관련 교육의 요구는 오히려 점점 증대될 것으로 보인다. 그러므로 이에 대한 대처 방안도 필요하다.

이 책은 기존의 교육학개론에 있는 불필요한 부분을 과감하게 정리하여, 어려운 교육학의 개념을 보다 쉽게 이해하도록 간결하게 새로 썼으며, 4차 산업혁명시대에 발맞추어 학습자 주도의 교육방법 등을 자세하게 보충하여 교육학개론의 입문자, 교직으로 진출하고자 하는 대학생, 연구자는 물론, 일반인의 교양도서로도 손색이 없도록 노력하였다. 또한 인물사진, 도표, 그림 등을 풍부하게 삽입하여 단조로운 문자 일변도의 교재를 지양하고, 시청각적 효과를 높임으로써 집중력과 이해도를 높이도록 힘썼다.

이 책을 쓰면서 여러 차례의 교정을 통하여 내용을 다듬었지만 글의 논리적인 모순, 설명의 불충분, 논리의 비약, 오탈자로 인한 표현의 부자연스러움도 있을 수 있음을 밝혀둔다. 독자분들이 지적하신 부분은 향후 개정판이 나올 때 반드시 고쳐 쓰도록 하겠다.

끝으로 이 책이 나오기까지 인내심을 가지고 격려해주시고 도와주신 창지사의 양승수 상무님과 세심하게 원고 교정과 정리를 도와주신 박노율 교수님, 함께 집필 과정에 참여해 주신 공은화 교수님께 이 자리를 빌어 깊은 감사의 말씀을 전한다.

그리고 『교육학개론』의 출판을 맡아 완성해 주신 창지사 사장님과 편집부 직원 여러분들께 감사의 말씀을 전한다.

2022년 2월

대표저자 송성순

차 례

Chapter 1 교육의 이해

Chapter 2 교육의 역사적 기초

Chapter 3 교육의 철학적 기초

Chapter 4 교육의 사회적 기초

Chapter 5 교육의 심리적 기초

Chapter 6 교육과정

Chapter 7 교육방법의 이해

Chapter 9 교육평가

Chapter 10 생활지도와 상담

Chapter 11 평생교육

Chapter 14 교직의 이해

교육의 이해

CHAPTER 1

INTRODUCTION TO EDUCATION

1. 교육의 개념

1) 교육의 어원

교육을 한 마디로 정의하기는 쉽지 않다. 오랫동안 교육학을 가르쳐 왔거나 연구해 온 학자, 연구자들도 교육을 정의하는 방식과 내용에 대한 견해가 다양하다. 이처럼 다양하게 정의되고 있는 교육이 무엇인지를 파악하기 위해서는 동서양의 교육 어원을 살펴봄으로써 교육을 근원적으로 이해하는 데 도움이 될 수 있을 것이다.

먼저, 교육(敎育)의 동양적 어원 중 대표적인 것으로 중국과 우리나라의 교육 어원을 살펴볼 필요가 있다. 동양적 관점에서의 교육(敎育)은 '가르칠 교(敎)'와 '기를 육(育)'이 결합한 단어이다. 교(敎)는 본받을 효(爻)와 아들 자(子), 칠 복(攴)의 의미가, 육(育)은 아들 자(子)와 고기 육(肉)으로 결합되어 있다. 이는 윗사람이 아랫사람을 회초리로 가르치면서 윗사람이 가르치는 것을 본받게 하는 교(敎)와 어머니가 아이의 타고난 소질과 품성을 바르게 자랄 수 있도록 보호하며 기른다는 육(育)의 의미를 가지고 있다. 교육은 어머니가 아이를 보호하여 기르는 것처럼 아이의 내적 소질과 성향을 발전시켜 성숙한 인간이 되도록 길러 내는 활동이라는 의미이다.

교육의 서양적 어원은 영어와 독일어에서 찾아볼 수 있다. 교육을 뜻하는 영어 단어로는 '페다고지(pedagogy)'와 '에듀케이션(education)'을 들 수 있다. 페다고지는 그리스어의 '파이다고고스(paidagogos)'에서 유래된 말이다. 파이다고고스는 아동(paidos)과 이끌다(agogos)라는 말의 합성어다. 페다고지는 고대 그리스 시대에는 노예 신분이었던 가르치는 사람이란 뜻에 그 기원을 두고 있다. 가르치는 노예란 의미의 '교복(敎僕)'은 귀족 자제들을 학교에 데리고 다니면서 교육을 받게 하였고, 기본적인 가정교육을 담당하였다.

에듀케이션은 에듀카레(educare)와 '에듀케레(educarer)'에서 유래된 말이다. 에듀카레는 양육하다(bring up)라는 의미를 가지고 있으며, 부모가 미성숙한 상태에 있는 자녀를 성숙한 상태로 끌어올리는 것을 의미한다. 반면, 에듀케레는

'이끌어 내다(lead out, draw out)'라는 의미를 가지고 있으며, 부모가 자녀나 아동이 가지고 있는 잠재능력과 적성들을 잘 발현할 수 있도록 이끌어 내는 것을 의미한다. 이러한 어원을 바탕으로 교육을 뜻하는 영어 단어 에듀케이션(education)은 접두사 e(밖으로)와 ducare(이끌어 내다)가 결합된 합성어이다. 이는 교육이란 인간의 내부에 있는 소질이나 잠재력을 발휘하도록 밖으로 이끌어 내는 일이라는 의미이며, 독일어 에이지홍(erziehung)은 에이지헨(erziehen)의 명사로 '밖으로'라는 의미의 e와 '이끌어 내다'의 의미인 지헨(ziehen)이 결합된 뜻으로 아동의 내면과 잠재력을 이끌어 주는 것을 의미하고 있다.

이와 같은 교육에 대한 동서양의 어원을 종합해 보면, 동양적 어원에서의 교육은 윗사람이 아랫사람에게 무엇인가를 가르치고, 아랫사람은 윗사람의 가르침을 받아 올바른 방향으로 나아가는 데 초점을 두고 있다. 반면, 서양의 교육적 어원은 부모나 교사가 자녀나 아동들에게 가르치고 양육하는 일과 아동의 잠재능력이 잘 발현될 수 있도록 도와주는 두 가지의 의미를 동시에 지닌다. 이처럼 교육에 대한 동서양의 관점에는 어느 정도 차이가 있음을 알 수 있다. 그렇지만, 결국 교육이라는 말은 어원적으로 볼 때 동서양을 막론하고 성숙한 어른이 미성숙한 아동에게 가치 있는 무엇인가를 전수하거나 전달한다는 의미와 아동이 내재적으로 가지고 있는 잠재능력을 계발(啓發)하여 역량을 발현하도록 하는 것임을 알 수 있다.

2) 교육의 비유

교육을 구체적으로 이해하기 위한 하나의 방식으로 교육에 대한 비유가 도움이 된다. 교육의 대표적 비유에는 주형(鑄型)의 비유, 성장(成長)의 비유, 성년식의 비유를 들 수 있다.

(1) 주형(鑄型, mold)의 비유

주형의 비유는 교육에 대한 비유 중 가장 일반적인 비유로 오랫동안 광범위하게

|그림 1-1| 쇳물과 주형 틀

사용되었다. 주형의 비유는 교육에 대한 개념을 주물을 만드는 과정에 비유한 것이다. 이 비유에서 교육은 장인이나 제작자가 쇳물이나 진흙을 일정한 모양의 틀에 부어 어떤 모양을 만들어 내는 일로 이해하는 방식이다. 여기서 장인이나 제작자는 교사에, 쇳물이나 진흙과 같은 재료는 학생에 해당한다. 장인 혹은 제작자에 해당하는 교사는 교육과정에서 주도적 역할을 하고, 재료인 학생은 무엇인가로 만들어져야 할 존재로 인식된다. 이 비유에서 교육은 교사가 의도한 대로 학생은 수동적으로 따라가면 된다고 본다. 즉, 교사가 학생에게 무엇인가를 가르쳐 변화하게 한다는 전통인 주입식 교육을 중시하는 교육관을 보여 주고 있다.

주형 비유의 대표적인 학자로는 백지설을 주장한 로크(J. Locke), 교육 만능설을 주장한 왓슨(J. Watson)을 들 수 있다. 로크는 아동의 마음은 백지와 같아서 아동이 어떤 경험을 하고 교사가 어떤 형태의 자료를 제공해 주느냐에 따라 달라질 수 있다고 보았다. 행동주의자인 왓슨은 자극-반응 이론에 따른 조건화(conditioning)를 통해 건강한 신체를 가진 아이와 적절한 장소만 있으면 자신이 원하는 전문가를 얼마든지 만들어 낼 수 있다는 교육 만능설을 주장하였다.

주형의 비유는 교사가 학생에게 무엇인가를 가르치고 변화를 가져오도록 하는 일이라는 것을 잘 보여준다. 그러나 이 비유는 교사와 학생의 관계를 너무

로크

존 로크(J. Locke, 1632~1704)는 영국의 철학자로 현대 인류 사회가 탄생하는 데 가장 큰 영향을 미친 정치 학자 중 한 사람이자 근대 자유주의의 시조이다.

왓슨

존 브로더스 왓슨(J. Watson, 1878~1958)은 미국의 심리학자로, 종래의 의식 심리학을 반대하고, 행동주의 심리학을 제창하였다.

단편적으로 그릴 수 있다는 한계를 가지고 있다. 즉, 교사는 일방적으로 가르치는 존재로, 학생은 가르침을 그대로 받아들이는 수동적인 존재로 인식될 수 있다. 따라서 개성과 합리성을 중요하게 여기는 민주적 사회에서는 적절하지 않은 교육이라고 할 수 있다. 또한 교사중심의 교육을 당연시함으로써 교사가 권위주의에 빠지거나 학생을 인격적으로 부당하게 대우하는 도덕적인 문제가 발생할 수 있다.

(2) 성장(成長)의 비유

성장(成長)의 비유는 주형의 비유와 함께 교육에 관한 대표적인 비유지만 주형의 비유와는 반대된다. 성장의 비유는 식물이 스스로 잘 성장해 나가듯, 교육도 아동이 가진 잠재가능성을 자연스럽게 실현해 가는 과정으로 본다. 이 비유에서 아동은 식물에, 교사는 식물을 가 꾸는 정원사에, 교육의 과정은 식물의 성장과정에 해당된다. 성장의 비유에서는 식물의 성장이 전적으로 식물의 고유한 특성과 자연법칙에 따라 이루어지듯이 교육도 아동이 가진 특성과 잠재능력을 발달단계에 따라 자연스럽게 발현해 가도록 도와 주어야 한다고 보았다. 이 비유에서는 식물에 해당하는 아동 스스로가 자신의 잠재능력을 발현할 수 있도록 주도적인 역할을 해야 한다. 교사는 아동 자신이 잠재능력을 발현하도록 도와주는 역할을 해야 한다.

|그림 1-2| 식물의 성장과 정원사

성장 비유의 대표적인 예로 루소(J. Rousseau)의 교육관과 듀이(J. Dewey)를 비롯한 진보주의 학자들의 교육관에서 찾아볼 수 있다. 루소의 교육관은 『에밀』에 잘 드러나 있으며, '자연에 따라서(according to nature)'라는 말로 압축할 수 있다. 루소는 교육을 사회의 나쁜 영향으로부터 아동을 보호하고 아동의 자연적 성장을

격려하는 것으로 보았다. 듀이를 비롯한 진보주의 학자들은 아동의 내면적 성장과 자율성을 존중하는 '아동중심 교육(child-centered education)'을 표방하고 있다.

성장의 비유는 아동의 잠재능력과 심리적 발달단계를 고려한 교육에 주목하고 있으며, 교육에서 아동의 본성과 자율성이 무엇보다도 중요하다는 점을 강조하고 있다. 이처럼 아동의 본성을 존중하면서 자연의 원리에 따르는 교육에서는 교과와 그것을 가르치는 교사의 역할을 과소평가하는 경향이 있다. 즉, 교육은 아동 마음대로 하는 것이 아니라 적절한 권위를 가진 교사에 의해 지도되어야 한다는 사실을 간과하고 있다. 이는 아동의 자발성에 전적으로 의지할 경우, 수동적이고 소극적인 교육을 초래할 수 있을 뿐만 아니라 교육에 대한 확실한 목적과 방향성이 없기 때문에 교육 안정성이 결여될 수도 있다(신차균 외, 2006).

 루소	장자크 루소(J. Rousseau, 1712~1778)는 스위스 제네바 공화국에서 태어난 프랑스의 사회계약론자, 직접민주주의자, 공화주의자, 계몽주의 철학자이다. 루소는 물질과 정신은 함께 영원히 존재한다고 보는 이원론을 추구했으며 영혼은 불멸하다고 믿고 도덕적 관념을 생득적이라고 보았다. 사회학적으로는 봉건적 전제 지배를 격렬하게 공격하고 부르주아 민주주의를 지지하고 시민의 자유를 강조했다(네이버 지식백과).
 듀이	존 듀이(J. Dewey, 1859~1952)는 미국의 철학자이자 교육학자, 근대 교육학의 아버지이다. 종래의 교사 중심적이고 교과 중심적인 교육이론을 학습자 중심으로 바꾸어 '교육의 코페르니쿠스적 전환'을 이끌었다. 학습자의 상황과 사회적 맥락을 생각하지 않고 정제된 지식을 단순히 주입하는 교육은 죽은 교육이라고 비판하였으며, 교육은 실제 생활 속에서 이루어져야 하며 사회생활에 도움이 되어야 함을 주장하였다.

(3) 성년식의 비유

|그림 1-3| 전통 성인식

성년식의 비유는 주형의 비유와 성장의 비유의 한계를 보완하기 위한 것이다. 성년식의 비유는 주형의 비유가 교육내용을 지나치게 강조한 나머지 교육방법을 간과했다는 것과 성장의 비유에서는 교육방법을 강조한 나머지 교육내용을 간과한 것에 대한 대안적인 비유이다. 성년식의 비유는 미성년자가 성년식을 거쳐 어른이 되고 사회의 공적 구성원으로 인정받게 되는 것처럼 교육을 특정 사회의 일원으로 살아가는 데 필요한 것들로 입문시키는 과정으로 본다.

성년식의 비유는 피터스(Peters)가 제시한 비유이다. 피터스는 교육이 아이들을 '문명화된 삶의 형식으로 입문시키는 일'이라고 보았다. 우리가 어떤 세계에 입문한다는 것은 그 분야에서 반드시 알아야 할 규칙, 기능, 성향, 능력 등을 갖춰 나가는 것을 의미한다(이지헌 외, 2018). 학생을 문명화된 생활양식으로 입문시키기 위해서는 이를 위해 전달하는 교육내용과 이를 비판하고 발전시키는 교육방법을 분리해서 생각할 수 없다. 성년식의 비유는 교육을 사회의 공적 전통으로 보고 학생이 자발적인 방법으로 '가치와 지식세계'를 성취할 욕구를 갖게 하는 과정으로 볼 수 있다(이신동 외, 2020).

표 1-1 교육 비유의 특징 비교

구분	주형의 비유	성장의 비유	성년식의 비유
특징	• 교육 과정: 장인이 재료를 틀에 부어 물건을 만들어 내는 과정 • 교사: 장인 • 학생: 재료 • 교사와 아동은 수직적 관계 • 전통적이고 상식적인 교육관 • 교사중심 • 아동은 수동적 존재 • 교육내용 중시	• 교육 과정: 식물의 성장 • 교사: 정원사 • 학생: 식물 • 교사와 아동은 수평적 관계 • 아동중심 • 아동은 능동적 존재 • 교육방법 중시	• 주형과 성장의 대안적 비유 • 교육내용과 교육방법 모두 중시
대표적 형태	• 로크의 교육관 • 행동주의 교육관	• 루소의 교육관 • 진보주의 교육관	• 피터스의 교육관

3) 교육의 정의 방식

교육의 개념을 좀 더 정확하게 파악하기 위해서는 교육의 대표적 정의에 대한 이해가 선행되어야 한다. 교육에 대한 정의는 문제의식과 정의하는 방식이 학자마다 의견이 다양하다. 그러므로 교육의 정의를 분석하기 위해서는 교육을 정의하는 방식에 대한 이해가 필요하다. 여기서는 셰플러(Israel Scheffler, 1960)가 주장하는 교육의 대표적인 정의방식을 기준으로 살펴보고자 한다.

셰플러

셰플러(Israel Scheffler, 1923~2014)는 대표적인 현대 교육철학가로 1952년부터 2003년까지 52년간 하버드 대학교에서 철학을 가르쳤다. 존 듀이의 실용주의를 계승하였으며 특히 분석교육철학을 대표하는 학자이다. 그의 주된 관심사는 언어와 상징, 과학과 교육 사이의 관계를 철학적으로 분석하는 것이다. 브루클린대학교, 컬럼비아대학교, 펜실베니아 대학교에서 철학을 공부하였으며 하버드대학 조교와 브랜다이스 대학교 만델센터 방문교수를 역임하였다.

출처: 『Gallery of Scholars』(2005): Scheffler, Israel, 민음사 저자 소개).

(1) 규범적 정의

규범적 정의(programmatic definition)는 교육을 통해 추구하고자 하는 가치를 중심으로 교육을 정의한다. 교육은 '개인의 자아실현을 돕는 것이어야 한다.'라고 정의하는 것이 규범적 정의 방식의 좋은 예시이다. 이 정의에서 교육의 가치는 바로 개인의 '자아실현'이고 이처럼 교육이 지향해야 할 가치를 중심으로 교육을 규정하는 것을 '규범적 정의'라고 한다(성태제 외, 2020). 즉, 규범 또는 강령이 포함되어 있는 정의를 의미한다.

교육에 대한 규범적 정의로 가장 많이 언급되는 것이 피터스의 정의이다(Richard Stanley Peters, 1966). 피터스는 교육을 근본적으로 교육의 내재적 가치를 온당한 방식으로 의도적으로 전달하는 행위로 보았다. 그는 개인이 합리적 사고와 경험을 하도록 도와 주기 위해서는 교육에 대한 합리성을 갖추고 있어야 하며, 강요나 조건화에 의한 방법으로 교육하는 것은 진정한 의미의 교육에서 벗어난 행위라고 보았다. 그러므로 교육에서 규범적 정의는 가치의 맥락에서 교육의 의미를 밝힐 필요가 있을 때 의미 있게 사용된다.

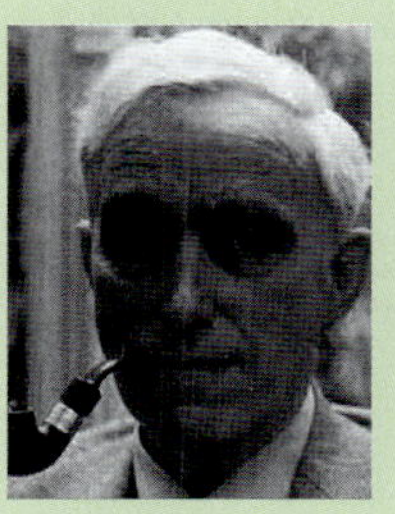

피터스

리처드 스탠리 피터스(Richard Stanley Peters, 1919~ 2011)는 영국의 철학가로 주로 정치 이론, 심리철학, 교육철학을 연구했다. 피터스의 초기 연구 분야는 동기, 감정, 성격, 사회적 행동, 이성과 열망(reason and longing) 등과 같은 심리학에 대한 철학적 관점이었다.
윤리학과 교육을 포함하는 저작활동을 통하여 교육발전에 큰 영향을 끼쳤으며 규범과 인지(normative and cognitive)라는 교육철학의 중요한 관점에 대하여 연구하였다.

(2) 조작적 정의

조작적 정의(operational definition)는 과학적으로 개념을 정의하는 방식이다. 과학적 지식은 관찰 가능한 반복적 조작에 의해 객관화되며 구체적 조작에 의해 그 의미가 드러난다. 무엇인가를 조작적으로 정의한다는 것은 관찰할 수 없는 것을 관찰

가능한 형태로 정의하는 것이다. 예를 들면, 불안은 '심장 박동이 빨라지고 식은땀이 나며, 어떤 일에 집중하지 못하는 상태'라고 정의하는 것이다. 불안은 눈에 보이지 않지만, 조작적 정의에 의하여 누구나 불안의 증상에 대해 알 수 있게 된다. 이런 조작적 정의로 인해 객관적으로 관찰할 수 없었던 불안을 객관적으로 관찰할 수 있다.

조작적 정의는 교육을 정의할 때도 사용된다. 교육에 대한 정의를 내리기가 어려운 것은 교육활동이 지닌 추상적 특성 때문이다. 이러한 추상성은 조작적 정의를 통하여 교육의 개념을 보다 쉽게 파악할 수 있게 된다. 교육에서의 조작적 정의는 교육의 개념을 분명히 하기 위해 교육활동의 요소와 그것이 작용하는 실제 과정을 관찰할 수 있는 형태로 조작(operation)한다. 이런 조작적 정의의 대표적인 예로 들 수 있는 것이 정범모의 교육은 "인간 행동의 계획적 변화이다."(정범모, 1968)라고 규정하는 것이다. 이 정의는 이중적인 의미에서 조작적 정의라고 볼 수 있다. 첫째는 인간 행동 자체가 조작적으로 정의되어야 한다는 것이다. 행동이 조작적으로 정의될 때 그 변화를 설명하고 실제적인 프로그램을 마련할 수 있기 때문이다. 둘째는 다양한 계획 또는 실제적 프로그램 자체가 조작이라는 것이다. 그것이 '인간 행동의 변화'를 관찰할 수 있도록 하기 때문이다(이홍우, 1991). 따라서 조작적 정의에 의하면 교육은 계획과 프로그램을 통해 의도한 인간 행동의 변화가 실제 발생하였을 경우에 이루어진다. 교육에서 조작적 정의는 교육 개념의 추상성을 제거하고 교육활동을 명확하게 규정하려 할 때 흔히 사용된다.

(3) 기술적 정의

기술적 정의(descriptive definition)는 하나의 개념을 이미 알고 있는 다른 말로 설명함으로써 그 개념이 무엇인지 알려 주는 정의이다. 기술적 정의는 누가 어떤 맥락에 사용하는가에 상관없이 일반적으로 통용되는 의미를 규정하는 것을 말한다. 사전에서 어떤 단어나 용어를 설명하는 방식을 찾아볼 수 있는데, 이것이 대표적인 기술적 정의이다. 제대로 정의된 기술적 정의는 그 개념의 일상적인 의미와 일치 여부에 달려 있으며, 가능한 한 가치판단을 배제한 가치중립적 태도로 있는 그대로를 객관적으로 규정한다. 그러므로 어떤 용어의 의미를 전혀 모르거나 생소한 사람에게는 기술적 정의가 도움이 된다. 가령, 교육은 '가르쳐 기르는 일', 또는 '전체적 인간 형성의 사회적 과정'이라고 설명하는 것은 교육에 대한 기술적 정의에 속한다(이지헌 외, 2020). 기술적 정의는 교육의 현상을 면밀히 관찰하여 있는 그대로 객관적이면서 정확하게 파악하기 때문에 교육학자들이 선호하는 정의 방식이다. 특히, 교육에서 기술적 정의는 교육의 개념이 생소한 사람에게 교육의 개념을 설명하거나 교육현상을 객관적으로 설명할 때 의미 있게 사용할 수 있다.

(4) 약정적 정의

약정적 정의(stipulative definition)는 어떠한 현상을 일정한 약속을 통해 무엇이라고 부르자고 하는 정의이다. 약정적 정의는 문제와 상황의 특수성을 고려한 의사소통을 통해 이루어지기 때문에 그 의미가 일상적 언어 용법과 다를 수 있다. 이는 어떤 현상의 특성을 그대로 묘사하는 데 목적이 있는 것이 아니라 다른 것과 구별함으로써 의사소통을 원활히 하려는 데 그 목적이 있다. 예를 들면, 해당 교과목의 학점을 표기할 때 성적이 95~100점 사이에 있는 경우 'A+'로 표기하는 경우이다. 이처럼 약정적 정의는 복잡한 내용이나 현상을 약속에 의해 간략한 용어로 나타냄으로써 언어의 경제성과 논의의 편리성을 위해 사용하는 방식이다.

2. 교육의 목적

교육의 목적은 교육활동이 전개되고 실현되는 구체적인 방향을 제시하며, 교육내용 선정의 기준을 제공해 준다는 점에서 중요한 논의의 대상이 된다. 또한 학습결과를 평가하는 데 있어서 무엇을 평가할 것인가의 판단 기준을 제공한다는 점에서도 중요하다. 이는 교육활동을 하는 분명한 이유와 동기를 유발함으로써 교육활동이 효과적으로 이루어질 수 있도록 학습자의 행동을 활성화한다.

교육의 목적은 내재적 목적과 외재적 목적으로 나누어진다. 내재적 목적은 교육적인 활동 안에서 인생의 의미, 가치, 이상을 발견하려는 것이며, 외재적 목적은 교육활동을 수단으로 하여 어떤 가치를 실현하려는 것이다(이병승 외, 2020).

1) 내재적 목적(intrinsic purpose)

내재적 목적은 교육이 다른 어떤 것을 위한 수단으로서의 가치가 아니라 그 자체로 가치가 있다고 본다. 교육 그 자체가 수단이 아니라는 말은 사회제도로서의 교육을 논할 때 필요하다. 교육이 정치, 경제, 종교 등의 다른 제도적 부분을 위한 수단으로 존재하는 것이 아니라 교육 스스로 목적을 가진 제도라는 것이다. 교육을 다른 제도적 부분을 위한 수단으로 이해하면 교육 본연의 일관성을 유지하기 어렵다. 또 교육이 인간과 사회에 이바지할 수 있는 원래의 기능을 상실한다고 보는 견해도 있다(이신동 외, 2020).

교육의 내재적 목적을 주장하는 학자들은 교육의 본질적 기능을 인간의 의미 있는 삶의 조건과 사회의 이상 실현과 관련하여 궁극적이고 근본적인 문제를 지속해서 제기하고 그것을 추구하는 것으로 여긴다. 듀이와 피터스는 교육의 내재적 목적을 강조했던 대표적인 교육이론가들이다. 듀이는 교육과정은 그 자체를 초월한 어떤 목적도 가지지 않으며, 교육목적은 교육활동 밖에서 부여되는 것이 아니라 교육활동 그 자체가 목적이라고 주장하였다(Dewey, 1944). 피터스 역시 교육은 어떤 것의 수단이 아닌 그 자체의 준거를 목적으로 한다고 주장하였다(Peters, 1966). 듀이와 피터스는 교육의 내재적 목적은 교육 자체가 목적이며 다른 어떤 것의 수단이 될 수 없음을 분명히 하였다.

교육의 내재적 목적이 추구해야 하는 것으로 합리성 발달, 지식의 형식 추구, 자율성 신장 등이 있다. 합리성이란 사물을 이치에 맞게 생각하는 능력 또는 성향이라고 할 수 있다. 이러한 능력은 짧은 시간에 획득되거나 체득되는 것이 아니다. 아리스토텔레스는 "인간은 습관의 마당을 지나 이성의 궁전으로 들어갈 수 있다."고 하였다. 이는 합리성과 자율성은 자연스럽게 습득되는 것이 아니라 아동이 사회의 각종 규칙, 법, 원칙들을 학습하고 내면화할 때 얻을 수 있는 수준 높은 정신작용임을 말해 주고 있다.

2) 외재적 목적(extrinsic purpose)

교육의 외재적 목적은 교육이 다른 활동의 목적을 위한 수단으로 사용되는 것을 의미한다. 즉, 교육을 정치, 경제, 종교 등의 다른 제도적 부문을 위한 도구로 보는 관점이다. 이는 정치적 목적 실현을 위한 교육, 경제 발전에 기여하는 교육 등을 강조한다. 우리나라에서 교육의 외재적 목적으로 흔히 거론되는 것은 경제성장, 사회통합, 직업준비, 생계유지, 출세 등이다. 왜냐하면 이런 목적은 당장 눈에 드러날 뿐만 아니라 실제적 이익을 가져다주기 때문이다. 현실적으로 교육을 많이 받을수록 더 좋은 직업과 직장이 보장되며 보수도 많이 받을 기회가 주어진다. 또한 사회·경제적으로 높은 지위와 명예를 누릴 가능성이 크다. 이런 점에서 교육은 사회나 개인의 삶과 동떨어진 지식을 가르치기보다는 사회의 현실과 개인의 필요를 잘 반영하는 데 관심을 두어야 한다.

표 1-2 내재적 목적과 외재적 목적의 특징 비교

내재적 목적	외재적 목적
• 교육과정 속에 존재하는 본질적 목적	• 교육 활동 외부에 존재하는 수단적 목적
• 교육 그 자체가 목적	• 교육은 목적을 달성하기 위한 수단
• 교육과 목적이 개념적 · 논리적 관계	• 교육과 목적이 경험적 · 사실적 관계
• 인격완성, 자아실현, 합리성과 자율성, 지식의 형식 추구	• 국가발전, 경제 성장, 사회통합, 직업준비, 생계유지, 출세
• 현실 중시	• 미래 대비
• 교육의 가치지향성 강조	• 교육의 가치중립성 강조

3. 교육의 구성요소

교육을 가능하게 하는 세 가지 요소는 교사, 학생, 교육내용이다. 즉, 학생이 있고 학생을 가르치는 교사가 있으며 학생과 교사의 상호작용을 매개하는 교육내용이 있다. 교육활동이 제대로 이루어지기 위해서는 반드시 이 세 가지 요소가 존재해야 하며 이 중 한 가지라도 없으면 엄밀한 의미에서의 학교 교육은 성립될 수 없다.

교육의 세 가지 요소는 교육을 보는 관점에 따라 역동적으로 변해 왔다. 전통주의 교육에서는 교사를 교육의 주체로 보는 반면 학습자는 객체로 보았다. 교육내용도 교과중심의 교육과정을 강조하였다. 그러나 학생중심의 교육에서는 학습자를 교육의 주체로 보면서 교사는 학습자의 조력자임을 강조하였다. 교육내용도 교수 활동보다는 학습활동의 중요성을 더 강조하였다.

교사와 학생의 관계에서도 전통주의 교육에서는 교사가 주도권을 가지고 학생을 훈육했지만, 최근에는 학생 체벌 금지와 학생 인권조례 제정 등에서 보이는 것처럼 학생의 권리와 요구가 교육과정에서 중요하게 부상되었다. 이처럼 교육의 세 가지 요소들의 특징이나 관계는 변화여 왔다.

1) 교사

교사는 가르치는 일을 하는 사람이다. 가르치는 일은 장소와 상황에 따라 다양하게 이루어진다. 넓은 의미에서 가르치는 일을 하는 사람을 교육자(educator)라 통칭한다. 특히, 교사(teacher)는 교육대상인 학생을 지도나 조력을 통해 과거의 상태보다 성장할 수 있도록 직·간접적으로 도움을 주는 사람을 의미한다. 우리가 일반적으로 생각하는 보다 좁은 의미로 학교에서 전문적인 교육활동을 하는 사람을 선생님이라고 지칭한다.

교육에서 교사는 매우 중요한 역할을 한다. "교육은 교사의 질을 능가할 수 없다."는 말이 잘 보여 주듯이 교사의 능력과 자질은 교육의 질을 결정하는 중요한 요소가 된다. 전통적인 교육관에서는 교육의 주도권이 학습자보다 교사에게 있다고 보았다. 그러나 진보주의와 같은 학생중심 교육관에서는 학습자를 중시하는 반면, 교사는 조력자, 협력자의 역할을 해야 한다고 보았다. 교사가 조력자의 역할을 잘 하기 위해서는 학생에 대한 연구, 상황 판단력, 학습 흥미유발 등 교육 전반에 대한 연구와 지속적인 노력이 요구된다. 또한 교사는 학생들에게 모범이 될 만한 인격적 자질을 갖추어야 하고, 자신의 전공 분야에 대한 해박한 지식뿐만 아니라 학생을 가르치는 방법에 있어서도 전문적인 지식을 가지고 있어야 한다.

현재 교사들의 역할은 이전에 비해 학생들의 학습 촉진자로서의 역할로 변모하고 있다. 학생들이 새로운 것을 스스로 학습할 수 있는 능력과 학습한 지식을 활용하는 능력을 키워주고, 학생들의 흥미, 능력 등에 기반해 학생들의 적극적인 학습 참여를 기획, 운영, 평가하는 전문가로서의 교사 역할이 더 커지고 있다(허형, 2010). 또한 교사의 역할은 가르치는 것에 국한되지 않고 학생들의 진로 및 진학에 대한 상담자 또는 컨설턴트로서 확장되고 있다. 특히 중학교에서의 자유학기제 도입은 교사의 진로 전문가로서의 역할이 중요해지고 있음을 보여준다. 2025년부터 전면 도입되는 고교학점제 시행은 교사의 가르침에 대한 전문성과 진로에 대한 전문성 모두를 요구하는 제도 변화라고 할 수 있다(박균열 외, 2019).

미래 교육은 다양한 빅데이터(big data)가 맞춤형 학생 지원 시스템을 구현하는 데 활용될 수 있을 것이다. 교사는 빅테이터에 기반한 교수–학습활동을 설계, 운영, 평가할 수 있는 역량과 함께 학생 맞춤형 교육지원활동을 기획, 운영할 수 있는 능력이 요구된다. 이러한 에듀테크(edutech) 기반 환경에서 맞춤형 교육 지원 시스템을 기획, 운영하기 위해서는 교사들이 팀 단위로 교수–학습활동을 기획, 운영할 때 가능하다. 따라서 교사들 간의 협력과 소통, 업무수행 능력들이 요구된다. 또한 교육내용과 방법에 있어서 실제와 밀접하게 연계된 교육경험을 제공하는 것이 더 중요해지기 때문에 학생들의 실천지식과 문제해결력을 향상시킬 수 있는 교육내용과 방법 설계 능력이 요구된다.

또한 미래교육은 학교와 지역사회 기관이나 공동체와 연계하여 교육활동이

벤 넬슨
미네르바 스쿨 설립자
(1975~)

확장, 강화될 것이다. 따라서 교사들은 학교, 지역사회, 기관을 연계하여 학생들이 보다 실세계와 밀접한 교육경험을 갖도록 하는 네트워킹, 협력 능력이 필요하다. 실세계와 연계된 미래지향 혁신 교육 사례가 미네르바 스쿨(Minerva School)이다. 미네르바 스쿨은 지역공동체나 산업체가 가지고 있는 문제들을 확인하고, 이를 해결하는 과정에서 배움을 경험하도록 하며, 이를 통해 실제 문제를 해결할 수 있는 역량을 키우도록 한다. 이 과정에서 교사는 학생들이 유용한 교육경험을 할 수 있도록 전체 배움 과정을 모니터링하고 필요한 지원을 제공하는 안내자로서의 역할을 하게 되며 일방적인 온라인 수업에서 상호작용이 가능한 수업을 통하여 급변하는 정보화 시대에 교육이 나아가야 할 방향을 제시하고 있다.

2) 학습자

교육은 학습자를 대상으로 한다. 학습자가 없으면 교육은 성립되지 않는다. 교사와 학습자는 교육을 구성하는 양 축이라 할 수 있다. 학습자는 아직 미성숙하고 배움이 필요하다는 전제하에 교육이 시작된다.

전통적으로 학습자는 교육의 객체로 간주되어 왔다. 학습자는 교육을 받는 대상으로서 교사가 전달하는 지식을 받아들이는 수동적 존재로 보았다. 그러나 루소의 자연주의 교육, 20세기 진보주의 교육은 학습자에 대한 시각을 바꾸어 놓았다. 학습자는 교사가 가르치는 지식을 단순히 수동적으로 받아들이는 대상이 아니라 스스로 학습을 주도할 수 있는 주체인 것이다.

최근 교육에서는 학습자에게 '자기주도 학습' 능력이 강조되고 있다. 송인섭(2007)은 자기주도 학습은 "개별 학습자가 스스로 자신의 학습에서 주도권을 가지고 자신의 학습요구를 진단하고 학습목표를 스스로 설정하며, 학습에 필요한 인적·물적 자원을 확보하고 상황에 적합한 학습전략을 선택·실행한 학습결과를 스스로 평가하는 과정과 활동을 통해 학습의 극대화를 가져오게 하는 것"이라고 설명하고 있다(송인섭, 2007). 특히 최근에 교육방법으로 부상하고 있는 '거꾸로 수업(flipped learning)', 프로젝트 수업(project-method learning), 학습과정에서 학생의 참여를 강조하는 능동적인 액티브 러닝(active learning) 등의 성공가능성은 결국 학습자의 자기주도 학습 능력에 달려 있다.

현대 사회의 학습자는 수동적으로 표준화된 지식을 받아들이는 존재를 넘어서 자신의 개성을 추구하고, 지식을 최종 결과물이 아닌 도구와 소재로 배우며, 이를 활용해 자신이 직면할 문제들의 해결 역량을 갖추도록 요구된다. 즉, 학교에서 배운 지식을 실제 문제해결이나 업무수행에 연결될 수 있는 학습경험을 가짐으로써 '수행역량학습'이 이루어지도록 해야 한다.

미래 사회 특징을 규정하는 핵심 요소는 인공지능(AI)이라고 할 수 있다. 4차 산업혁명은 인공지능에 의한 사고혁명이라고 할 수 있다. 인공지능의 지속적 진보는 단순 지식이나 반복 기능의 습득보다는 팀 단위로 문제를 발견하고 소통하고 협력하여 문제를 해결하는 능력과 새로운 결과들을 창출할 수 있는 집단 사고력과 창의력을 더 강조할 것으로 예상된다. 따라서 학습은 개인학습을 넘어 집단학습의 의미로 해석되어야 한다. 이는 개인의 학습역량뿐만 아니라 협력역량, 소통역량 등 집단역량을 갖추기 위해 노력해야 한다.

3) 교육내용

교육내용은 교육활동의 수행에서 교사와 학습자가 가르치고 배우는 과정의 핵심을 이루는 내용이다. 교육내용은 인류의 문화유산으로 지식, 규범, 가치, 기술, 제도에 관한 것을 포괄하고 있다. 인류가 오랫동안 축적해 온 문화유산은 다음 세대에게 전달됨으로써 유지·존속된다. 이러한 문화유산을 효과적으로 가르치고 전달하기 위해서는 교육내용을 체계적으로 구성하고 조직화한 '교재'라는 매개체를 사용하고 있다.

우리나라의 교육은 국가 전체적으로 결정된 표준화 교육과정을 따르고 있는 중앙집권적 특징을 갖는다. 학교별로 교육과정을 자율적으로 운영하기가 불가능한 상황이었다고 할 수 있다. 또한 표준화된 교육과정을 전체 학생들에게 전달하는 것이 중요하였기 때문에 교육방법도 정해진 내용을 대량으로 전달하는 강의식 교수방법이 주를 이루었다. 표준화 및 대량화 교육이 갖는 문제점이 점차 비판을 받으면서 현재 교육 내용과 방법에 있어 많은 변화가 나타나고 있다.

교육과정의 국가주도에서 나타나는 표준화라는 특징은 여전히 큰 틀에서 존재하지만, 점차 교육과정 구성에 있어 단위학교의 자율성을 허용하는 변화들이 일어나고 있다. 예를 들어 중학교 1학년을 대상으로 새로운 교육 내용과 방법을 중심으로 학교가 자율적으로 일부 교육과정을 운영하는 자유학기제를 2016년부터 전면 실시하고 있다. 또한 다양한 진로탐색 프로그램들은 학생들의 진로를 설정해주고 있으며, 2025년부터 전면 실시되는 고교학점제는 학생들의 교과 선택권을 기반으로 한 탈획일화 교육과정 운영의 전환점이 될 것으로 기대한다.

교육방법 측면에서도 학생중심 활동들이 교육현장에 도입되고 있다. 문제기반학습(Problem-Based Learning, 프로젝트기반학습(Project-Based Learning), 조사탐구활동, 협동학습 등 다양한 학생참여 수업 모델이 학교현장에 도입됨에 따라 학생들의 학습 참여와 경험을 수업활동의 중심으로 하는 변화들이 만들어지고 있다. 이런 변화들을 볼 때 현대 교육은 내용 측면에서 획일화를 벗어나 선택권을 존중하는 단위학교의 자율성으로 전환이 이루어지고 있으며, 방법 측면에서는 대량 강의식 수업 모델을 탈피해 교사와 학생 간, 학생과 학생 간 상호작용을 강조하는 학생중심 수업모델로 변화되고 있음을 알 수 있다(김성열 외, 2021).

4. 시대별 교육의 변화

근대 학교교육은 1, 2차 산업혁명으로 대량생산을 핵심으로 한 인력양성이라는 측면에서 만들어졌다. 또한 컴퓨터와 인터넷 산업의 지식정보화 사회는 새로운 역량과 학교교육을 요구하였고, 이를 반영한 변화들이 학교교육에서 나타나고 있다. 그리고 인공지능과 빅데이터로 대변되는 미래 사회 역시 새로운 교육의 변화를 요구하고 있다. 특히 4차 산업혁명은 과학기술 간의 경계, 실재와 가상현실의 경계, 기계와 생명의 경계가 희미해지는 시대로 나아감으로써 그 이전의 어떤 혁명보다도 거대한 변화가 예상된다.

1) 과거의 교육

앨빈 토플러

앨빈 토플러(Alvin Toffler, 1928~2016)의 저서 『부의 미래(*Revolutionary Wealth*』(2006)에서는 근대 학교 교육을 산업화 시대의 노동력을 양성하는 곳으로 묘사하고 있다. 근대 국가가 형성되고 산업화가 빨라진 19세기 이후에 선진국들은 전 국민을 대상으로 의무교육을 시작하였다. 이는 토플러의 말처럼 산업혁명이 불러온 새로운 사회구조에 필요한 노동력을 양성해야 했기 때문이다. 산업혁명은 1770년대부터 1830년대에 걸쳐서 영국을 중심으로 일어난 생산과 경제의 대변혁을 말한다. 1, 2차 산업혁명은 인간이 해야만 했던 단순한 육체노동을 기계로 대체함으로써 생산성에서 엄청난 효율성을 가져왔다. 이 과정에서 노동자들은 소외(alienation)되고, 대규모 실업 사태가 생겨났지만, 기계의 육체노동 대체는 더욱 가속화되었다. 기업은 공장의 기계화, 생산성의 효율화를 통해 이윤의 극대화를 추구하였다. 그러나 기계가 인간의 육체노동을 대신한다고 해도 그 기계를 작동시키는 것은 여전히 인간이었다. 이에 따라 교육은 보다 숙련된 노동자를 어떻게 양성하느냐에 집중되었다(류방란 외, 2018).

산업화 시대에 형성된 학교제도는 모든 국민이 교육의 가치를 공유하게 하였다. 또한 교육의 민주주의 실현에도 기여하였다(홍선주 외, 2016). 교육의 민주주의 실현은 교육과 관련된 여러 제도와 내용, 방법 등을 표준화하게 되었다. 이 시기는 국가가 정한 학제에 의해 모든 학생이 동일한 교과목을 이수하는 것이 일반적이었다. 그리고 동일한 내용을 많은 학생에게 효율적으로 전달하기 위한 방법으로 강의식 수업방법이 학교현장에 적용되었다(김성열 외, 2021).

2) 현재의 교육

지식정보화 사회는 컴퓨터와 인터넷의 발명과 대중화로 정보에 대한 접근을 용이하게 만들었다. 또한 기존의 자본이나 자원을 기반으로 한 산업들이 아니라, 기술, 정보, 지식 등의 지식 자원이 사회발전의 중요한 원천이 되었다(Toffler, 1990). 지식에 대한 학습 및 활용을 강조하는 지식정보화 사회에서는 지식 네트워크를 기반으로 한 협력적 업무수행 및 그 결과의 공유가 중요해졌다. 따라서 지식 자본을 최대한 활용하기 위해서는 경쟁보다는 남들과 어울려 작업할 수 있는 협업능력이 강조되었다. 그리고 지식의 창출과 관련하여 비판적 사고능력이나 창의적 사고능력뿐만 아니라 다양하고 복잡한 정보를 이해하고 활용할 수 있는 정보 문해력(information literacy)이 강조되었다. 다른 사람과의 의사소통과 네트워킹을 위한 도구로써 ICT(Information Communication Technology)를 활용할 수 있는 능력도 강조되고 있다(소경희, 2009).

최근의 교육 관점은 개별 학습자의 주체적 참여와 기회 보장과 지원을 강조하는 '학습'의 개념이 강조되고 있다(김신일, 2005). 이는 '교육'의 패러다임이 학교교육을 넘어 평생교육으로의 전환이 시작되었음을 보여주는 것이다. 따라서 전 생애 주기에 걸쳐 계속적인 능력 개발이 중요해졌으며, 졸업 후에도 사회생활에 필요한 능력 개발을 위한 지속적인 교육기회의 보장이 중요해진다.

3) 미래의 교육

앞으로 다가올 미래 사회는 초연결(hyper-connectivity), 초지능(superintelligence) 사회라고 한다. 컴퓨터 및 인터넷을 기반으로 한 ICT 사회 기반은 물리적 공간과 디지털적 공간의 경계를 희미하게 만들었고, 다양한 기술의 융합의 시대를 만들고 있다(조헌국, 2017). 또한 인공지능(AI), 사물 인터넷(IoT), 클라우드 컴퓨팅, 빅데이터 등 모든 것이 네트워크로 연결되고 사물이 지능화되는 시대를 맞이할 것이다(이경호, 2019).

급속한 사회 및 기술 변화의 핵심에는 인공지능이 자리 잡고 있음을 알 수 있다. 인공지능이 기존에 인간이 수행하던 많은 일들을 대체할 것으로 보이며, 인공지능과 인간의 경쟁 및 공존이 미래 사회에 중요한 과제로 대두될 것이다. 커즈와일(Ray Kurzweil)은 미래 사회의 변화와 관련해 『특이점이 온다』(2006)에서 2029년 인간과 거의 유사한 인공지능이 출현할 것으로 예측했다. 인공지능, 나노공학, 로봇공학, 생명공학이 발전하면서 인간의 지능을 필적하거나 추월하는 시대가 오게 되고, 인공지능이 비약적으로 발전해 2045년에는 인간의 지능을 수십 억 배 능가할 것으로 보았다. 커즈와일이 말하는 '특이점'이란 미래에 기술 변화의 속도가 빨라지고 그 영향이 매우 커져서 인간의 생활이 되돌릴 수 없을 정도로 변화되는 시기를 말한다. 이때 인간과 기술의 구별이 사라지고, 오히려 기계인간이 인간을 압도하는 상황이 벌어질 수도 있다. 이러한 미래 사회에서 인간이 갖추어야 할 핵심 역량이 무엇이며, 이러한 역량을 어떻게 키워나갈 것인지에 대한 준비교육이 필요하다.

레이 커즈와일

레이먼드 레이 커즈와일(Ray Kursweil , 1948~)은 미국의 작가, 컴퓨터 과학자, 발명가이자 미래학자이다.
인공지능 과학자이자 미래학자인 레이 커즈와일은 현재의 인공지능 발전 속도를 고려할 때, 서기 2040년경에 인공지능이 특이점에 도달할 것이며, 특이점 이후 인류는 인공지능에 의해 멸종하거나 혹은 인공지능, 나노 로봇의 도움을 받아 영생을 누릴 것으로 예측하였다(위키백과).

미래 사회에 필요한 인재를 기르기 위해서는 무엇보다도 교육의 변화가 절실하다. 무엇을 어떻게 가르치고, 배워야 하는가를 고민해야 하며, 지식보다는 역량을 키워주는 교육이 필요하다. 과거의 주입식 교육으로는 21세기 인재를 키울 수 없다. 토론, 탐구, 프로젝트 학습을 통한 학생들의 활발한 수업참여가 필요하며, 배움의 현장이 질문과 토론으로 가득차야 한다.

미래 사회를 살아갈 다음 세대가 갖추어야 할 역량으로 다양한 제안이 있어 왔다. 미래 인재에게 요구되는 역량으로 가장 많이 언급되고 있는 4C인 비판적 사고력(critical thinking), 창의적 사고력(creative thinking), 소통능력(communication), 그리고 협업능력(collaboration)은 현재에도 중요한 역량으로 강조되고 있지만, 앞으로 다가올 미래 사회에서는 더 강조될 것이다. 실제 새로운 교육 시스템을 만들어 이들 역량 계발을 핵심으로 교육활동을 하고 있는 고등교육기관이 바로 미네르바 스쿨이고, 이 고등교육기관에서는 4C 역량을 갖춘 미래 인재 양성으로 기존 교육 시스템에 신선한 충격을 주고 있다.

또한 미래 교육에서 강조해야 할 역량으로 호주 멜버른대학교의 패트릭 그리핀(Patrick Griffin)은 크게 사고역량(ways of thinking), 업무역량(ways of working), 업무수행을 위한 도구활용역량(tools for working), 그리고 세상을 살아가기 위한 삶의 역량(ways of living in the world)을 제안하고 있다(김성열 외, 2021).

표 1-3 21세기 역량 평가 및 교육모델(Griffin, 2012)

사고역량	도구활용역량
• 창의력과 혁신 • 비판적 사고력, 문제해결력, 의사결정능력 • 메타인지	• 정보 문해력 • ICT 문해력
업무역량	**삶의 역량**
• 의사소통능력 • 협업능력	• 시민의식 • 인생 및 진로계획 • 개인적, 사회적 책임감

우리나라 2015 개정 교육과정에서는 '지식정보화 사회가 요구하는 핵심역량을 갖춘 창의 융합형 인재'를 양성하기 위한 여섯 가지 미래 사회 핵심역량을 제시하고 있다. 여기서 '창의융합형 인재'란 인문학적 상상력과 과학기술적 창조력을 갖추고 바른 인성을 겸비하여 새로운 지식을 창조하고 다양한 지식을 융합하여 새로운 가치를 창출하는 사람을 지칭한다. 이러한 인재를 국가 교육과정을 통해 양성하기 위하여 다음 〈표 1-4〉와 같이 여섯 가지 미래 사회의 핵심역량을 제시하고 있다.

표 1-4 미래 사회 핵심역량(이화, 2015)

핵심역량요소	개념
자기관리	자아정체성과 자신감을 가지고 자신의 삶과 진로에 필요한 기초능력과 자질을 갖추어 자기주도적으로 살아갈 수 있는 능력
지식정보처리	문제를 합리적으로 해결하기 위해 다양한 영역의 지식과 정보를 처리하고 활용할 수 있는 능력
창의적 사고	폭넓은 기초지식을 바탕으로 다양한 전문분야의 지식, 기술, 경험을 융합적으로 활용하여 새로운 것을 창출하는 능력
심미적 감성	인간에 대한 공감적 이해와 문화적 감수성을 바탕으로 삶의 의미와 가치를 발견하고 향유하는 능력
의사소통	다양한 상황에서 자신의 생각과 감정을 효과적으로 표현하고 다른 사람의 의견을 경청하며 존중하는 능력
공동체	지역 · 국가 · 세계 공동체의 구성원에게 요구되는 가치와 태도를 가지고 공동체 발전에 적극적으로 참여하는 능력

한편, 미래 직업세계에도 과학기술의 발전 속도가 빨라지면서 기술 및 지식의 생존주기가 짧아지고 직업에 대한 수요 변동 역시 빠르게 변화될 것으로 예상된다(한국고용정보원, 2017). 이러한 변화와 불확실성을 다룰 수 있는 역량을 키워주는 것이 미래 교육에서 중요한 과제이다.

미래 직업세계에서 요구되는 핵심역량으로 '직업기초능력(Vocational Basic Skills)'의 강화가 교육의 중요한 과제로 강조되고 있다. '직업기초능력'은 대부분의 직종에서 성공적으로 직무를 수행하는 데 공통적으로 요구되는 지식, 기술, 태도 등을 총칭하는 말이다. 이러한 능력은 단지 전문성 고양이라는 차원에서 요구되는 것이 아니라, 직업의 생성과 소멸이 빈번한 4차 산업혁명의 시기에 더욱 요구되는 역량이다. 직업기초능력은 직종이나 직위에 상관없이 모든 직업인들에게 공통적으로 요구되는 기본적인 능력 및 자질을 의미하며 의사소통능력, 수리능력, 문제해결능력, 자기개발능력, 자원관리능력, 대인관계능력, 정보능력, 기술능력, 조직이해능력, 직업윤리 10개 분야로 구성되어 있다(국가직무능력표준, 2021).

미래 사회에는 산업별 영역별 경계가 모호해지고, 기술발전과 사회변화, 경제활동의 변화 등이 불확실한 시대이다. 이러한 불확실한 시대에서는 다양한 분야 간의 융합이 계속되면서 변화와 발전이 이루어질 것이다. 따라서 변화하는 시대에 대응하려면 사회 변화에 대한 정보를 획득하고 능동적이고 신속하게 대응하는 역량을 기르는 것이 필요하다. 또한 미래 사회에서는 로봇으로 대체 불가능한 직업, 로봇과 인공지능 등을 통제할 수 있는 직업, 보유한 역량을 다양하게 활용할 수 있는 직업, 기업의 고용에 얽매이지 않는 자유로운 직업 등을 다양하게 고려함으로써 미래에 대한 개인의 대응 방식과 역량을 키워 줄 필요가 있다(이지헌 외, 2020).

학 습 과 제

1. 동서양의 교육의 어원에 대해 설명하시오.
2. 교육에 대한 주형의 비유, 성장의 비유, 성년식의 비유를 비교하여 설명하시오.
3. 교육에 대한 정의방식에 대해 설명하시오.
4. 교육의 내재적 목적과 외재적 목적에 대해 설명하시오.
5. 교육의 구성 요소인 교사, 학습자, 교육내용에 대해 설명하시오.
6. 4차 산업혁명 시대에 교육에서 길러주어야 할 핵심역량을 설명하시오.

용어설명

1. 에듀테크는 교육(education)과 기술(technology)의 합성된 단어로서, 4차 산업혁명 시대의 교육 패러다임이다. 이는 4차 산업혁명의 빅데이터(Bigdata), 인공지능(AI), 로봇, 가상현실(Virtual reality; VR) 등 정보통신기술(ICT)을 활용한 차세대 교육을 의미한다. ICT에서의 교육은 온라인 강의로 이러닝(e-Learning)이 사용되고 있으나, 코로나-19로 인해 비대면 교육에 대한 수유가 급증함에 따라 이러닝과 함께 에듀테크가 주목받고 있다(박지수 · 길준민, 2020).

2. 미네르바 스쿨(Minerva School)은 미국의 벤처투자자 벤 넬슨(Ben Nelson)이 KGI(미국 대학 연합체, Keck Graduate Institute)의 인가를 받아 2010년 설립한 대학교이다. 28명의 학생이 2014년에 처음 입학했고, 2019년 5월에 첫 졸업생을 배출했다. '미래의 학교'라 불리는 미네르바 스쿨은 기존 대학의 틀에서 완전히 벗어났다. 모든 수업은 100% 온라인으로 진행되며 캠퍼스가 없다. 대신 7개의 기숙사만 있을 뿐이다. 교육과 무관한 요소들은 제거해, 등록금은 약 3만 달러 정도이다. 아이비리그 평균이 5만 6,000 달러임을 감안한다면 매우 저렴하다(디지털 인사이트, 2021. 2. 26).

3. 거꾸로 수업, 역진행 수업(逆進行 授業, flipped learning) 또는 플립드러닝, 플립러닝, 역전(逆轉)학습, 거꾸로 교실은 혼합형 학습의 한 형태로 정보기술을 활용하여 수업에서 학습을 극대화할 수 있도록 학생과의 상호작용하는 교수-학습 방식을 말한다.

4. 프로젝트 수업이란 교사의 의해 주어진 학습 목표에 따라 학습 단원 내용을 학습하는 형태가 아니라 학생들 스스로가 문제의식을 가지고 주제를 선정하는 단계에서부터 조사나 연구, 발표 및 평가에 이르기까지 학습의 전 과정에 걸쳐 학생들 스스로가 참여하는 수업 모형이다.

5. 액티브러닝은 강의와는 다른 협동학습, 문제중심학습, 프로젝트중심학습과 같이 학생들의 능동적 학습참여를 촉진하는 교수-학습 방법을 통칭하는 것이다(Hyun, Ediger, Lee, 2017).

6. 특이점이란 인공지능(AI)의 발전이 가속화되어 모든 인류의 지성을 합친 것보다 더 뛰어난 초인공지능이 출현하는 시점을 말한다. 인공지능 과학자 겸 미래학자인 레이 커즈와일(Ray Kurzweil)은 현재의 인공지능 발전 속도를 고려할 때, 서기 2040년경에 인공지능이 특이점에 도달할 것이며, 특이점 이후 인류는 인공지능에 의해 멸종하거나 혹은 인공지능 나노 로봇의 도움을 받아 영생을 누릴 것으로 예측하였다(위키백과).

교육의 역사적 기초

CHAPTER 2

INTRODUCTION TO EDUCATION

교육은 인간의 존재와 함께 시작되었으며 교육의 역사는 인류의 역사라고 할 수 있다. 또한 각 국가의 사회적, 시대적 배경을 바탕으로 하여 교육의 이념, 목적, 방법은 다양하게 발전하여 왔다. 각 국가마다 교육의 성격이나 제도는 일정 부분 동질성을 띠고 있지만, 한 국가의 역사적, 문화적, 사회적 성격에 따라 교육제도는 차이를 두고 발전하였다. 이 장에서는 교육이 역사적 과정 속에서 어떻게 변화, 발전되었는지 한국교육사와 서양교육사로 구분하여 살펴보고자 한다.

1. 한국교육사

1) 삼국시대 이전의 교육

삼국시대 이전의 교육은 원시시대의 교육, 즉 생활의 필요에 의해 이루어진 생활교육이다. 이 시대의 교육은 비형식적 교육으로 무의식적, 비조직적으로 이루어졌다. 교육의 가장 기본 형태인 모방과 참여의 방법으로 후손들에게 생활양식을 전달하였다.

고조선 역시 이러한 형식의 교육에서 크게 벗어나지 못하였다. 고조선의 건국이념인 '홍익인간(弘益人間)'은 그 시대의 교육사상과 정치적 이념을 실현하는 사상이었고, '팔조금법(八條禁法)'은 고조선의 법률로서 사회질서를 유지하기 위한 관습법의 성격을 지니고 있었다. 또한 '팔조금법'은 도덕교육과 사회교화를 실천하는 현실적 교육의 의미를 담고 있다.

2) 삼국시대의 교육

삼국시대의 교육은 봉건주의적 특징을 지닌다. 봉건주의 교육은 정치적인 교육이 개인적인 교육에 우선하고, 교육의 목적이 국가의 공적 이익을 증대시키는 방향으로 정립되어야 한다. 따라서 정치적으로 안정적인 통치를 이루고, 군사적으로는 영토

확장을 위하여 지속적으로 전쟁을 준비하였다.

삼국시대 교육의 또 하나의 특징은 교육에 대한 불교(佛敎)와 유교(儒敎)의 영향이다. 불교는 대중의 종교적인 신념과 가치관 형성에 크게 기여함과 동시에 백성의 의식을 일깨우는 대중교화의 길을 열어 주었다는 점에서 의의가 있다. 유교는 한자의 도입과 더불어 이를 가르치고 배우는 형식적 교육기관의 발달을 촉진하였다.

(1) 고구려의 교육

고구려의 교육은 형식적 교육기관으로서 최초의 관학(官學)이라 할 수 있는 태학(太學)과 사학(私學)의 성격을 가진 경당(扃堂)이 있었다.

① 태학

태학은 고구려 소수림왕 2년(372년)에 세워졌다. 태학의 교육목적은 고위층 자제를 교육하여 관리로 등용시키고, 주요 교육내용은 오경(시전, 서전, 예기, 주역, 춘추)과 삼사(한서, 사기, 후한서)로 구성된다. 태학은 중국식 대학제도의 영향을 받기도 하였으나 당시 고구려 시대적 상황을 고려한 교육을 주로 실시하였다. 태학은 우리나라 최초의 국립 고등교육기관으로 교육사적 의미를 지닌다.

② 경당

고구려의 경당은 최초의 사립 민간교육기관, 즉 우리 교육 역사상 최초의 사학(私學)이라 할 수 있다. 경당의 주요 교육대상은 지방부의 귀족자제와 서민자제이며, 유교적 소양을 공부하고 무예를 연마하는 문무겸비의 성격을 지닌 교육기관이다. 또한 경당은 유학교육의 출발점이며 인격교육과 정신교육을 강조한 교육기관으로 고려와 조선시대 서당의 기원이 되었다.

(2) 백제의 교육

백제는 일찍부터 중국과의 교류가 활발하였고, 고구려와 신라보다 문화양식이 발달하여 일본에 선진문물을 전수해 줄 만큼 높은 수준의 문화와 제도를 갖고 있었다.

『삼국사기』에 의하면, 백제는 고구려가 태학을 세운 지 3년 만인 375년에 근초고왕이 박사 고흥으로 하여금 『서기(書記)』를 짓게 했던 것으로 보아 유학도 상당한 수준에 이르렀음을 알 수 있다. 백제의 학교교육에 대한 직접적인 기록은 없으나, 『삼국사기』에 기록된 백제 관직인 박사제도가 중국의 연구 및 교육을 담당하는 관직이었음을 유추해 보면, 백제에도 학교가 존재하였고 수준 높은 문화를 바탕으로 다양한 교육을 실시하였음을 알 수 있다. 또한 박사들은 일본으로 건너가 일본의 아스카 문화에 영향을 주었다.

(3) 신라의 교육

신라는 고구려나 백제보다 지리적 여건 때문에 중국의 문화 유입이 다소 늦었으며 문화 수준도 높지 못하였다. 신라는 선덕왕 9년(640년)에 자제를 당나라에 파견하여 국학(國學)에 입학시켰다는 기록 이외에 그 전까지는 학교 교육에 대한 기록이 없다. 삼국통일 이전에는 화랑도라는 독자적인 교육제도로 인재를 양성하고 통일의 기틀을 다졌다. 삼국통일 이후에는 신문왕 2년(682년)에 국학을 세워 관리를 양성하였다.

① 화랑도 교육

신라의 교육을 대표하는 화랑도(花郎徒)는 진흥왕 37년(576년) 신라 고유사상인 유·불·선을 조화시켜 만든 청소년 수련 조직이자 군사조직이다. 화랑도는 고구려의 경당처럼 문무겸비의 교육을 하였다. 교육목적은 충신, 용감한 군인, 인재를 기르는 것으로 이른바 세속오계(世俗五戒)로 설명된다. 다섯 가지 계율인 사군이충(事君以忠), 사친이효(事親以孝), 교우이신(交友以信), 임전무퇴(臨戰無退), 살생유택(殺生有擇)은 화랑이 갖추어야 할 덕목이었고, 이러한 목적아래 국가에 충성하고, 상호 간의 신의를 지키고, 전쟁 때 필요한 용기를 기르고, 예의 바른 사람으로 길러졌다. 화랑도의 교육과정은 무술을 연마하는 것이 주된 내용이었고,

정신도야에 필요한 시와 춤, 음악 등도 다루었다. 교육방법은 명산과 대천을 두루 찾아다니는 실제적인 체험 교육이었다.

화랑도는 교육이 제도화되기 전까지 생활 속에서 도덕적, 지적, 정서적, 신체적 수양을 통해 인재를 양성하는 비형식적 교육의 전형이라고 볼 수 있다. 화랑도는 국가의 보호와 지원하에서 인재를 양성한 국가주의 교육의 한 형태로 볼 수 있으며, 신라는 화랑도를 기반으로 삼국통일의 대업을 이룰 수 있었다.

② 국학

통일신라는 삼국통일 이후 화랑도와 비공식적 교육제도를 정비하고 인재양성과 관리의 선발을 위해 당의 국자감을 모방하여 신문왕 2년(682년)에 국학(國學)을 세웠다. 국학의 교육내용은 주로 유교경전을 중심으로 구성되었으며, 논어와 효경을 필수과목으로 하였다. 입학자격은 15세에서 30세까지의 6두품 출신 귀족 자제였으며, 수학연한은 9년이었다. 학문을 지속할 수 없는 미숙자는 퇴학시켰고, 국학을 졸업한 자에게는 대나마(大奈麻), 나마(奈麻), 대사(使者)의 벼슬을 주었다. 통일신라의 국학은 유교사상을 연구 보급하는 데 많은 기여를 하였다.

원성왕 4년(788년)에는 '독서삼품 출신과'라는 일종의 과거제도를 시행하여 인재를 등용하였다. 이는 신분과 계급에 따라 관리 등용과 직급이 결정되는 '음서제도'와는 달리 국학에서의 학문성적과 시험을 통하여 객관적 인재등용을 실시하자는 의미에서 나타난 제도이다. 또한 기존 관리등용제도에 대한 불만을 해결하고, 통일에 기여한 귀족세력들의 권력을 약화시켜야 할 필요성을 모두 충족시키는 방편으로 추진되었다. 독서삼품 출신과는 학문능력에 의해 관리를 등용한 과거제도의 전신이며, 당나라의 과거에 합격자를 배출하는 데 기여하였다.

3) 고려시대의 교육

고려는 건국 이후 불교를 바탕으로 국가를 통합하고 민심을 안정시키기 위한 숭불정책을 채택하였고, 국가의 통치이념으로는 유교를 채택하였다. 고려의 교육은 봉건적 신분 사회유지에 유리하게 실시되었고, 이를 위해 국자감을 설치하여 유교이념을 교육제도로 흡수하였다. 고려의 과거제도는 인재를 등용하기 위해 노력한 고려시대의 중요한 교육제도이다. 고려시대의 교육기관은 관학과 사학으로 구분할 수 있다. 관학은 국자감, 향교, 학당이 있었고, 사학은 최충의 문헌공도를 포함한 12도와 서당이 있었다.

(1) 관학

① 국자감

고려시대의 국자감(國子監)은 태조 3년(930년) 지금의 평양에 설치하였던 것을 기반으로 성종 11년(992년) 개경에 설립되었다. 국자감은 최고 교육기관인 국립대학으로 국가의 고급관리를 양성하는 유일한 교육기관이었다. 유학과인 국자학, 태학, 사문학은 유교의 경전을 연구하는 과정으로 고위관리를 양성하였고, 기술과인 율학, 서학, 산학은 직업교육으로 기술직 공무원을 양성하였다. 유학과와 기술과는 입학자격에 있어서도 신분의 차등을 두었다. 예종 14년(1119년)에 양현고를 설치하여 국자감의 재정을 도왔으나, 고려조에 이어진 외침과 몽고에 의한 국난으로 그 명맥을 유지하기 어려웠다.

② 향교

향교(鄕校)는 국자감과 함께 고려시대 지방에 설치된 관학으로 중등교육을 담당했던 교육기관이다. 당시의 향교는 유교 교육의 기능과 제사의 기능을 함께 지닌 사당이었으며, 교육 대상은 주로 지방 관리의 자제나 서민의 자제들이었다. 향교는 제례를 담당하는 대성전, 강학을 담당하는 명륜당으로 구성되어 있다. 교육내용은 제술(작문)과 명경(효경, 논어 9경) 등이었고, 의학, 율학, 서학, 산학 등의 교과도 개설되었던 것으로 전해진다.

③ 동서학당과 오부학당

동서학당은 원종 2년(1261년)에 설치한 것으로 개경의 동쪽과 서쪽에 위치하였고, 공양왕 2년(1390년)에 정몽주의 건의로 개경의 중앙과 남북에 세운 기관을 종합하여 오부학당이라 칭하였다. 고려시대 국자감에서 교육을 받지 못하는 개경의 학도들을 위해 세워졌으며, 교육 수준은 향교와 거의 비슷하였다. 학당의 수업은 강학과 토론 등을 통한 교육을 실시하였고, 상위 교육기관에 입학하기 위한 공부를 병행하였다.

(2) 사학

① 12도

12도(十二徒)는 고려시대의 유명한 사학 교육기관 12개교를 총칭하는 말이다. 문종 때 학자였던 최충은 관직에서 은퇴하고 '문헌공도'라는 사학을 최초로 설립하였다. 문헌공도가 명성을 얻으면서 명망 있는 유신들이 이를 본받아 11도를 따라 세우게 되면서 12도라 불리게 되었다. 그 당시 과거를 보려는 학동들은 교육성과가 부진한 국자감과 향교보다 12도를 선호하였고, 이로 인해 12도는 사학이었지만 과거에 대한 영향력이 커지게 되었다. 교육내용은 9경(九經)과 3사(三史), 제술(製述)로 구성되었고, 하과(夏課)와 각촉부시(刻燭賦詩)라는 독특한 교육방법을 운영하였다. 하과는 여름 산속의 사찰에 기거하는 일종의 연수회 같은 성격이었고, 각촉부시는 시 짓기 대회로 양초에 일정한 표시를 하여 그 선이 탈 때까지 시를 짓도록 하는 방법이었다. 12도는 국학이 부진하고 학당이 설치되지

최충(崔沖)

최충(984~1068)은 고려전기 문하시랑평장사, 문하시중, 도병마사 등을 역임한 문신이다.
문장에 능하여 1013년(현종 4) 국사수찬관으로서 태조에서 목종에 이르는 『칠대 실록』을 편찬했다. 문종 즉위 후 문하시중이 되어 율령을 정리했고 서북 주 · 진의 공역 금지를 청하고 동여진에 대한 대비책을 건의하는 등 뛰어난 행정 능력을 보였다.

출처: 한국민족문화대백과사전

않았던 고려 중기에 등장하여 유교교육에 큰 공헌을 하였으며, 국자감의 수준과 유사하여 오늘날 사립대학과 같은 역할을 담당하였다. 12도는 고려시대뿐 아니라 우리나라 교육사의 가장 의미 있는 사학으로 기록되고 있다.

② 서당

서당(書堂)은 고려시대 지방 일반서민의 자제들을 교육하던 초등 교육기관이었다. 송나라 서긍의 '고려도경'의 기록을 살펴보면, 서당은 서민의 기초교육의 보급과 민중교화에 끼친 공적이 지대하였음을 알 수 있다. 고려의 서당은 조선의 서당과 비교하면 역할과 교육내용 면에서 상대적으로 미비하였다. 서당은 조선시대에 이르러 전성기를 맞이하게 된다.

4) 조선시대의 교육

조선은 건국 초기부터 유교를 정치이념으로 삼고 불교를 억압하는 숭유억불 정책을 채택하였다. 성리학을 국가의 통치이념으로 설정하고 국가적 차원에서도 성리학의 교육에 힘썼다. 조선시대 교육은 유교경전을 배우고 익히는 것으로만 이루어져 실제 생활과 관련된 과학기술이나 생산기술의 발달을 저해하는 결과를 초래하였다.

조선의 교육기관 역시 관학과 사학으로 구분할 수 있다. 관학은 성균관, 사부학당, 향교로, 사학은 서원과 서당으로 구분할 수 있다.

(1) 관학

① 성균관

성균관(成均館)은 조선시대 최고의 국립교육기관으로 태조 7년(1398년)에 한성에 설립되었다. 성균관에는 공자를 비롯한 성현들을 모시고 제사지내는 문묘와 수업이 이루어지는 명륜당이 있다. 기숙사인 동재와 서재, 기타 부속기관으로 학생들의 물품공급과 숙식제공을 맡았던 양현고와 도서를 보관하는 존경각이 있다.

|그림 2-1| 성균관의 명륜당

성균관의 입학자격은 소과 합격자인 생원과 진사를 기본으로 하고, 인원이 부족한 경우는 사학(四學)의 학생 중에서 선발하였다. 현직관리를 입학시켜 재교육을 담당하기도 하였다. 교육내용은 4서(논어, 맹자, 중용, 대학)와 5경(시전, 서전, 주역, 예기, 춘추)을 비롯한 유교 경전이었다. 성균관은 오늘날 대학의 학생회에 해당하는 유생들의 학생자치활동도 상당히 활발하였다. 그러나 성균관 유생들이 체감할 수 있는 지원은 미비하였고 성균관에 입학하지 않고도 과거에 합격할 수 있다는 점 등 유생에 대한 특권이 크게 의미를 가지지 못하여 성균관은 국립 고등교육기관으로 활성화되지 못하였다.

② 사부학당

사부학당(四部學堂)은 고려시대의 오부학당을 계승한 것으로 사학(四學)이라고도 부른다. 서울의 동부, 서부, 남부, 중부에 설치한 교육기관으로 성균관의 부속학교라 할 수 있다. 향교와 비슷한 수준의 중등교육기관으로 구분할 수 있으나, 사학에는 선현의 위패를 모신 문묘는 없었다. 교육내용은 소학, 효경, 사서 등의 유교경전이 중심이 되었고, 입학자격은 10세 이상의 양반 자제였다. 사학 유생들은 성균관에 입학하는 것과 생원시와 진사시에 합격하는 것을 목표로 두었다.

③ 향교

향교(鄕校)는 조선 태조가 즉위하던 때부터 전국적으로 보급되었다. 지방의 양반 자제를 가르치기 위하여 설립된 중등 교육기관으로, 고려시대부터 보급되었으나 조선시대에 이르러 크게 발전하였다. 향교는 문묘에 제사하고 유학을 가르치는 기능 외에 향촌사회에 유교이념을 전파하고 지방의 백성을 계도하는 사회 교육적인 기능도 있었다. 교육내용은 소학, 사서삼경 등의 유학교재와 지방에 필요한 실업교육이 주를 이루었고, 향교의 재정은 국가에서 지급한 학전과 지방의 재정으로 충당하였다. 조선 중엽 이후로는 각 지방에 서원이 설립되면서 향교는 교육기관으로서의 기능을 잃고 문묘제사의 형식만 남게 되었다.

(2) 사학

① 서원

서원(書院)은 선현존중과 후진양성을 목적으로 중종 38년(1543년) 풍기군수 주세붕에 의해 최초로 세워졌다. 최초의 서원인 백운동 서원을 시초로 하여 전국에 설립된 서원은 지방 유생들의 학문적 공간이자 후진 양성을 위한 중등교육기관이었다. 서원의 교육내용은 유학교육이 중심이었고, 쇠퇴해가는 향교를 대신하여 국가의 재정지원을 받으며 서원의 수는 급증하였다. 점차 본래의 목적을 상실한 서원은 지방 향촌사회의 이익집단으로 기능하게 되었다. 지나친 서원의 난립으로 그 폐해가 속출함에 따라 국가는 서원의 통제를 강화하였고, 고종 8년(1871년) 흥선대원군에 의해 전국에 서원 679개 중 47개만 남기고 모두 폐쇄하였다.

② 서당

서민 대중 교육기관으로 발달한 서당은 오늘날 초등교육의 역할을 담당하던 교육기관으로, 기초 유학교재의 학습과 예절교육, 인성교육을 담당하던 곳이다. 서당의 교육내용은 천자문, 동몽선습, 명심보감, 소학 등 초보적 유학교재였고, 교육방법은 강독, 제술, 습사 등으로 나눌 수 있다. 서당교육은 소규모 학습, 수준별 학습, 계절제 수업 등의 다양한 방법으로 운영되었다. 이는 소수의 훈장과 다수 학습자의 불균형, 입학시기와 연령의 다양함, 농번기 교육을 피하는 것 등을 고려한 교육운영이라 할 수 있다. 서당의 설립을 위한 재정은 설립자가 담당하지만 운영을 위한 재정은 수익자 부담이 원칙이었다. 조선시대 후기의 서당은 문맹퇴치 운동, 민족의식 함양, 여성운동 등 우리나라 교육발전에 기여하였다.

2. 서양교육사

1) 고대 그리스의 교육

고대 그리스는 폴리스라는 도시국가를 형성하여 다양한 문화적 독창성을 창조했으며, 서양문화의 근간을 이루는 철학, 과학, 예술, 정치의 기반을 제공하였다. 이 시기는 서양교육의 기초와 유산의 토대가 된 중요한 시기이며, 현재의 유럽지역을 중심으로 발달된 서양문화는 그리스시대 문화의 영향을 받아 형성되고 발전하였다. 고대 그리스 교육의 목적은 지혜와 행동이 겸비된 전인을 양성하는 것으로 당시 교육은 귀족계급에 한정된 계급주의적 성격을 지니고 있었다. 가장 대표적인 고대 그리스의 교육제도로 아테네와 스파르타의 교육제도를 들고 있다.

(1) 아테네의 교육

아테네는 기원전 1200년경 이오니아 족이 '솔론 법'을 기초로 세운 도시국가이다. 아테네의 교육목적은 조화롭고 균형 잡힌 인간의 양성이었다. 이에 따라 자유로운 시민을 양성하기 위한 '교양교육'이 이루어졌다. 아테네에서는 7세까지 가정교육을 하고, 8~16세까지는 초등교육 기간으로 체조학교와 음악학교를 다녔다. 16~18세에는 지식교육과 신체훈련을 동시에 받은 후, 2년간의 군 복무를 마치고 20세가 되면 시민권을 받았다. 이후에는 자유로운 시민으로 정치활동에도 참여할 수 있었다. 그리스시대의 대표적인 교과는 '7자유교과'로 '3학'에 해당하는 문법, 수사, 논리와 '4과'에 해당하는 산수, 기하, 천문, 음악으로 구성되어 있다.

아테네 교육의 특징은 아동기의 정서적 교감을 강조하고 다양한 놀이와 서사를 통한 교육으로 인격형성과 조화로운 인간성의 개발을 시도하였다. 그러나 현대의 관점에서 볼 때 아테네의 교육은 특정계층에 한정된 엘리트 중심의 교육이며, 직업교육과 거리가 먼 이성과 관념 중심의 교육이었다. 이러한 주지주의적 교육관이 지배한 아테네 교육은 이후 로마로 전승되고, 르네상스를 거쳐 근대 이전까지 서양의 중요한 교육으로 기능하게 된다.

(2) 스파르타의 교육

스파르타는 기원전 1100년경 도리아족(Dorians)이 '리쿠르구스(그리스어: Λυκοῦργος: 스파르타의 입법자)법'을 기초로 세운 도시국가로 스파르타의 교육목적은 훈련을 통해 강인하고 이상적인 군인을 양성하는 것이었다. 스파르타의 사회제도는 엄격한 사회통제와 소수 귀족의 권익 보호 등의 특징으로 하는 폐쇄적 성격이었다. 따라서 교육은 강력한 군국주의 국가를 유지하기 위해 사회의 공적 업무 수행과 국가의 이익을 충실히 대변하는 정치적 수단이 되었고, 교육의 방법은 강력하고도 혹독한 훈련을 동반할 수밖에 없었다. 교육내용은 신체훈련, 군사훈련, 전투방법과 기술 등이 중심이 되었다. 스파르타에서는 7세까지 가정교육, 8~18세에 군사훈련, 18~20세에 전문적 군사훈련, 20~30세에는 군복무를 하며 실제 전투에 참가하였다. 30세가 되면 시민권을 획득하여 자유생활을 할 수 있었다.

스타르타 교육의 특징은 우생학적 기준으로 선별된 아동들만을 중심으로 철저한 엘리트 교육을 실시하였고, 출생과 양육의 모든 단계에서 국가에 의해 계획되고 통제되었다. 극기를 통하여 개별적 생존력을 극대화하고 단체 중심의 교육을 실시하였으며, 여성교육을 반대한 아테네와 달리 여성을 남성과 동일한 조건의 훈련을 받는 국가의 일원으로 간주하였다.

우리가 흔히 사용하는 '스파르타식 교육'은 수단과 방법을 가리지 않고 특정 목적을 달성하면 모든 것이 합리화가 되는 비인간적 정서가 내포되어 있다. 스파르타식 교육은 교육을 통한 전인적 발달을 간과하였으므로 정당한 교육이라 보기 어렵다.

표 2-1 아테네와 스파르타 교육

구분	아테네	스파르타
법령	솔론법	리쿠르구스법
교육목적	시민양성(교양인)	군인양성
교육내용	7자유교과	체육, 군사기술
교육방법	학습, 도야	훈련
특징	교양 교육, 인문주의 교육	군국주의, 통제적 군사교육

(3) 소피스트와 그리스의 교육사상가

① 소피스트(sophist)

고대 그리스는 페르시아 전쟁 이후에 도시국가를 중심으로 정치적, 경제적 발전과 함께 사상적 진보도 함께 이루었다. 그리스시대 아테네의 다양한 학문적 논의와 웅변술을 기반으로 한 논리적 대화법을 주로 활용한 학자들을 '소피스트'라 하였다. 최초의 전문 직업교사인 이들은 스스로를 지자(知者) 혹은 현자(賢者)라 지칭하였다. 소피스트들은 진리의 기준을 절대적이거나 불변의 것에서 찾지 않았다. 오히려 진리란 상황에 따라 구성되며 다양한 기준에 따라 달라질 수 있다고 보았다. 그들은 진리의 획득보다 진리의 유용성을 알아가는 과정을 교육의 목적으로 설정하고, 명제적 지식이 아니라 방법적 지식의 획득을 주요하게 보았다. 이러한 목적을 달성하기 위해 토론이나 강의를 통해 문법, 변증법, 수사학, 수학, 기하학, 천문학, 음악 등을 가르쳤다.

소피스트들을 시대 상황에 견주어 보면 매우 진보적인 학자들이었다. 그들은 개인의 자아실현을 위한 활동으로 교육을 정의하고 활동하였으며, 가장 큰 업적은 직업으로서 교사의 역할을 규정한 것이라 볼 수 있다.

② 그리스의 교육사상가

그리스시대의 대표적인 교육사상가로 소크라테스(Socrates), 플라톤(Platon),

아리스토텔레스(Aristoteles)를 들 수 있다. 이들은 개인주의와 사회적 질서를 조화시키기 위해 힘썼으며, 그것을 위한 여러 가지 행동기준이 무엇인가를 탐구하여 제시하려고 노력하였다.

소크라테스는 지덕합일(知德合一)의 도덕적 인간을 양성하는 것을 교육목적으로 하였다. 그는 인간의 모든 무지는 앎의 부재에서 나오는 것이고 무지보다 더 무서운 것은 자신이 무지하다는 것을 모르는 것이라 하였다. 교육방법은 무의식적 무지에서 의식적인 무지로 이끌어내는 대화법, 문답법, 반어법, 산파술 등이 있다.

 소크라테스	소크라테스(Socrates)는 지덕합일(知德合一)의 도덕적 인간을 양성하는 것을 교육목적으로 하였다. 종래의 그리스의 유물론적인 자연철학에 대립하여 그는 "너 자신을 알라"라는 말을 기초로 하여 '영혼'에 대해 깊게 생각하면서 삶의 온당한 방법을 아는 것을 지식의 목적이라 하고 도덕적 행위를 고양시키는 것을 지향하였다.
 플라톤	플라톤(Platon)은 이데아(idea)를 통해 존재의 근원을 밝히고자 하였으며, 교육목적은 국가 정의의 실현을 위해 국가의 통제아래에 이상국가를 건설하는 것이라고 하였다. 40세경 아테네 교외의 아카데미아에 학교를 열어 교육에 임하였으며, 또한 많은 저작(30권이 넘는 대화편)을 썼다. 그의 철학은 피타고라스, 파르메니데스, 헤라클레이토스 등의 영향을 받았으며, 그 당시의 유물론자 데모크리토스의 사상과 대립하였다.
 아리스토텔레스	아리스토텔레스(Aristoteles)는 교육목적은 행복한 생활을 영위하는 자유인을 양성하는 것이라고 하였다. 학문 전반에 걸친 백과전서적 학자로서 과학 제 부문의 기초를 쌓고 논리학을 창건하기도 하였다. 트라키아의 스타게이로스에서 출생하여 플라톤의 학교에서 수학하고, 왕자 시절의 알렉산더 대왕의 교육을 담당하였다. BC 335년에 자신의 학교를 아테네 동부의 리케이온에 세웠는데, 이것이 페리파토스 학파(peripatetics, 소요학파, 逍遙學派)의 기원이 되었다.

소피스트들은 비용을 지불한 사람에게 지식을 판매하였지만, 소크라테스는 지식이 물질적인 것이 아니라 인간의 영혼과 관계된 것이기에 매매의 대상이 될 수 없다고 보았다. 이러한 점에서 소크라테스는 소피스트들과 다른 의미의 교사라 할 수 있다.

플라톤은 서양철학의 근간을 형성한 대학자이다. 스승인 소크라테스의 영향을 받았고 제자인 아리스토텔레스의 사상 형성에 영향을 준 철학자이다. 플라톤은 영원불변의 개념인 이데아(idea)를 통해 존재의 근원을 밝히고자 했으며, 그의 교육목적은 국가정의의 실현을 위해 국가의 통제아래 이상국가를 건설하는 것이었다. 이를 위해 사회 각 계급별로 구분된 덕목인 지혜, 용기, 절제를 갖춘 인간을 양성하고 각자의 재능을 최대한 발휘하도록 훈련시키는 것이 이상적인 교육이라 보았다. 이 외에도 플라톤은 조기교육, 놀이를 기반으로 한 음악과 체육 중심의 교육, 소수의 엘리트 교육 등을 강조하였다.

아리스토텔레스는 플라톤의 이상주의를 벗어나 실재의 세계에서 존재의 본질을 찾고자 하였다. 즉 실재하는 것은 현실의 세계라 주장하였다. 그의 교육목적은 중용(中庸)의 덕을 쌓아 행복한 생활을 영위하는 자유인을 양성하는 것이었다. 최고의 선은 행복이며 세상의 모든 사물은 자신의 본래의 모습을 가질 때 가장 행복하다고 하였다. 아리스토텔레스의 교육대상은 플라톤처럼 특정계급이 아닌 도시국가의 대부분을 차지하는 다수의 일반시민이다. 플라톤의 교육관이 소수의 엘리트 교육이라면, 아리스토텔레스의 교육관은 일반 시민을 위한 대중적이며 공적인 교육이라 할 수 있다.

2) 로마의 교육

로마는 기원전 753년 건국되어 기원 후 476년 서로마 제국이 멸망하기까지 약 1,000년을 존속한 대제국이다. 로마시대는 정치와 문화적 특징에 따라 3가지 시대로 구분되고, 교육사상사의 입장에서도 그 구분을 따르고 있다. 로마는 왕정기,

공화정기, 제정기로 나뉜다. 로마의 사회는 실용적, 실리적, 공리적 사회였으며, 이를 뒷받침할 정치, 제도, 법의 정비가 잘 이루어진 사회였다. 그리스인들의 가치가 이상적인 인간의 합리성, 예술적인 조화와 균형에 있다면, 로마인들이 강조한 가치는 실생활에 적용되었을 때의 유용성과 실효성과 관련된 것들이었다. 로마 교육은 그리스시대 교육보다 실천적 측면을 더욱 강조하였고 교육목적은 강한 의지와 실천력을 가진 인간을 기르는 것이었다. 따라서 인내, 신중, 용기, 의무감 등의 덕목을 중요시하였다.

로마의 교육을 구분함에 있어 왕정기에는 가정과 사회, 국가의 교육 모두가 특별한 형태가 없는 비형식적 교육이 이루어졌기 때문에 교육적으로 특별한 점을 찾기 어렵다. 로마의 교육이 구체적으로 진행된 시기는 공화정기부터이다. 따라서 구체적인 교육내용이 존재하는 공화정기와 제정기를 중심으로 로마의 교육을 설명하고자 한다.

(1) 공화정기

공화정 시대의 가장 실제적 교육목적은 자신의 책임과 의무를 다할 수 있는 시민이자 전시에는 용감하고 순종적인 군인의 양성이었다. 공화정 초기에는 부모에 의한 가정교육이 중심이었고 이 시기의 아버지는 자녀교육에 절대적 권한을 가지고 있었다. 「12동판법」에 따르면 아버지는 자식의 생사여탈권을 가진다고 하였다. 그러나 부권의 절대성 인정이 아동 학대의 의미는 아니었다. 공화기 후기부터 형식적 교육제도가 등장하였다. 이 시기에는 가정교사와 노복(노예교사)을 고용한 형식적 교육이 시작되었고, 초보적인 3Rs(읽기, 쓰기, 셈하기)를 교수하는 루두스가 설립되었다. 공화정 후기가 되면서 그리스 문화가 로마로 유입되었고, 로마 상류층을 중심으로 그리스 문화에 대한 교육을 실시하였다.

(2) 제정기

제정시대는 로마의 황금기였으며 평화를 유지하던 시기였다. 이 시기는 가정교육과

학교교육이 분리된 시기였으며, 교육목적은 수사적 능력을 갖춘 웅변가를 양성하는 것이었다. 제정시대의 로마교육은 중등교육 발전에 초점을 두었다. 초등교육기관인 루두스(Ludus)에서 초보적 3Rs 교육과 그리스식 교육이 이루어졌고, 중등교육기관인 문법학교에서는 초등교육을 이수한 학습자를 대상으로 7자유교과를 교수하였다. 또한 고등교육기관인 수사학교에서는 수사학을 가장 중시하여 가르쳤다. 제정시대의 교육은 형식적 교육이 활발하게 이루어졌고, 초등 수준의 교육에서 벗어나 중등 수준의 심화된 교육이 실시되었다.

(3) 로마의 교육사상가

로마의 교육사상가로는 키케로(Cicero)와 퀸틸리아누스(Quintilianus)를 들 수 있다. 키케로는 공화정 시대 제1웅변가로 성선설 이념을 중요시한 정치가, 철학가, 교육학자이다. 그는 인간이 타고난 소질을 계발하여 이성적 덕성을 발휘하는 존재로 살아가도록 이끄는 것이 교육이며, 교육을 통하여 행복한 삶을 영위하는 것이 '덕'이라고 보았다.

 키케로	키케로(Marcus Tullius Cicero, BC 106~43). 이탈리아 아르피눔에서 태어나 포르미아에서 사망한 로마의 정치인, 변호사이자 라틴어 작가이다. 키케로는 뛰어난 자질을 지닌 정치가이며 공공 관리였다. 또한 매우 뛰어난 행정 능력이 있었으며 탁월한 웅변가였다. 또한 고전 라틴어 표현의 전형으로 평가받는 풍부한 작품들을 집필하였으며 그의 '변론문'은 라틴어의 표본으로 오늘날까지 라틴어를 배우는 데 그대로 지속되고 있다.
 퀸틸리아누스	마르쿠스 파비우스 퀸틸리아누스(Marcus Fabius Quintilianus, 35?~100?)는 히스파니아 출신으로 로마 제국의 수사학자이다. 중세, 르네상스 시대의 문헌에 많이 언급되어 있다. 설득적이고 효과적 인 화법(話法)의 기술인 변론술(辯論術)을 가르쳤으며 그리스와 로마의 고전을 비평하였다. 교육실천가로 20년간 웅변술을 강의하고 베스파시아누스(Vespasianus) 황제의 신임을 얻어 웅변술 교수의 칭호를 받고 국가로부터 봉급을 받는 최초의 공교사(public teacher)가 되었다.

퀸틸리아누스는 로마에서 법률과 수사학을 공부하고 수사학교의 교사로 활동한 사상가로 국가의 월급을 받은 최초의 공교사이다. 그는 가정교육을 강조하고 학습에 있어 체벌을 반대하였다. 교사의 중용적 태도를 강조하여 교사가 아동에게 지나치게 엄격하거나 관대하지 않고 중용의 태도를 지켜야 함을 주장하였다. 퀸틸리아누스의 가장 큰 교육적 기여는 아동과 성인의 질적 차이를 인정하고 아동의 발달 단계에 따른 교육내용과 방법을 강조한 점이다.

3) 중세시대의 교육

중세시대는 고대사회와 근대사회를 연결하는 시기로 서로마제국이 멸망한 5세기경부터 문예부흥이 시작된 15세기까지 약 1,000년 동안을 말한다. 중세사회는 교회가 지배한 종교사회였으며, 종교적 주정주의를 중심으로 비주지주의, 비심미주의, 금욕주의가 사상 전반을 지배하였다. 또한 귀족과 성직자의 결탁으로 일반 시민들의 권리가 제한당한 계급주의 사회, 즉 귀족의 시대였다.

중세교육의 목적은 합리적 사고의 전달이나 이성중심의 진리전달이 아닌 무비판적 신념의 수용이었고, 중세의 학교는 신, 금욕, 단련 등을 중요한 가치로 인정하였다. 중세교육의 특징은 종교적 주정주의(主情主義) 교육이었으며 교육보다는 훈련에 가까웠다. 이 시기는 고등교육을 위주로 발전하였고 카톨릭 교육과 라틴어 교육이 중심이었다. 교육과정은 7자유교과였으며 이는 모두 중세의 교리를 이해하기 위한 수단으로 사용되었다. 교육방법은 인간을 수동적 존재로 파악하고 금욕, 단련, 훈련중심의 타율적 성격을 지니고 있었다. 즉, 중세의 교육은 신앙적 인간의 형성에 목적을 두었고, 자연적인 것보다 초자연적 중심, 인간보다 신이 중심이었다.

(1) 중세 전기의 교육

중세 전기의 교육은 인간을 순종과 신앙으로 이끄는 내세교육이었다. 문답학교는 기초적 수준의 카톨릭 교리를 문답법을 활용하여 교육시킨 곳이었다. 고급문답학교는 문답학교의 교사양성을 목적으로 한 학교로서 교육수준이 문답학교에 비해 높았고, 과학, 철학, 문학 등을 교육내용으로 하였다. 주일학교 교사양성을 위한 교육기관이라 할 수 있다. 본산학교라 불리기도 한 사원학교는 교회에 설립된 학교로 성직자 양성이 목적이었다. 입학생의 대부분은 귀족들이었으며, 중세 카톨릭 문화의 중심인 스콜라 철학을 중심교과로 다루었다. 교육내용은 카톨릭 교리, 7자유교과로 강의식, 토론식 교육방법으로 교수하였다. 오늘날 신학대학과 유사한 교육기관이다. 수도원은 수도사 양성기관으로 철저하게 금욕적인 생활을 하고 내세를 준비하는 교육을 받았다. 교육내용은 성서강독, 기도, 7자유교과 등이었다.

(2) 중세 후기의 교육

중세 후기 사회는 과학기술이 급격하게 발달함에 따라 상공업이 발달하고 교육에도 많은 변화가 일어났다. 십자군 원정으로 새로운 도시가 발달하게 되고, 신흥 상공계급의 시민들은 그들 생활에 필요한 교육을 요구하였다. 이러한 요청에 부응하여 중세 후기의 교육이 나타나게 되었다. 이 시기의 교육은 일반 시민계급을 위한 생산교육, 직업교육을 특징으로 한다. 중세 중후반에는 오늘날 대학의 기원이 되는 다양한 대학도 설립되었다.

① 기사도 교육

기사도 교육은 기사계급을 양성하기 위한 것으로 봉건제도를 확립하고 지지하기 위해 생긴 교육이다. 기사도 교육은 중세 후기에 해당하는 12세기에 이르러 전성기를 맞는다. 약자에 대한 보호와 여자에 대한 의협심, 매사에 정직할 것을 목적으로 행동의 실천을 중시하였다. 교육내용은 육체적, 사회적, 군사적, 종교적 활동력을 기르는 데 필요한 신체훈련, 복종과 예절훈련, 그리고 종교교육을 실시하였다.

② 시민교육

중세 후기 십자군 전쟁의 결과로 상공업과 도시가 발달하게 되고 새로운 시민계급이 형성되었다. 교육대상은 서민계급까지 확대되었고 모국어에 의한 초등교육이 이루어졌다. 일반 시민계급을 위한 교육기관으로 조합학교, 도제학교, 도시학교 등이 있었다. 조합학교(guild school)는 실생활에 필요한 지식을 배워야 할 현실적인 교육 요구로 길드조합에서 자치적으로 설립하여 운영하였다. 도제교육은 비형식적인 직업교육으로 수공예품, 예술작품, 기계 등 생활을 위한 실제적인 기술을 연마하는 교육으로, 근대 직업교육과 기술교육에 영향을 주었다. 도시학교는 영국의 문법학교와 공립학교, 독일의 라틴어 학교의 형태로 시민계급의 자녀들을 위한 학교가 운영되었다.

③ 중세대학의 설립과 발달

중세기 역사에서 중요한 사건은 대학의 설립 및 발전이다. 중세대학은 교수와 학생이 자유로이 결성하는 일종의 조합에 의하여 이루어진 단체였다. 십자군 원정의 여파로 동서 간의 교류가 빈번해짐에 따라 과학, 의학 등의 학문이 도입되었고 학문교육의 필요성이 요구되었다. 이에 학생들의 길드조합에서 교수를 초빙하여 대학의 모습을 갖추게 되었다.

대학은 중세기 사회의 발전에 중요한 역할을 하였다. 초기의 대학은 국가적 제도 차원에 근거하여 설립된 것이 아니라 교사와 학생의 자발적 모임에서 출발하였다. 학생들이 자신들의 이익과 권리를 보호하기 위해 학생길드조합을 조직하였고, 학생조합에서는 교수를 채용하고 봉급을 지급하는 자치적인 역할을 하였다. 중세대학은 시간이 갈수록 규모가 계속 확대되었으며, 후기의 대학들은 법학, 신학, 의학을 중심으로 발전되었다. 중세대학은 종교적 사회를 주지주의적 사회로 변화하는 데 기여하였다.

4) 근대의 교육

근대는 중세 신 중심의 사회가 붕괴되고 봉건사회 또한 붕괴되면서 시민국가의 출현이 시작되었다. 교회에 대한 정치, 경제, 시민의 반발이 심해지면서 정치와 종교의 분리가 진행되었다. 르네상스로부터 시작된 근대사회는 종교개혁, 과학의 발달, 시민계급의 상승 등을 바탕으로 시대적 특성을 형성하였다. 근대사회의 교육은 이러한 시대적 배경에 따라 방향이 조율되고 후기로 가면서 학문적 정체성을 구현하는 노력들을 이행하였다.

(1) 르네상스와 인문주의 교육

르네상스(renaissance) 또는 문예부흥기의 근본 사상은 중세 카톨릭 중심의 사회에서 벗어나서 인간 본연의 자세로 돌아가려는 인문주의 사상이라 할 수 있다. 인문학자들은 중세 종교중심의 교육사상에 반대하며, 인간이 선천적으로 타고난 성장가능성을 최대한 발현시키는 것을 교육목적으로 하였다. 르네상스시대의 교육은 심미적, 귀족적 특색이 강하여 일반 시민을 대상으로 삼는 초등 수준의 교육보다 귀족들을 대상으로 한 중등교육을 특징으로 한다. 교육내용은 자유교양 교육을 위한 7자유교과를 사용했으며, 고전의 독서와 암송, 라틴어의 이해, 수사학, 문학, 논리학 등이 중요한 교과였다. 이를 통해 그리스보다 더 그리스적인 교육을 실행하였다.

르네상스 초기 인문주의 교육관은 후기에 이르게 되면서 언어 중심주의로 변질되었다. 즉 고전의 가치를 연구·해석하는 것보다는 고전 자체를 암송하는 것을 중요한 덕목으로 보았다. 로마의 웅변가인 키케로와 퀸틸리아누스의 사상이 고전의 모범으로 인정되었는데, 특히 키케로의 고전을 암송하고 해석하는 교육이 성행하였다. 이처럼 교육의 과정을 단순한 암기와 반복, 모방으로 단순화시킴으로써 인간의 자유를 구속하는 결과를 가져왔다. 이것은 교육의 목적 자체를 존중하기보다 교육목적을 달성하기 위한 수단에 치중한 결과로 볼 수 있다.

(2) 종교개혁기 교육

르네상스가 자아의 발견과 인간의 해방을 통한 인간성 재생운동이라면, 종교개혁은 형식적 교권주의에서 탈피하여 오직 성서에 의해서만 구원을 받을 수 있다는 신앙 해방운동이라 할 수 있다. 종교개혁이 일어난 배경은 십자군 원정 실패로 인한 교회의 권위 실추와 중소 상공인의 등장으로 인한 사회 지배구조의 변화, 성직자들의 타락 등을 들 수 있다. 종교개혁의 직접적 원인은 교회의 재정

조달을 위해 교황이 신도들에게 면죄부를 강매한 사건 때문이었다. 교황의 면죄부 판매 강요에 불만을 품었던 마틴 루터(Martin Luther)는 면죄부의 비합리성을 비판하는 95개조의 논제문(반박문, thesen)을 발표하게 된다. 인간은 오직 성서와 신앙에 의해 구원받을 수 있다고 주장하는 마틴 루터를 중심으로 일어난 운동이 바로 종교개혁이다. 루터는 종교개혁가일 뿐 아니라 위대한 교육가였다. 일반 대중을 위하여 성서를 독일어로 번역하여 종교의 대중화를 도모하였고, 공교육 제도와 교육의 국가책임론, 의무교육의 시행을 주장하였다.

마르틴 루터

마르틴 루터(Martin Luther, 1483~1546)는 독일의 종교개혁가이다. 당시 비텐베르크 대학교의 교수였으며, 훗날 종교개혁을 일으킨 역사적인 인물이다. 본래 아우구스티노회 수사였던 루터는 로마 가톨릭교회의 면죄부 판매가 회개가 없는 용서, 거짓 평안이라고 비판하였다. 현존하는 모든 개신교 교파들이 루터의 영향을 받았으며, 특히 루터의 가르침을 직접적으로 계승하는 교파로는 루터교회가 있다(위키백과, 나무위키).

(3) 실학주의 교육

실학주의는 전통적 언어주의와 형식주의 경향을 탈피하고 실제 생활에 유용한 능력을 중시하는 사조이다. 실학주의 교육은 실제 생활에 필요한 덕목을 함양하고 관념보다는 사물을 중요시하는 교육관을 말한다. 실학주의 교육은 특징과 방법에 따라 인문적 실학주의, 사회적 실학주의, 감각적 실학주의로 구분할 수 있다.

① 인문적 실학주의

르네상스시대 초기 편협한 인문주의 교육을 비판하고 나타난 것이 인문적 실학주의이다. 인문적 실학주의자들은 고전의 언어적 해석에 그치지 않고 그 속에 들어 있는 실제적이고 사회적인 맥락을 찾아 실생활에 적용하는 교육을 강조하였다. 가장 대표적인 학자로는 밀턴(Milton)을 들 수 있다. 밀턴은 인간의 진리인 덕과 자유를 추구하여 인간성을 형성하는 것이 교육목적이라 하였다. 그는 기존의 형식적인 수업을 탈피하여 학습내용을 심도 있게 이해하기 위해서는 교사와 학생들이 함께 토론하는 방법이 바람직하다고 하였다.

② 사회적 실학주의

사회적 실학주의는 사회생활의 구체적인 경험을 중시하면서, 인간상으로 신사(gentleman)를 제시하였다. 즉 세상사 모든 부분에 능통한 신사를 양성하는 것을 교육의 목표로 설정하고, 교육방법에서 단순한 기억보다 이해와 판단을 위한 방법을 강조하였다. 이를 위해 다양한 역사, 문학, 철학에 대한 안목과 풍부한 여행의 경험 등이 필요하다고 보았다. 대표적인 학자로는 로크(Locke)와 몽테뉴(Montaigne) 등을 들 수 있다. 로크는 키케로주의(형식적 인문주의, 형식적 언어주의)에 반기를 들고 되도록 실제적인 경험을 교육방법으로 강조하였다. 몽테뉴는 로크와 함께 공교육보다 가정교사의 교육을 강조하여 귀족교육에 치우쳤다는 지적을 받는다.

밀턴

존 밀턴(John Milton, 1608~1674)은 영국의 시인이자 청교도 사상가로 영국의 문호 셰익스피어에 버금가는 작가로 평가받고 있다.
『실낙원(失樂園)』의 저자로 셰익스피어에 버금가는 대시인으로 평가되는 영국 시인이다. 케임브리지 대학교에서 수학했으며 서사시의 분야에서 거대한 발자취를 남겼다. 밀턴의 역작 『아레오파지티카(*Areopagitica*)』는 인류 최초로 언론의 자유를 주장한 저서로 평가받고 있으며 현재도 언론학자들의 필독서이다.

로크

존 로크(John Locke, 1632~1704)는 영국의 철학자로 현대 인류사회가 탄생하는 데 가장 큰 영향을 미친 정치학자 중 한 사람이자 근대 자유주의의 시조이다.
로크의 정치사상이 근대 자유주의 전통에 미친 영향은 지대하다.
로크의 자연권은 천부인권으로 발전했고, 제도적 구상은 삼권분립으로 진화되었으며, 저항권은 자유주의의 정신이 되었다.

 몽테뉴	미셸 에켐 드 몽테뉴(Michel Eyquem de Montaigne, 1553~1592)는 프랑스 철학자, 사상가, 수필가이다. 프랑스의 르네상스를 대표하는 철학자, 문학자로 저서에는 『수상록』이 있다. 자기의 체험과 독서생활을 근거로, 있는 그대로의 인간, 변천하는 대로의 인간을 그렸다. 자연에 대하여 단순히 몸을 맡기는 데에 인생의 지혜를 추구하였다(두산백과).
 베이컨	프랜시스 베이컨(Francis Bacon, 1561~1626)은 영국의 대법관, 철학자, 과학자이다. 기존 아리스토텔레스의 연역적 방법론을 부정하고, 자연에 대한 관찰과 실험을 통해 새롭게 증명된 사실만 '지식'으로 인정해야 된다는 귀납적 방법론을 구체적으로 제시하였기에 경험주의의 아버지라고 불린다. 유명한 명언으로 '아는 것이 힘'이 있다(나무위키).
 코메니우스	요한 아모스 코메니우스(Johann Amos Comenius, 1592~1670)는 체코의 철학자, 신학자, 교육자이자 종교 개혁가이다. 근대 교육학의 선구자로 교육의 제도를 새롭게 바꾸는 데 노력하였다. 코메니우스의 저서 『대교수학(*The Great Diactic*)』에는 그의 교육사상뿐만 아니라 그의 신관, 인간관, 자연관, 그리고 구체적인 교육의 내용과 방법까지 상세하게 나타나 있다.

③ 감각적 실학주의

감각적 실학주의는 실학주의의 가장 대표적인 형태로, 실물을 경험할 때 느껴지는 감각을 통하여 얻은 학습의 결과가 이론적인 학습을 통하여 배우는 것보다 훨씬 효과적이라고 보았다. 감각적 실학주의는 과학정신을 가장 잘 반영하고 있어서 과학적 실학주의라고도 한다. 교육방법으로 관찰을 통한 감각적 학습법, 실습중심의 교육, 귀납적 학습방법 등을 주장하였다. 즉 사물의 관찰과 이를 통한 실험을 강조하며 교육은 자연의 질서에 따라 이루어져야 함을 강조하였다. 대표적인 학자로 베이컨(Bacon), 코메니우스(Comenius)를 들 수 있다.

베이컨은 과학적 탐구로 얻어진 지식으로 세상을 설명할 수 있으며, 사물을 정확하게 관찰할 수 있는 감각경험의 단련을 주장하였다. 코메니우스는 형식적 학교의 중요성을 강조하고 세계최초의 시청각 교재인 『세계도회』를 저술하였다.

(4) 계몽주의 교육

계몽주의는 18세기 유럽 지식인들을 중심으로 일어난 계몽운동으로, 인간의 자율성을 회복하기 위해 무엇보다도 인간의 이성능력에 최고의 가치를 두었다. 이성은 다른 동물과 구별된 타고난 인식능력으로 삶의 선택과 결정의 판단이 이성에 의해 이루어진다. 계몽주의시대의 교육은 인간의 이성을 발현하기 위해 모든 속박으로부터 해방되는 것을 주과제로 하였다. 즉, 이성적으로 사고하고 판단할 수 있는 능력을 키우는 것이 목적이었다. 이 시기의 중요한 교육적 변화는 보통교육제도의 발달과 아동중심 교육이 시작되었다는 점이다.

대표적인 학자로는 루소(Rousseau)와 칸트(Kant) 등이 있다. 루소는 아동 중심의 교육사상가로서 자연, 인간, 사물을 교육의 3요소로 보았으며, 직관주의를 바탕으로 한 실물주의와 아동 스스로 합자연의 원리를 따르는 교수법을 강조하였다. 칸트는 독일의 계몽주의 사상가로서 오직 인간만이 교육에 의해서 이성적 인간이 될 수 있다고 하였다. 즉 교육을 통해 이성의 계발이 가능하고, 정신적 훈련과 연습을 통해 진리를 탐구하고 도덕적인 인격을 형성하는 것이 중요하다고 보았다.

(5) 신인문주의 교육

신인문주의는 18세기 말부터 19세기까지 독일을 중심으로 일어난 사상운동이다. 계몽사상이 냉철한 이성과 지성으로 사회를 해석한다면, 신인문주의는 이성이 아닌 인간의 감성적, 심미적인 태도로 탐구하려는 사상이라 할 수 있다. 신인문주의자들은 고전을 연구하고 그 속에 담긴 과학적, 역사적, 사회적 인식을 얻는 것을 교육의 목적으로 삼았다. 그들이 가장 존중하는 것은 그리스 문화로 여러 가지 요소를 조화롭게 발전시키는 것을 이상으로 하였다. 그러나 그리스 문학의 무조건적 모방이 아니라 고전에 대한 비판과 다양한 해석을 허용하였다. 이 시기의 교육은 아동의 잠재가능성을 인정하고 교육을 통하여 계발시키는 것을 중요한 교육과정으로 보았다.

대표적인 학자로 페스탈로치(Pestalozzi)와 프뢰벨(Fröbel)을 들 수 있다. 페스탈로치는 전인교육을 목적으로 '3H,' 즉 지식(head), 정서(heart), 기능(hand)을 겸비한 인간양성을 교육목적으로 삼았다. 이 외에도 합자연의 원리에 의한 실물 중심 교육, 직관을 바탕으로 한 노작교육 등을 강조하였다. 프뢰벨은 유치원의 시초가 되는 교육기관을 창시한 사람으로, 유아기를 인간발달에 있어 가장 중요한 시기로 보고 놀이를 통해 유아의 내부에 존재하는 것을 자유롭게 표현할 수 있다고 보았다. 그는 놀이를 위한 은물(恩物)을 창안하였고, 은물을 통하여 유아의 선천적 능력인 잠재력을 계발할 수 있다고 보았다.

5) 현대의 교육

현대사회의 교육은 교육의 제도와 방법이 다양하게 전개되었다. 산업혁명 이후 과학기술이 발달하면서 교육에서도 자연과학이 집중적으로 교과과정에 채택되고, 국가 이데올로기에 따라 교육의 내용과 방법도 다르게 진행되었다. 현대는 아동존중 교육이 계속 어어져 20세기에는 아동교육에 대한 관심이 커지게 되었다.

(1) 아동중심의 교육

스웨덴의 케이(Key)는 루소의 자연주의와 다윈의 진화론의 영향을 받아 『아동의 세기』를 저술하였다. 20세기가 아동의 세기임을 강조하고 아동의 자유를 보장하고 완전한 자유교육체제를 확립할 것을 주장하였다. 또한 미국에서 시작된 학교개혁 운동인 '신교육 운동'은 아동중심 교육관을 표방하며 아동의 자율성과 적극적인 자기 결정권의 존중을 주장하였다. 신교육운동은 교육의 민주화와 교육기회균등을 통한 대중교육의 실현에 노력하였고, 아동중심 교육관의 확립에 기여하였다.

(2) 교육의 과학화

20세기에 들어서며 과학의 발달과 함께 교육의 과학화가 이루어졌다. 이 시기의 교육자들은 교육문제는 과학적 태도로 논의되어야 하고, 과학적 방법에 의한 연구결과를 가지고 문제를 해결해야 한다고 주장하였다. 따라서 교육의 목적, 내용, 방법, 기관 등의 결정에 있어서도 과학적 방법을 활용하기 시작했다. 분트는 최초로 심리학 연구소를 설치하였고, 손다이크는 최초의 양적 연구방법을 교육에 적용하였다. 과학적 측정운동의 급속한 발달에 수반하여 아동에 관한 연구도 더욱 과학적으로 이루어지게 되었다.

(3) 현대의 교육사상가

현대의 대표적인 교육자로 듀이(John Dewey, 1859~1952), 몬테소리(Montessori), 비고츠키(Vygotsky)를 들 수 있다. 듀이는 20세기 초 미국의 진보주의 교육사상가로 아동중심 교육과 생활중심 교육을 주장하였다. 그는 아동의 정서를 존중하고 아동의 행복과 자유를 존중하는 교육을 주장하였다. 듀이는 교육은 '계속적인 경험의 재구성'을 통한 성장이라고 하였다. 즉, 성장자체가 교육이며, 교육은 '삶 그 자체'라고 볼 수 있다.

듀이

몬테소리는 전통적 유럽교육의 특징인 교사 위주의 권위적 교육을 반대하는 몬테소리 교육을 실시하였다. 그녀는 노동자 자녀들을 위한 '어린이의 집'을 열고 아동의 권리존중과 신체 및 정신의 전인적 발달을 추구하였다. 몬테소리의 교육방향은 아동의 자율성 신장과 자발성의 개발을 꾀하고 자기계발에 적합한 환경을 만들어 주는 것이었다. 이를 위해 각종 교구를 고안하였고, 교구를 통해 감각훈련을 하며 아동의 잠재된 가능성을 발현하고자 하였다.

비고츠키는 러시아의 심리학자로 자기주도적 학습의 중요성과 인지발달에 미치는 사회문화적 환경의 영향력에 대해 관심을 가졌다. 비고츠키의 이론은 사회적 상황을 통한 협력적 학습을 강조하였다. 그는 학습에 있어 과정을 강조하고 학습자 중심의 수업을 지지하였다. 그가 주장하는 좋은 수업은 '근접발달영역(Zone of Proximal Development: ZPD)'을 고려하여 아동의 발달을 촉진하는 방향으로 교육이 이루어지는 것이라고 보았다.

학 습 과 제

1. 신라시대의 대표적 교육제도에 대하여 논하시오.
2. 조선시대의 교육기관을 관학과 사학으로 구분하여 설명하시오.
3. 아테네와 스타르타의 교육을 비교하여 설명하시오.
4. 중세시대의 교육의 목적과 특징에 대하여 설명하시오.
5. 현대교육의 특징과 교육사상가들에 대하여 설명하시오.

교육의 철학적 기초

CHAPTER 3

INTRODUCTION TO EDUCATION

1. 교육철학의 개념

1) 교육철학이란 무엇인가?

철학이라는 말을 들으면 '어렵다', '골치 아픈 논쟁', '알 수 없는' 이런 이미지를 떠올리면서 겁을 먹거나 회피할지도 모른다. 그러나 철학은 생각하는 능력을 가진 모든 사람이 삶에 대해서, 세계에 대해서 또는 자신에 대해서 궁금해 하면서 조금 더 깊이 생각하는 활동이다. 철학이 생각하는 사람의 특권이자 의무이듯이 교육철학 역시 인간으로 태어나 계속해서 성장하고 발전하는 사람에게 주어지는 특권이자 의무라고 할 수 있다.

철학을 인간에 비유하면 척추에 해당하는 부분이고, 건물에 비유하면 대들보에 해당한다고 할 수 있다. 인간의 중심을 잡아 주는 역할을 하는 척추가 없다면 살아갈 수 있겠는가? 또 건물을 짓는 데 중심인 대들보 없이 아무리 실내장식을 잘 꾸며 놓은들 그 건물이 얼마나 오래 유지될 수 있을까? 이처럼 철학은 인간의 척추와 건물의 대들보처럼 삶의 중심을 잡아주는 중요한 영역이라 할 수 있다.

철학이라는 말은 고대 그리스의 필로소피아(philosophia)에서 나왔다. 사랑을 뜻하는 필리아(philia)와 지혜를 뜻하는 소피아(sophia)의 합성어로 이루어졌다. 즉, 철학은 지혜를 사랑하는 일 그리고 지혜를 추구하는 일을 의미한다. 철학은 동양에서나 서양에서나 지혜를 사랑하고 그것을 가르치는 일을 그 본분으로 하였다. 공자(孔子, BC 551~479)와 소크라테스(Socrates)는 인간다운 인간, 훌륭한 인간의 삶이란 무엇을 의미하는지와 우리가 그렇게 살아갈 수 있는 방법을 깊이 탐색하였으며, 그들에게 철학은 이를 위해 우리 자신의 삶을 끊임없이 성찰하는 것이었다. 고대인에게서 철학은 삶의 의미를 추구하거나 일상적 삶을 지혜롭고 행복하게 사는 문제와 분리되지 않았다고 할 수 있다.

공자

철학은 철학가들의 말을 모아 놓은 지식의 체계나 정보의 덩어리가 아니라 철학적 사고방법을 가리키는 학문이라고 할 수 있다. 특히 교육철학은 '교육'과 '철학'의 결합어로 교육에 대한 철학적 탐구를 의미한다. 일반적으로 교육철학은 교육이라는 실제적인 활동에 대한 철학적 사유를 하는 것이다. 이러한 철학적 사유를 통해 교육의 본질을 탐구하고, 그 과정에서 교육에 대한 일관된 신념 및 가치를 형성해 가는 것이다.

2) 철학의 영역

교육의 본질을 탐구하는 교육철학은 교육의 목적에 대한 탐구를 중요하게 다룬다. 이는 우리가 교육을 받는 이유나 목적에 관한 탐구라고 볼 수 있으며, 철학 지식을 교육의 이론과 실제에 적용하는 것의 의미로도 볼 수 있다. 철학이라는 학문은 오랜 역사를 갖고 있다. 그 탐구 영역은 다양하게 분화되고 발전되었다. 철학의 주요 탐구영역은 존재론, 인식론, 가치론 등의 영역으로 구분해 볼 수 있다. 이런 각각의 영역에서 탐구하는 문제는 제각기 다르고, 관련되는 교육문제도 다르게 나타난다.

(1) 존재론

존재론(存在論, ontology)은 흔히 본체론 또는 형이상학(metaphysics)이라고도 부르며, 우주의 궁극적인 본질 혹은 실체를 규명하려는 영역이다. 즉, 본질(本質)을 따지고 파헤쳐 보려는 것이 존재론이다. 어떤 철학자가 이 세상의 모습은 다양하지만 실재(實在, 실제로 존재하는 것)는 하나라고 보는 입장을 주장했다면 그는 일원론(一元論)자가 될 것이다. 그 하나가 정신 혹은 영혼이라고 보는 입장은 관념론(觀念論)이다. 그리고 그 하나가 물질 혹은 객관적으로 파악할 수 있는 것이라고 보는 입장은 실재론(實在論)이라 한다. 또 어떤 철학자가 마음이 있고 나서야 비로소 사물이 의미를 가지는 것이라고 주장했다면 그는 유심론(唯心論)자가 될 것이며, 마음이란 물질작용의 부산물에 지나지 않는다고 주장했다면 그는 유물론

(唯物論)자가 될 것이다(이병승 외, 2019).

(2) 인식론

인식론(認識論, epistemology)은 진리 또는 지식의 근거와 특징을 밝히려는 영역이다. 진리와 진리가 아닌 것은 어떻게 구분하고, 안다는 것과 알지 못한다는 것은 어떻게 구분하며, 우리가 어떻게 참다운 앎에 도달할 수 있는지가 인식론의 중요한 과제이다. 인식론에서는 참다운 앎에 도달할 수 있다고 보는 입장과 그렇지 않다고 보는 입장으로 나눌 수 있다. 먼저, 참다운 앎에 도달할 수 있다고 보는 입장은 분명하고 확실한 지식이야말로 의심의 여지가 없다고 주장한다. 그러나 반대의 입장에서는 지식은 단순히 의견에 불과하며 분명하고 확실한 지식은 없으며 단지 우리가 그렇게 생각할 뿐이라고 주장한다.

베이컨

이러한 두 입장 사이에 또 하나의 입장이 있을 수 있다. 그것은 절대 불변의 것이 아니라 상대적이고 확률적인 것이며 개선 가능하다고 보는 입장이다. 여기서 인간의 지식이란 광석을 발굴해 내듯이 어딘가 숨겨져 있는 새로운 것을 발견해 내는 것이 아니라 이 세계 안에서 이루어지고 있는 현상을 설명하기 위해 인간이 만들어 낸 인식의 도구 또는 설명의 도구에 불과한 것이라고 보았다.

데카르트

16세기 베이컨(F. Bacon, 1561~1626)과 데카르트(R. Descartes, 1596~1650)는 인식론 분야에서 혁명을 일으킨 철학자들이다. 베이컨은 경험론의 선구자로서 귀납법을 통해 유용한 지식을 얻어 낼 수 있다고 보았다.

귀납법이란 개개의 사물이나 현상에 대한 관찰과 실험을 통해 보편적인 지식이나 진리를 얻어 내는 방법으로 지식의 영역을 넓혀 나가는 데 유용하다. 반면에 합리론의 창시자였던 데카르트는 연역법을 통해 그 누구도 의심할 수 없는 확실한 지식을 얻어 낼 수 있다고 보았다. 이러한 방법은 주어진 사실이나 명제를 논증하는 데 큰 도움이 되었다.

교육은 지식을 가르치고 배우는 활동이다. 지식이 무엇인가에 대해 다루는 인식론의 문제와 떼어 생각하기는 힘들다. 특히 무엇을 가르칠 것인가 하는 교육과정의 본질을 밝히고 정당화하는 데 도움을 준다(이신동 외, 2020).

(3) 가치론

가치론(價値論, axiology)은 선과 악, 바른 것과 그릇된 것, 아름다운 것과 추한 것, 가치 있는 것과 가치 없는 것, 정의와 불의, 목적과 수단 등의 문제와 관련지어 그 근거와 판단기준, 대상 등을 밝히려는 영역이다. 여기에는 윤리학과 미학이 대표적인 분야이다. 윤리학은 인간의 개인적·사회적 행위의 질과 도덕성의 문제를 다룬다. 여기에는 착한 사람, 좋은 사회, 훌륭한 삶의 본질과 기준을 밝히는 일을 한다. 미학은 예술과 인간의 삶과 경험 속에 들어 있는 아름다움의 본질과 기준, 그 대상을 밝히기 위해 힘 쓰는 학문이다.

윤리학설은 결과론적 윤리설과 의무론적 윤리설로 나누어진다. 결과론적 윤리설은 인간 행위의 결과를 중시하는 데 비해 의무론적 윤리설은 행위의 동기를 중시한다. 즉, 행위의 좋고 나쁨은 오직 그 행위가 가져온 결과에 비추어서 평가할 수 있다는 것이다. 어떤 행위의 동기가 비록 불순하더라도 그 행위가 '최대 다수의 최대 행복'을 가져왔다면 그것은 정당화될 수 있다는 것이다. 그러나 의무론적 윤리설은 행위의 동기와 의무를 중시한다. 즉, 어떤 행위의 결과가 개인이나 사회 전체에 이익을 가져다 주었다고 하더라도 동기가 불순했다면 그런 행위는 도덕적으로 정당화될 수 없다고 주장한다.

가치론과 교육의 관련성은 쉽게 예측할 수 있다. 교육은 인간의 변화와 관련된 활동으로 그 자체가 가치 함축적 활동이기 때문이다. 따라서 교육은 가치론의 문제와 떼어서 생각하기 힘들다. 왜냐하면 도덕교육의 목적을 설정하거나 교육내용 및 방법을 조직하는 데 중요한 지침을 제공해 주기 때문이다.

2. 교육철학의 기능

철학의 기능이나 역할은 철학에 접근하는 방법에 따라서 다음과 같이 구분해 볼 수 있다.

1) 사변적 기능

철학은 기본적으로 사색과 사고를 중시한다. 철학을 한다는 것은 어떤 의미에서 보면 사색하는 과정이라고 할 수 있다. 물론 사색이 철학의 전유물이 될 수는 없지만 어떤 문제를 해결하기 위해서는 깊이 있는 사색을 통하여 통찰에 이를 수 있다고 할 수 있다. 고대로부터 철학자들은 우주, 자연, 인간, 사회에 대한 합리적인 사고와 추리를 통해 새로운 사실을 찾아내고 그릇된 편견과 선입견을 타파하는 데 기여하였다. 따라서 철학적으로 생각한다는 것은 어떤 사물이나 현상에 대해 합리적으로 추리한다는 것을 의미한다.

2) 분석적 기능

분석적 기능은 이론적 혹은 일상적 언어의 의미와 거기에 내포된 논리적 관계를 명확하게 하고 여러 가지 가치기준을 밝히는 행위를 말한다. 여기서 '분석적'이라는 말은 어떤 말이나 용어의 의미를 분명하게 한다는 뜻이다. 합리적이고 조직적인 추리활동을 하기 위해서는 분명한 언어를 구사해야 한다. 우리가 일상적으로 사용하는 용어에는 의미가 분명하지 않은 것이 많아, 간혹 오해를 불러일으키기도 하고, 임의대로 해석하여 전혀 엉뚱한 방향으로 일이 진행되는 경우가 종종 있다. 이처럼 의사소통을 명확하게 하고 올바른 사고를 하기 위해서는 언어의 의미나 가치판단의 기준을 분명히 할 필요가 있다. 20세기 분석철학자들은 언어 분석을 통해 그 의미를 명료하게 하는 일이 철학의 중요한 기능임을 강조했다.

우리가 일상에서 사용하는 용어에는 가치어, 가치중립어, 비난어 등이 있다. 이 용어를 구분하고, 애매하고 혼동하기 쉬운 용어들도 구분하여 명확하게 사용하여야 한다. 가치어는 말 그대로 가치 있게 쓰이는 말을 의미하는 것으로 '교육', '도덕', '정의감' 등이 있다. 가치중립어는 상황에 따라 가치가 있을 수도 있고 아닐 수도 있다는 것을 나타내는데, 그 예로 '훈련'을 들 수 있다. 비난어는 말 그대로 용어 자체가 비난을 내포하고 있는 것으로 '세뇌', '공작' 등을 그 예로 들 수 있다.

3) 평가적 기능

평가적 기능은 어떤 준거(criterion), 기준(standard) 또는 규범(norm)에 비추어 가치판단 또는 가치를 평가하는 행위를 말한다. 이때 평가는 반드시 어떠한 주어진 준거 또는 규범에 근거한 평가라야 한다. 또한 평가적 기능은 주어진 준거, 기준 또는 규범에 비추어 이론, 주장, 원리의 만족도를 밝히는 행위이다.

어느 사회나 집단이든지 사람들이 마땅히 지켜야 할 규범을 갖게 마련이다. 여기서 규범은 단순히 존재하는 사실들의 집합이 아니라 반드시 실현되어야 할 일종의 가치체계다. 이러한 가치체계로 사람들을 이끌어 가려는 사람이 곧 철학자라고 할 수 있다. 따라서 철학에서의 평가는 사실판단을 문제 삼기보다는 가치판단을 문제 삼는다고 볼 수 있다. 어떤 사실이나 현상을 관찰하고 실험한 결과를 객관적으로 판단하고 그것을 정확하게 기술하는 것은 과학자의 임무이다. 그러나 이루어진 결과들이 옳은 것인지, 그른 것인지를 비판적으로 검토하고 처방하는 것은 철학자의 임무이다. 이러한 점에서 철학자의 역할은 근본적으로 비판적이고 처방적일 수밖에 없다(이병승 외, 2020).

4) 통합적 기능

인간의 삶에서 부딪히는 여러 가지 문제는 다양한 분야가 복잡하게 얽혀 있는 것처럼 다양한 학문 영역은 삶의 복잡한 문제를 이해하고 설명하고 해결하려는 노력의 결과로 형성된 것이다. 이러한 여러 가지 문제를 해결하기 위해서는 다양한 기준이나 관점을 통합적으로 조정하고 일관성 있는 체계를 만들어 내는 것이 중요하다. 이러한 문제를 탐구하는 것을 통합적 기능이라 한다.

통합적 기능은 하나의 현상이나 과정을 전체로 파악하고 여러 부분과 차원을 통합하여 이해하려는 행위로 표현할 수 있다. 즉, 나무도 보고 숲도 볼 수 있는 안목을 말한다. 그러므로 철학은 곧 현상이나 과정을 조각이나 파편으로 보는 것이 아니라 전체로 보고자 하는 방법을 말한다. 플라톤은 그의 저서 『국가(*politeia*)』에서 철학자를 가리켜 시놉티코스(synoptikos, 함께 보다라는 의미, see together)라고 하였다. 이는 철학자는 지식의 다양한 특수 분야들 사이의 관련을 하나의 관점에서 볼 수 있는 능력을 가지고 있어야 한다고 보았다. 마찬가지로 교육에서도 여러 다양한 학문영역과의 조화와 절충을 통해 새로운 이론과 제안을 전체로 통합할 수 있는 학제성(學際性, interdisciplinarity)과 통섭적(統攝, consilience) 사고를 필요로 한다.

|그림 3-1| 아테네 학당의 플라톤 (BC 424~348)

3. 현대교육철학

20세기에 접어들어 유럽의 다양한 교육사상이 미국으로 유입되면서 교육이론 및 교육사상은 좀 더 체계화되고 구조화되었다. 또한 세계사적으로 변화와 안정,

진보적 이념과 보수적 이념, 자유와 전통 간의 대결과 경쟁 구도가 끊임없이 반복된 시대였다. 이러한 시대적·사회적 배경하에 20세기 전반의 교육철학의 경향은 진보적인 교육사조와 보수적인 교육사조인 항존주의 및 본질주의 간의 경쟁으로 요약될 수 있다.

한편, 20세기 후반의 교육철학의 흐름은 교육철학을 자율적인 학문으로 성립시키는 데에 지대한 공헌을 한 분석적 교육철학, 포스트모더니즘의 교육철학 등이 있다. 특히 분석적 철학 이후의 교육철학은 교육적 분석의 생산성을 위해 교육적 의미체계를 설명하고 해석하는 다양한 질적 방법론과의 학제적 융합에도 개방적이다. 그리고 오늘날 교육철학자들은 더 이상 하나의 철학적 접근방법에 메이지 않고 대상과 맥락, 목적에 따라 다양한 철학적 접근 방법을 동원해 교육적 의미체계나 교육 실제에 대한 비판적 탐구활동에 참여하고 있다(성태제 외, 2020).

1) 20세기 전반의 교육철학 사조

(1) 진보주의(progressivism)

진보주의는 전통적인 교육에 반기를 들고 등장하여 20세기 미국뿐만 아니라 전 세계의 교육에 일대 개혁을 일으킨 교육사조라고 할 수 있다. 교육에서 권위를 불신하고 교육적 관심의 중심으로 개별 아동을 강조하는 교육적 이념이다. 진보주의 교육사상을 발전시킨 대표적 사상가로는 루소, 페스탈로치, 프뢰벨, 몬테소리 등을 꼽을 수 있다(Winch & Gingell, 1999). 영국을 포함한 유럽의 교육에서는 루소의 영향이 더 컸던 반면, 미국에서는 듀이와 그의 실용주의 철학이 진보주의 교육의 이념적 기반이 되었다.

진보주의 교육의 대표적인 교육철학자 듀이는 아동의 흥미와 욕구를 중요시하였다. 그리고 교육은 전통적인 교육에서 주장하는 미래의 생활을 위한 준비가 아니라 현재의 생활 그 자체를 의미 있게 만들어 가는 것이라고 보았다. 또한 학생에게 교과내용을 전달하는 전통적인 교육방법을 부정하고 학생이 직접 그

내용을 경험해야 한다고 주장하였다. 아동이 자신에게 직면한 문제를 스스로 해결해 가는 동안 경험을 쌓게 되고, 이 경험은 참된 지식의 토대가 될 수 있다고 보았다. 이처럼 진보주의는 교육목적에서는 삶의 준비가 아니라 삶의 체험을, 교육내용과 방법에서는 자유로운 활동과 경험을 통한 학습을 강조하였다.

진보주의 교육의 기본 원리는 다음과 같이 요약할 수 있다(Kneller, 1990).

첫째, 교육은 미래 생활을 위한 준비가 아니라 현재의 생활 그 자체이다.

둘째, 학습은 아동의 흥미와 직접적으로 관련되어야 한다.

셋째, 교육방법은 교과내용의 주입보다는 문제해결식 학습이어야 한다.

넷째, 교사의 역할은 지시보다는 조언을 해 주는 것이다.

다섯째, 학교는 경쟁보다 협력을 장려해야 한다.

여섯째, 민주주의만이 참다운 인간 성장에 필요한 인격적 상호작용을 허용하고 촉진한다.

진보주의 교육철학은 20세기 교육의 개혁과 발전에 큰 기여를 하였지만 상당한 부작용도 남겼다. 우선, 학습자의 흥미와 요구를 지나치게 강조하다 보니 교육이 나아가야 할 방향감을 상실해 버리는 결과를 낳았다. 또한 당면한 현실의 문제해결을 위한 지식과 방법을 지나치게 강조한 나머지 사회적 가치 및 문화적 전통을 소홀히 하는 결과를 낳았다. 그리고 기본적인 학습능력의 저하는 현대 사회 발전에 필요한 학문적 지식 학습의 저조라는 문제점을 드러내었다. 이러한 진보주의 교육은 본질주의자와 항존주의자들로부터 비판의 대상이 되었으며, 학교현장에서도 점차 그 영향력을 잃게 되었다.

(2) 본질주의(essentialism)

본질주의는 1930년대 초 진보주의 교육철학을 비판하면서 등장한 교육사조다. 본질주의는 진보주의 교육에 반대하지만 진보주의가 강조한 아동의 흥미와 개인주의적 자유는 여전히 강조한다. 그러나 진보주의 교육이 훈육, 권위, 진리, 전통을 무시한 것에 대해서는 비판적이다. 이런 점에서 볼 때 본질주의는 진보주의와 항존주의 사이에서 절충적인 입장을 취한다고 볼 수 있다.

본질주의가 교육을 보는 관점은 인간의 문화, 사회의 전통 중 가장 기본적이고 본질적인 요소를 조직적인 학교교육을 통해서 다음 세대에 전수하려는 것이다. 따라서 교육의 핵심은 물리적 세계와 사회적 세계를 지배하는 자연적 법칙을 발견하고 가르치는 것이라고 주장한다. 학교는 학생들이 삶에 필요한 지식을 배워 삶을 잘 살아갈 수 있는 능력을 키우는 곳이다. 이를 위해 학교는 훈련과 교수, 훈육을 강조하는 프로그램으로 인간 고유의 능력을 최대한 개발하여 학생들을 문명화하여야 한다. 이를 위해 훈육은 필수적이라고 보았다(Power, 1996).

그리고 본질주의는 전통적 교육을 옹호하되 기존 문화에 포함되어 있는 중요한 내용이나 가치를 가장 잘 가르칠 수 있는 학교교육을 위하여 교육방법의 질에 변화가 있어야 한다고 보았다. 이를 위하여 교사는 가르쳐야 할 본질적인 지식에 정통해야 할 뿐만 아니라 그것을 전수하는 주체로서 책임을 다해야 한다고 주장했다. 또한 교사는 도덕적 판단을 내리는 데 있어서도 권위를 가지고 있어야 한다고 보았다. 따라서 훌륭한 교사는 지적 권위와 더불어 도덕적 권위를 같이 가지고 있어야 한다고 생각했다.

본질주의 교육의 기본 원리는 다음과 같이 요약할 수 있다(Kneller, 1990).

첫째, 본질주의는 훈련의 중요성을 강조한다.

둘째, 교육의 주도권은 아동·학생에게 있는 것이 아니라 교사에게 있다.

셋째, 교육과정의 핵심은 주어진 교과를 철저하게 이수하고 자신의 것으로 만드는 데 있다.

넷째, 학교는 전통적인 학문적 훈련방식을 계속 유지해야 한다.

본질주의는 인류가 쌓아 놓은 공적 전통 중에서 가장 본질적이고 핵심적인 내용을 학생에게 전수해 미래생활을 준비할 능력을 길러 주고자 하였다. 그러나 체계적인 지식의 전수와 학습현장에서의 교사의 주도권을 강조한 나머지 학습자의 자발적인 참여와 동기를 경시했다. 또한 사회에 대한 학문적 기여를 강조하였기 때문에 교육내용 면에서 체계적이면서 현실문제의 해결에 도움이 되는 학문을 경시하였고, 전반적으로 자연과학에 비해서 인문학과 사회과학에는 초점을 두지 않았다는 비판도 있다. 그리고 전통에 대한 회귀를 넘어서 미래에 대한 전망을 제시하는 데 미흡했다는 한계가 있다.

1957년 10월 구소련이 최초의 인공위성 스푸트니크 1호를 발사한 이후 충격을 받은 미국은 아동의 학력 저하의 원인을 진보주의 교육 탓으로 돌리면서 본질주의 교육철학에 기초하여 초·중등학교의 교육과정을 대대적으로 개편하였다. 1980년대 일본과 독일의 경제성장이 미국의 성장을 앞지르자 미국 정부가 주도한 '기초로의 회귀운동(back to the basics movement)'도 기본적으로 본질주의 교육운동에 기초한 것이었다. 또한 미국의 교육학자 허시(E. D. Hirsch)는 그의 저서 『문화적 문해(*Cultural Literacy*』(1988)에서 한 사회 전체가 동의할 수 있는 핵심적 지식과 문화라는 것은 있을 수 있다고 보았으며 현대사회에서 잘 살아가기 위해서는 필수적인 기본적 정보를 소유하는 것으로서의 문화적 문해의 습득을 교육의 목표로 제안하고 있다.

(3) 항존주의(perennialism)

항존주의는 1930년대 본질주의와 더불어 진보주의 교육철학을 부정하면서 등장한 교육사조다. 항존주의 교육철학자들은 이 세상에는 영원불변하는 항존(恒存)적 진리가 있다고 믿고 이러한 진리를 탐구하는 것이 교육의 중요한 사명이라고 주장하였다. 이러한 항존주의 교육철학은 고대 그리스의 이성관과 지식관을 그대로 이어받고 있으며, 플라톤, 아리스토텔레스, 아퀴나스의 철학에 기초한 것으로 진리란 언제 어디서나 보편적이고 항구적이며 영원하다고 주장하였다. 그들은 인간은 이성을 지니고 있는 존재이며 이성의 계발을 통해 인간다운 삶을 영위할 수 있다고 보았다. 따라서 항존주의 교육의 최대 목적은 이성과 합리성의 계발(enlightenment)에 있다. 이러한 이성의 계발은 영원불변하는 진리를 습득함으로써 계발된다고 보았다.

그들은 서양의 지혜를 담고 있는 위대한 저서들(great books)을 탐독함으로써 이성과 합리성을 계발할 수 있다고 생각했다.

항존주의의 대표적 학자인 허친스(R. M. Hutchins)는 학생이 쉽게 접하고 읽을 수 있는 시집이나 소설, 에세이집보다는 인류의 문화유산과 정신이 고스란히 담겨져 있는 역사서나 사상집 등의 고전을 읽어야 하며, 이러한 고전 읽기를 통해서만이 자신의 인생을 바꿀 수 있다고 하였다. 허친스는 아들러(M. J. Adler)와 함께 '위대한 저서 읽기' 프로그램을 개발하여 고전 읽기 운동을 전개하였다. 허친스와 아들러는 지난 3천 년 동안 쓰인 책들 중 74명의 저자들이 쓴 443편의 글을 선정하였으며, 이를 기초로 '위대한 저서 읽기' 프로그램을 만들어 학부생들에게 실시하였다.

항존주의 교육의 기본 원리는 다음과 같이 요약할 수 있다(Kneller, 1990).

첫째, 인간의 본성은 어디에서나 동일하기 때문에 교육은 모든 사람에게 동일해야 한다.

둘째, 이성은 인간이 지니고 있는 최고의 속성이므로 교육은 인간의 이성을 계발하는 데 초점을 맞추어야 한다.

셋째, 교육의 임무는 일시적인 가치나 시류에 편승하는 것이 아니라 영원한 진리를 추구하는 데 있다.

넷째, 교육은 생활의 모방이 아닌 생활의 준비가 되어야 한다.

다섯째, 학생들은 우주의 영원성을 접하게 하는 기본적인 교과를 배워야 한다.

여섯째, 학생들은 인류의 문화유산과 정신이 담긴 '위대한 저서'를 읽어야 한다.

항존주의는 산업혁명과 더불어 과학의 급속한 발달로 절대적 가치를 상실하고 방황하는 시대 상황 속에서 정신적 가치의 우월성과 절대적 가치를 중시하면서 삶의 지표를 제시하려 했다. 그러나 지나치게 지식이나 이성 위주의 교육, 귀족적이며 엘리트주의 교육이라는 비판을 받았다. 또한 항존주의는 유일하고 절대적인 가치를 높이 평가하기 때문에 민주주의 기본이념을 위협할 수 있다. 뿐만 아니라 교육을 위대한 고전에만 한정함으로써 현실의 학문을 무시하고 고전의 지식을 영원한 것으로 만든다는 점에서 비판을 받고 있다.

(4) 재건주의(reconstructionism)

재건주의는 1960년대 진보주의가 점차 힘을 잃어 가면서 브라멜드(T. Brameld)와 버크슨(K. B. Berkson)에 의해 교육이 갖는 사회적 책임과 사회개혁을 위한 학교의 역할을 강조하면서 등장한 교육사조다. 재건주의는 이전의 진보주의, 본질주의, 항존주의 교육철학에 대한 전반적인 검토와 종합을 시도하였다. 진보주의에 대해서는 행함이나 문제해결과 같이 생각하는 방법도 중요하지만 생각하는 내용도 중요하다는 점을 강조하였다. 본질주의에 대해서는 과거의 신조와 습관에 얽매이기보다 역동적으로 문화를 재창조할 필요성을 제기하였다. 그리고 항존주의에 대해서는 과거로 회귀하지 않는 이상적인 인간상의 실현을 호소하였다(김성열 외, 2021).

재건주의는 현재 세계의 문화는 심각한 위기에 직면해 있고, 기존의 교육으로는 이 위기를 극복할 수 없다고 보았으며 이러한 위기를 극복할 수 있는 미래를 위한 청사진을 제시해야 하고 교육을 통하여 현재의 위기를 극복해 나가야 한다고 주장하였다. 특히 재건주의는 스푸트니크 1호 발사 쇼크 이후 미국 교육이 근본적으로 재검토되고 비판받는 과정에서 새로운 교육철학으로 세계적인 이목을 집중시켰다.

재건주의 철학자들은 발전이란 자연적으로 이루어지는 것이 아니라 인간이 어떤 목적을 성취하기 위해 계획하고 노력할 때에만 가능하다고 주장하였으며 이러한 계획은 교육을 통하여 실현 가능하다고 믿었다. 그들은 자신이 환경을 이해하고 통제할 수 있는 인간을 만드는 것이 교육의 목적이라고 보았다.

재건주의 교육의 기본 원리는 다음과 같이 요약할 수 있다(Kneller, 1990).

첫째, 교육의 가장 중요한 목적은 사회를 재구성하는 데 필요한 프로그램 제작에 있다.

둘째, 새로운 사회질서는 완전히 민주적이어야 한다.

셋째, 교사는 재건주의 사상의 타당성과 긴급성을 민주적인 방법으로 학생을 설득시켜야 한다. 그리고 교육자는 맡은 과업을 열심히 수행해야 한다.

넷째, 교육의 목적과 방법은 행동과학을 통해 발견된 연구 성과에 따라 재구성해야 한다.

다섯째, 학생, 학교, 교육은 사회적·문화적 힘에 따라 재구성되어야 한다.

재건주의는 교육의 사회적 책임을 일깨우고 이전의 교육철학 사조들을 통합하려고 노력했다. 그리고 사회·문화적 위기 시대의 교육은 학습자와 대중들에게 문화변화 및 사회변화에 대한 시대적 요구와 긴급성을 일깨우고 교육을 통한 새로운 사회 질서의 정립과 문화개혁에 대한 확신을 심어 줄 수 있어야 한다고 보았다. 그러나 재건주의 교육철학은 위기에 처한 사회현실에 대한 기본적인 문제의식을 밝히는 것에는 성공했지만, 교육실제에는 크게 영향을 미치지 못했다. 오히려 사회 전체를 일시에 개혁하려는 시도는 공상적인 사회개조 이론이라는 비판을 받았다.

2) 20세기 후반의 교육철학 사조

(1) 분석적 교육철학(analytic philosophy)

분석철학은 1960년대 영국과 미국을 중심으로, 기존의 형이상학적 사정을 사변적·종합적으로 탐구하는 방법을 비판하고 교육철학을 객관적인 지식체계를 갖춘 독립적인 학문으로 발전시키려고 한 교육사조이다. 객관적 지식체계로서의 교육철학을 확립시키는 일은 교육철학적 지식에서 주관적인 주장이나 개인적인 신념을 제거하는 것이다. 이것은 가치의 문제를 교육철학의 연구 대상에서 제외한다는 것을 의미한다. 왜냐하면 가치의 문제는 객관적인 관찰이나 검증을 통해 그 객관성이나 보편 타당성이 확인될 수 없기 때문이다. 그러므로 교육철학은 가치의 세계에서 벗어나 객관적인 '사실'의 세계만을 다루어야 한다는 인식으로 나아갔고, 초기 분석적 교육철학자들에게서는 사실의 세계는 '언어'와 '논리'의 세계였다(성태제 외, 2020).

분석철학은 우리가 일상에서 사용하는 용어나 개념의 모호성을 제거하기 위하여 언어의 논리적 구조를 명확하게 밝히고 그 뜻을 분명히 하는 작업을 중시하였다. 즉, 교육을 둘러싸고 전개되는 이론이나 논의에 사용되는 언어의 의미를 명백하게 분석하여 그 객관적인 의미를 명료하게 하고, 각 진술들의 논리적 관련을 분석하여 그 일관성과 타당성을 점검하는 것이 교육철학이 해야 할 중요한 역할로 받아들여졌다. 그 결과, 분석적 교육철학은 교육철학의 역할과 내용을 교육적 언어의 의미분석에 국한시키고 교육적 개념의 명료화에 일차적 목적을 두었다. 그리하여 분석철학은 교수(teaching), 훈육(discipline), 권위(authority), 교화(indoctrination) 등 교육장면에서 자주 쓰이는 언어들을 명확히 분석하여 우리의 사고를 정교하게 만드는 데 크게 기여하였다. 그리고 교육철학이 특정한 신념이나 이데올로기 혹은 전통적인 철학이나 사상가의 말을 끌어다 쓰는 관행에서 벗어나 교육철학만이 할 수 있는 역할을 찾은 것이다.

그러나 1970년대 이후 분석적 교육철학은 다양한 견해를 가진 교육철학자나 교사 그리고 분석적 교육철학자들조차도 분석적 교육철학에 대한 비판을 가하기 시작하였다. 그들이 비판한 내용은 다음 두 가지로 요약할 수 있다.

첫째, 분석적 교육철학이 논리적 엄격성과 정확성, 객관성, 이론적 이성을 강조함으로써 비과학적이고 덜 논리적인 사고를 하는 비주류 문화를 무시하고 교육에서 인간 경험의 정서적이고 실제적인 측면을 무시했다는 것이다.

둘째, 분석적 교육철학은 그 전성기에도 처방 중심의 사회과학적 접근에 매료된 현장의 교육실천가들에게 조차 그리 호소력을 지니지 못했다는 것이다. 분석철학자들이 교육의 문제를 언어의 문제로 보았던 반면, 교육행정가나 정책가 혹은 교사들은 교육의 문제를 제도와 행위의 문제로 보았기 때문이다. 이런 비판으로 인해 분석적 교육철학은 그 영향력을 상실하기 시작하였고 비판이론이나 포스트모더니즘 등에 그 자리를 내어 주게 된다.

이러한 비판에도 불구하고 분석적 교육철학이 교육적 담론을 명료화하고 교육적 의미체계를 구성하는 이론과 용어, 진술 개념으로 구성된 하나의 학문적 지식

체계를 낳아 교육철학의 학문적 정초를 닦았다는 것은 누구도 부인할 수 없는 사실이다. 따라서 오늘날 분석적 접근방법은 교육철학자들에게 여전히 교육철학을 하는 기본적인 방법론으로 광범위하게 사용되고 있다. 그리고 분석적 교육철학의 등장과 더불어 교육철학은 많은 대학에서 독립된 연구 대상과 방법을 가진 하나의 학문 분야로 자리 잡기 시작하였다. 대표적인 분석적 교육철학자로는 피터스(R. S. Peters), 허스트(P. H. Hirst), 셰플러(I. Sheffler) 등을 꼽을 수 있다.

(2) 비판적 교육철학(criticism)

1960년대 후반 교육문제에 대해 좀 더 실제적이고 정치사회적인 관점을 취하며 학교체제에 대하여 비판적인 교육학자들이 등장한다. 그들은 인간의 의식이나 지식이 사회적, 경제적, 정치적 제약아래서 형성된다는 인식을 갖고, 인간의 자유로운 의식 형성을 억압하고 왜곡시키는 제약요인들을 분석하고 비판하는 일을 통하여 인간 의식을 억압의 영향에서 해방시키는 것을 교육의 목적으로 보았다.

비판적 교육철학자들은 마르크스의 정치경제이론에 기초하여 자본주의 학교 제도와 정책에 모순이 있음을 비판하였다. 즉, 자본주의체제 내의 학교교육이란 가진 자가 그렇지 못한 자를 지배하기 위한 도구에 지나지 않는다고 주장하였다. 또한 학교교육을 통해서 사회경제적 불평등이 더 확대되고 재생산되는 구조를 가졌다고 주장하였다. 즉, 사회적, 경제적, 정치적 제약과 억압구조 속에 이루어지는 교육은 억압적이고 왜곡된 의사소통의 과정을 통해 그릇된 신념과 지식(이데올로기)을 형성한다. 이로써 불합리한 사회구조를 재생산해 나가는 사회기구로서의 역할을 수행하고 있는 것이다. 따라서 교육의 나아갈 방향은 인간해방을 위해 교육이론이나 현실이 담고 있는 왜곡된 이데올로기를 드러내고(reveal) 비판하여 의식화하는 것이다(김성열 외, 2021). 이러한 주장을 대변했던 교육이론가로는 라이머(E. Reimer), 일리치(I. Illich), 프레이리(P. Freire) 등이 있다.

비판적 교육철학은 학문의 사회적 책임과 교육이라는 실천이 가진 책임을 부각시킨다. 이는 시대와 사회에 자기 몫을 다하려는 책임 위에서 교육을 이해하고 학문에 참여해야 한다는 것이다. 개인의 삶은 각자의 노력과 능력에 의해서 좌우되는 개별적인 현상이 아니라 경제적 불평등, 사회적 구조, 문화적 전통의 영향에 의해서 형성된다는 점을 비판적으로 성찰하려는 것이다. 그러나 비판적 교육철학은 비판을 강조한 나머지 학교와 교육의 긍정적 기능을 과소평가하고 있을지도 모른다. 왜냐하면 사회 속의 각 개인은 지적 존재로서 계급이나 집단에 의한 영향도 받지만 때로는 그로부터 벗어나 자신이 선택하려고 노력하는 자율적 존재이기 때문이다. 비판적 이론가는 자신들에게 핵심적 개념이었던 '이성(reason)'이 문화적으로 어떻게 규정되는지에 대해서는 다루지 않았다. 이러한 비판들은 포스트모더니즘의 출현을 알리는 것이었다.

(3) 포스트모더니즘(post-modernism)

포스트모더니즘은 20세기 후반의 산업사회화, 정보사회화 등으로 불리는 사회 변화와 밀접하게 관련되어 있으며 철학, 예술, 과학, 문화, 교육 등 여러 분야에 폭넓게 사용되고 있다. 특히 교육철학 영역에서의 포스트모더니즘은 주로 지식의 성격문제나 정치적·윤리적 문제에 국한되어 논의되어 왔다. 포스트모더니즘에서의 교육은 모든 학생이 자신의 문화뿐 아니라 다양한 타 문화의 관점을 경험하고 사회의 이질성과 다원성을 의식하고 인정하는 교육을 강조한다. 그리고 다양한 문화적·종교적 배경에 따른 차이를 단순히 허용하게 하는 교육보다는 그것의 교육적 가치를 적극적으로 배울 수 있게 하는 교육을 장려한다. 이를 '다문화적 문해(multi-cultural literacy)' 교육이라고 한다.

포스트모더니즘이 학교교육에 초래한 중요한 변화 중의 하나는 전통적인 서구 남성 중심의 합리주의적 문화에서 중요한 것으로 여겨지던 절차적 합리성, 개인의 자율성, 이론적 지식 등의 가치보다는 합당성, 공동체, 관계성, 실천적 지식 등의 가치를 강조함으로써 보다 열린 사회(open society)로의 전환을 주도하고 있다는 점이다. 그러나 전통적인 모더니즘의 교육적 원리와 기준을 비판하고 해체하는 데에는 강력하지만, 그 자체의 포괄적인 교육원리를 생산해 내는 데에는 한계를 보이고 있다.

포스트모더니즘의 교육철학자들이 내세우는 주장들을 요약해 보면 다음과 같다(김도진 외, 2019. 재인용).

첫째, 포스트모더니즘은 학교에서 가르치고 있는 지식에 대한 전통적인 관점을 근본적으로 전환할 것을 요구한다. 전통적인 관점은 학교에서의 가장 중요한 일은 지식을 가르치는 일이며, 이 지식은 보편타당한 실재를 반영한 것으로 교과서에 담겨 있다는 것이다. 그러나 포스트모더니즘 철학자들은 교과서화된 지식은 완전하며 보편타당한 것이 아니라 특정한 사회적·역사적 상황 속에서 형성되고 재구성된 것에 지나지 않는다고 주장한다. 따라서 특정한 지식이나 신념을 학생들이 수동적으로 받아들이는 것이 아니라 우리 사회의 전통과 문화 속에서 형성된 산물임을 인식시켜야 한다. 그리고 자신들이 배운 지식이 절대적이거나 유일한 것이 아니라 또 다른 대안적인 지식이나 신념의 체계가 있을 수 있으며, 그것을 수용할 수 있는 개방성과 유연성을 기르도록 가르쳐야 한다.

둘째, 포스트모더니즘은 전통적인 교육방법에 대한 전환을 요구한다. 전통적인 교육방법은 지식의 일방적인 전달과 주입이라고 할 수 있다. 이러한 교육방법은 학생의 사고와 행동을 무비판적, 수동적, 경직된 것으로 만들어 자유롭고 창의적인 사고를 할 수 있는 틀을 만들어 주지 못한다. 포스트모더니즘 철학자들은 교육이란 교사와 학생, 학생과 학생 간의 대화와 토론을 통한 상호작용 안에서 새로운 가치를 추구해 가는 동반자적 관계 속에서 이루어져야 한다고 주장한다. 그리고 동반자적 관계 속에서 학생의 경험, 느낌, 관심, 판단 등은 존중되어야 하며, 교사가 가지고 있는 지식이나 경험과 동등한 가치와 의미를 가지는 것이 되어야 한다고 주장한다.

셋째, 포스트모더니즘은 기존의 교육과정을 비판하고 다양한 관점과 가치를 존중할 수 있는 새로운 교육체제를 요구한다. 특히 공교육은 그 속성상 필연적으로 획일성과 경직성을 띠게 된다. 포스트모더니즘 철학자들은 경직된 공교육 제도는 포스터모던 사회에서 요구하는 인간을 길러 내는 데 한계가 있다고 지적한다.

동일한 목적을 실현하기 위해서는 동일한 내용과 방법으로 학생을 가르치려고 하는 것은 시대착오적인 것이라고 비판한다. 그들은 공교육체제가 가지고 있는 경직성을 극복할 수 있는 다양한 학교 운영방식이 도입되어야 하며, 기존의 학교에서 배울 수 없는 가치를 가르치는 대안적 교육모델을 개발해야 한다고 주장한다. 최근 논의되고 있는 열린교육, 대안교육(alternative education, non-traditional education), 홈스쿨 등은 포스트모던 사회에 적합한 새로운 형태의 교육체제 모델이라고 보아야 할 것이다(신득렬, 2007).

학 습 과 제

1. 교육철학의 개념에 대해 설명하시오.
2. 철학의 영역(존재론, 인식론, 가치론)에 설명하시오.
3. 교육철학의 기능에 대해 설명하시오.
4. 20세기 전기 교육철학에 대해 설명하시오.
5. 20세기 후기 교육철학에 대해 설명하시오.

용 어 설 명

1. 항존주의(恒存主義, perennialism)는 시공(時空)을 초월하여 항구적으로 불변하는 진리를 포함하고 있는 고전(古典)과의 대화를 통해, 인간 지성의 계발을 목표로 하는 교육사상이다. 그 대표적 이론가는 미국의 허친스(R. M. Hutchins), 프랑스의 마리탱(J. Maritain) 등이다.
2. 본질주의 교육사상(本質主義教育思想)은 사회의 전통적 문화내용 가운데 본질적인 지식, 법칙, 기능을 발견하여 다음 세대에 전달하는 것을 중시하는 교육사상이다.
3. 재택교육(학습)은 공교육의 획일적인 교육에 반대하여 부모들이 아이의 적성과 특성에 맞는 교육을 직접 가르치는 대안교육(alternative education) 중 하나이다. 최근 미국에서는 학교학습에 대한 비판이 많아지면서 재택교육(학습)이 늘어나고 있는 추세다.

교육의 사회적 기초

CHAPTER 4

INTRODUCTION TO EDUCATION

교육은 본질적으로 사회적 필요와 요구에 의해서 조성 및 촉진되며 동시에 사회적 요인과 여건에 의해서 통제, 관리되기도 한다. 교육과 사회의 관계는 가장 밀접한 관계로 서로 영향을 주고받으면서 사회를 발전시키는 힘을 가지고 있다. 따라서 교육의 사회적 성격과 기능, 목적을 이해하는 것은 교육학 연구에서 꼭 필요한 부분이다. 본 장에서 교육사회학의 의미와 이론, 교육의 사회적 기능과 사회화 과정 등을 살펴보고자 한다.

1. 교육사회학의 이해

1) 교육사회학의 의미

인간을 보다 잘 이해하기 위해서는 다양한 학문적 관점에서의 연구가 필요하고, 인간을 연구대상으로 하는 교육 역시 어느 하나의 단일 차원에서 연구될 수 없는 복합적 현상이다. 교육사회학은 사회학에서 발견된 지식, 원리, 연구방법 등을 통하여 교육현상 분석이나 교육의 과정을 이해하려는 학문이다. 사회학이 인간의 상호작용과 그것이 인간행동에 미치는 영향에 관하여 과학적으로 연구하는 학문이라면, 교육사회학은 교육현상의 사회적 측면을 과학적인 방법으로 연구하는 학문으로 볼 수 있다. 따라서 교육사회학이란 교육을 '사회적 관계' 속에서 연구하는 것을 의미하며, 교육현상을 사회학적 방법을 통해 탐구하는 학문이라 할 수 있다.

교육사회학은 인간과 인간의 집단, 교육과 그 관계에 대한 탐구라고 할 수 있으며, 교육을 매개로 이루어지는 사회적 현상, 관계적 현상에 대한 탐구이다. 앞에서 언급된 인간, 사회, 교육의 세 요소를 기본으로 하여 교육사회학을 정의해 보면 다음과 같다(김병희 외, 2014).

첫째, 사회는 인간으로 이루어지고, 교육은 인간을 목적으로 인간에 의해 형성된다. 교육사회학은 공통적으로 인간에 대한 탐구이다.

둘째, 사회는 그 사회적 존재, 즉 사회회된 구성원으로 유지된다. 사회화된 구성원은 제도화된 교육을 통해 정체성을 형성한다. 교육사회학은 사회구성원의 정체성 형성과 관련하여 사회화와 교육에 대한 탐구이다.

셋째, 사회는 교육을 통하여 사회에 필요한 구성원을 양성하고 선발하고 배치한다. 교육은 인간을 교육하여 사회에 적응하게 하고, 사회를 변화하게 한다. 교육사회학은 교육의 사회적 기능과 관련하여 교육과 사회의 관계를 탐구한다.

넷째, 사회는 인간이 자아를 실현할 수 있는 곳이며, 인간은 교육을 통하여 자아실현이 가능하다. 교육사회학은 사회와 교육이 인간의 자아실현에 어떻게 관련되어 있는가를 탐구한다.

다섯째, 인간을 교육하는 주된 기관인 학교와 이에 영향을 미치는 교육정책, 교육관련자, 교육내용, 상호작용 등은 교육적 사회인가 아닌가, 이와 같이 교육사회학은 학교와 관련된 여러 가지 사회적 현상을 교육적으로 탐구한다.

이와 같이 교육사회학은 교육이 지향하는 인간다운 인간으로의 변화를 전제로 이에 영향을 미치는 사회적 제 현상과 그 관계를 과학적으로 탐구하는 학문이다.

2) 교육사회학의 연구영역

교육사회학의 주요 연구영역은 사회가 교육에 미치는 영향, 교육이 사회에 미치는 영향, 학교집단의 사회적 관계, 교육제도와 사회정의, 교육문제의 교육사회학적 분석 등 크게 5가지 영역으로 나누며, 구체적 내용은 다음과 같다(차경수 외, 2012).

① 사회가 교육에 미치는 영향: 가정, 지역사회, 대중매체, 동료집단, 사회계층, 계층문화 등

② 교육이 사회에 미치는 영향: 가치관, 사회교육 및 지역개발, 사회통합, 인구 및 환경교육, 사회이동 및 계층이동, 사회경제 및 국가 발전 등

③ 학교집단의 사회적 관계 영역: 교육이념, 학교문화, 교사집단, 교사의 사회적

역할, 교사와 학생과의 관계, 학생 간의 상호작용, 학교와 학부모와의 관계 등

④ 교육제도와 사회정의: 교육의 기회균등, 교육과 평등문제, 지역별 교육격차 문제, 학업 성취도와 교원평가 문제, 교육정책 및 교육개혁 등

⑤ 교육문제의 교육사회학적 분석: 입시 위주의 교육문제, 청소년 문제, 다문화 교육, 대안교육, 학교의 사회지위 배분문제, 평생교육 등

1980년대의 주요 연구내용은 학교교육의 효과연구, 과제나 학업성취에 관한 학생들의 노력, 교육과정과 중류층, 학생들에 대한 교사의 기대, 교육적 성취의 분석 등이었고, 1990년대의 주요 연구내용은 조직과 불평등, 교육·직업·수입관계, 학생의 특성과 또래집단 형성과정, 학급에서의 일탈행위 등이었다. 최근 우리나라 학술지에 수록된 연구 주제들 중 가장 높은 빈도를 나타내는 것은 교육과 평등, 학교사회와 학업성취, 교육정책과 제도, 공교육의 문제, 교육개혁 등이다.

2. 교육사회학 주요 이론

교육사회학은 사회를 보는 관점에 따라 거시적 수준의 접근과 미시적 수준의 접근 방법이 있다. 거시적 접근 방법은 교육 현상을 사실 중심으로 보며, 기능이론의 관점과 갈등이론의 관점으로 구분한다. 미시적 수준의 접근은 교육 현상을 관계 중심적으로 보고, 해석학적 관점과 신교육사회학적 관점으로 나눈다. 이 절에서는 기능이론과 갈등이론, 신교육사회학 이론에 대하여 살펴보고자 한다.

1) 기능이론

(1) 기능이론의 성격

기능이론은 구조기능주의, 합의이론, 균형이론 등으로 불리기도 한다. 기능주의에서 보는 사회에 대한 관점은 모든 개인에게 균등한 기회를 제공하는 사회로서 개인의

노력과 능력에 따라 사회적 지위, 경제적 수준이 결정되는 자유경쟁사회이다. 따라서 구성원들은 이러한 사회구조에 합의하고 긍정적으로 수용하고 있다. 계급불평등은 사회적으로 기능적이고 긍정적이며, 직업적 지위와 경쟁적 지위는 개인의 업적과 성취 수준에 의해 결정된다. 또한 고도로 훈련된 인력과 전문가를 필요로 하는 사회이고 교육받은 사람이 사회 전체의 경제발전에 기여한다고 본다(성낙돈 외, 2015). 기능이론에서는 어느 사회에서나 불평등은 보편적 현상이고 이 같은 불평등은 능력 있는 인재들이 높은 지위를 성취하도록 동기부여를 한다고 본다. 즉 선발, 차등적 보수, 명예, 지위 등에 의해 동기부여가 되므로 이러한 것들은 사회의 유지·존속에 필요하다.

기능이론의 특징은 다음과 같이 정리될 수 있다(Parelius & Parelius, 1978).

첫째, 기능주의자들은 사회란 많은 부분들로 구성되어 있는 것으로 간주한다. 이러한 부분들은 그 사회의 구조를 이룬다. 그 부분들은 어느 정도 불일치하는 면이 있으나 전체의 생존에 공헌한다는 입장을 취하고 있다. 사회의 생존욕구가 그 사회의 제도, 규범 및 사회적 역할에 의해 어떻게 충족되는가를 보여주는 데 관심이 있다. 따라서 기능주의자들은 사회의 구조(structure)와 기능(function)을 중요시한다.

둘째, 기능주의자들은 사회의 다양한 부분들은 서로 통합된다는 것을 강조한다. 사회의 한 부분에서 일어나는 변화는 모든 다른 부분에 영향을 미치게 된다. 그러나 이러한 부분들이 상호의존적이진 않지만, 조정되고 보완된다고 본다. 각 부분들은 다른 것들과 거의 반대되거나 갈등적인 위치에 있는 것이 아니라, 대체로 사회나 다른 것들의 활동을 지원한다고 보고 있다. 즉 기능주의자들은 사회의 통합(integration)을 중요하게 여긴다.

셋째, 어떠한 사회도 완전히 정적인 사회는 없다. 기능주의자들은 적어도 어떠한 사회변화는 불가피하다는 점을 인정한다. 그럼에도 불구하고 기능주의자들은 급진적이고 갑작스러운 변화를 강요하기보다는, 상대적으로 사회가 안정을 유지해야 한다는 점을 강조한다. 즉 기능주의자들은 사회의 안정(stability)을 추구한다.

넷째, 기능주의자들은 중요한 지각, 감정, 가치 및 신념에 대한 일치를 강조한다. 사회는 합의의 성격과 정도에 따라 다양하지만, 거대한 현대 산업사회보다 소규모 사회에서의 합의가 더 쉬울 것으로 본다. 기능주의에서 합의(consensus)는 사회화를 통해서 이루어지며, 현대사회에서 사회화의 기능은 주로 가정과 학교에 의해서 수행된다.

이와 같이 기능이론에 의하면, 사회는 여러 하위체제들이 각기 맡은 역할과 기능을 충실히 할 때 유지·존속할 수 있다고 본다. 또한 교육은 그 사회의 하위체제로서 부여받은 역할과 기능을 하게 되는 것이다. 즉 사회구성원들에게 사회에서 요구하는 지식, 기술, 사회적 규범 등을 가르쳐 사회화하는 것을 임무로 하고 있으며 그 임무를 충실히 수행했을 때 사회는 유지·발전한다는 것이다.

하지만 기능이론은 체제의 유지에 초점을 맞춤으로써 사회안정에는 기여했지만 사회변화 및 역사적 변화과정을 올바로 설명하지 못하였다. 사회 내의 개인 간, 집단 간의 대립과 갈등을 정면으로 다루지 못하고, 변화와 개혁보다는 현상유지를 지지한다는 비판을 받는다. 즉 기능이론은 통합성이나 합의를 지나치게 강조한 나머지 개인 간 및 집단 간의 갈등, 일탈, 분열 등을 간과하고 있다. 또한 노력과 능력에 의한 경제적, 사회적 지위 획득이라는 자본주의 사회체제의 방식은 지배계층의 이익을 유지하기 위한 정책과 교육이 이루어져 피지배계층이나 민중의 이익에 배치될 우려가 있다. 기능이론에서의 학교교육은 인간성 상실과 인간소외, 사회불평등의 재생산과 사회정의 부재라는 비판을 받는다.

(2) 기능이론과 교육

기능이론에서 교육은 개인의 욕구와 역할을 통합하며, 학교는 사회구성원들이 사회생활을 하는 데 필요한 지식, 기능, 태도를 가르쳐야 하며, 이로 인해 사회구조의 유지가 가능하다고 보았다. 대표적 학자로는 뒤르켐(Durkheim)과 파슨스(Parsons)를 들 수 있다.

 뒤르켐	다비드 에밀 뒤르켐(David Émile Durkheim, 1858~1917)은 프랑스의 사회학자이자 교육자이다. 뒤르켐은 『사회학연보』를 창간하여 뒤르켐학파로 불리는 거대한 사회학의 한 학파를 형성하여 세계의 사회학계를 이끌었으며, 사회학에 연구방법과 통계를 사용하여 현대 사회학의 방법론적 기초를 놓았다(두산백과).
 파슨스	탤컷 파슨스(Talcott Parsons, 1902~1979)는 미국의 사회학자이다. 구조기능분석론을 확립하였으며, 그것을 통한 사회체계론을 전개하였다. 특히 패턴 변수(pattern variables)를 중심으로 한 사회체계론으로 알려졌으며 저서에 『사회적 행위의 구조』 등이 있다. 베버, 파레토, 더크하임 등의 관념을 종합한 『사회적 행위의 구조』(1937)는 1998년 국제사회학회로부터 20세기 사회학 서적 중 세 번째로 중요한 책으로 선정되었다.

뒤르켐은 사회학을 구성하는 기본요소의 하나로 교육이론을 다루었다. 그는 교육을 사회화로 보았기 때문에 교육의 사회적 기능을 사회화로 보았다. 뒤르켐은 전체 사회에서 요구하는 지적, 도덕적, 신체적 특성을 중심으로 한 교육목적으로 아동을 육성·계발해야 하며, 교육은 시대와 사회에 따라 그 특성이 달라야 한다고 하였다. 학교교육은 사회적 기능을 수행하므로 국가의 통제하에 있어야 하고, 사회적 존재로서 인간은 언어·기술·관습 등을 학습하여 핵심가치와 이념을 내면화하고 도덕적 시민이 될 것을 주장하였다. 이러한 가치와 이념에 대한 합의가 이루어지는 과정, 즉 사회적 학습 과정을 도덕교육으로 보았다. 이러한 가치들의 내면화가 성공하면 강력한 사회통제가 되는데, 그 사회화를 담당하는 기관으로 학교가 제일 적합하다고 하였다.

파슨스의 사회체제이론에 의하면 사회체제의 부분은 전체를 위한 기능의 관점에서 설명된다. 학급은 학교를 위한 기능의 관점에서, 학교는 교육체제의 견지에서, 교육체제는 사회를 위한 기능의 견지에서 설명될 수 있다. 교육기관은 전체 사회에 대한 하나의 하위체제로서 전체 사회에 대하여 적응적 기능의 수행이 핵심이다(김흥규 외, 2013). 파슨스의 학교사회화 이론의 주요 내용을 살펴보면, 학교교육은 사회화 기능을 강조함과 동시에 산업사회에서의 인력양성과 배치도 강조해야 하며, 학교는 사회질서유지를 위한 도덕과 규범뿐만 아니라 직업 세계에서 요구하는 기술도 획득하는 기능을 가진다고 설명했다. 인지적 학습으로 지식과 기술을 학습하고 도덕적 학습으로 교사에 대한 존경심, 급우와의 협동, 질서 지키기 등을 학습해야 한다고 주장하였다.

2) 갈등이론

(1) 갈등이론의 성격

마르크스

갈등이론의 기초는 마르크스(Karl Marx, 1818~1883)와 베버(Weber, 1864~1920)에 의하여 이루어졌으며, 기능이론의 허구성과 학교 교육을 비판하면서 등장하였다. 갈등주의에서 보는 사회는 지배집단과 피지배집단이 존재하고, 집단 간에는 이해관계의 갈등이 있다고 본다. 이해관계의 두 집단은 이익을 위해 서로 적대적인 관계로 인식하며, 두 집단 간의 갈등은 자원의 재분배에 영향을 끼쳐 구조적 변동을 일으키게 되는 것이다. 결국 사회는 갈등이 불가피하고 강압에 의한 지배와 불평등한 자원의 분배가 재생산되게 된다. 갈등주의자들은 갈등, 변화, 강압에 초점을 두고 사회는 경쟁하고 투쟁하며, 상반된 의견의 불일치와 적대적 관계로 발전한다고 주장한다. 갈등이론은 자본주의 사회의 학교가 지배계급에게 유리하게 작용하여 비인간화와 소외 등을 가져오는 것에 대하여 비판적 접근을 한다.

갈등이론의 특징을 살펴보면 다음과 같다(Parelius & Parelius, 1978).

첫째, 사회제도와 집단은 보통 다른 사람들과 상충된 목적으로 활동한다. 권력집단의 이해관계는 지배를 받는 사람들의 이해관계와 대립하면서, 각 집단은 지배를 하기 위해 투쟁하게 되고 갈등은 보편적이 된다. 이러한 갈등은 가끔 조용히 일어나기도 하지만 공개적으로 일어나기도 한다. 따라서 사회에서의 갈등(conflict)은 끊임없이 일어난다.

둘째, 집단들 간의 끊임없는 권력투쟁은 지속적인 변화를 가져온다. 갈등주의에서 변화(change)는 주요한 특징 중 하나이다.

셋째, 투쟁과 변화가 일어나는 동안에 어떠한 특정 집단이 권력을 충분히 강화하려 할 때는 항상 일시적인 안정과 사회질서 기간을 유지하려 한다. 이러한 강압은 단지 힘만을 이용하여 강압하려는 것은 아니다. 지배집단은 선전과 교화와 같은 방법을 사용하기도 한다. 이러한 과정 속에 강압(coercion)은 늘 존재한다.

이처럼 갈등이론에 의하면, 사회는 불평등하고 부와 권력, 지위, 명예 등의 사회적 가치는 희소성이 있기 때문에 이를 둘러싼 경쟁과 갈등은 지속될 수밖에 없다고 본다. 사회체제 안에서 권력이나 재화의 분배를 둘러싸고 나타나는 갈등과 긴장, 이러한 것들은 결과적으로 초래하는 변화에 초점을 두고 있다. 그러나 갈등이론은 갈등과 세력 경쟁을 지나치게 강조한 나머지, 교육이 사회적 결속력을 높이고 국가 공동체 의식을 높이는 데 기여한 점을 과소평가하였다. 또한 학교교육이 전통사회의 신분세습 제도를 약화시키고, 업적주의적 사회이동을 가능하게 해 준 공헌을 부정하였다. 교육선발의 불평등 요소를 강조함으로써 교육을 통한 능력과 재능의 선별을 인정하지 않고, 사회적 상승이동에 기여한 학교교육의 공헌도 무시하였다는 비판을 받고 있다.

(2) 갈등이론과 교육

갈등이론에서 교육은 사회적 불평등을 재생산하는 수단에 불과하다고 본다. 즉, 지배집단의 지식이나 문화 및 가치를 지지하여 이를 학교의 형식적 교육과정에 주입하고 전수하여 기존 계층구조의 재생산을 정당하다고 비판한다. 갈등이론의 대표적 학자로 보울즈와 진티스(Bowles & Gintis, 1976)를 들 수 있다.

보울즈와 진티스는 학교교육은 민주주의적 기능보다 자본주의적 사회관계에 잘 순응할 수 있는 노동력을 양산하기 위한 제도이며, 학교에서의 교육과정을 통해 체제순응적 성격을 학습한다고 보았다. 학교교육은 자본주의 체제의 영속화와 재생산에 봉사하며 현존하는 사회적, 경제적 질서를 유지하거나 강화하기 위한 사회제도 중 하나라고 하였다. 또한 학교교육은 사회적 평등과 정의를 증진시키는 사회변화의 세력으로 작용할 수 없고, 위계적 분화에 따라 초등·중등·고등교육을 달리하고 있다. 즉 교육의 위계관계는 노동의 생산 관계에 의해 결정된다고 하였다.

교육에 대한 갈등이론의 관점을 정리해 보면 다음과 같다.

첫째, 학교에서 제공하는 교육의 내용은 특정 지배계층이 가치가 있다고 여기는 문화와 지식을 학교의 교육과정을 통하여 강압적으로 주입하고 있고, 실패의 원인을 사회구조적 측면보다 개인의 능력과 노력의 부족으로 돌리고 있다.

둘째, 갈등이론의 관점에서 볼 때, 학교는 인재를 계층에 관계없이 공정하게 선발하여 사회에 배치하는 것이 아니라 오히려 지배집단에 이로운 가치관을 가르침으로써 기존사회의 계층구조를 정당화하고 지속시킨다.

셋째, 자본주의 사회체제에서의 학교는 하나의 사회적 불평등을 재생산하는 제도적 장치에 불과하다고 본다.

표 4-1 기능이론과 갈등이론의 비교(성낙돈 외, 2015; 김도진 외, 2019)

구분	기능이론	갈등이론
사회관	• 사회의 모든 요소는 안정지향적이다. • 사회의 각 요소는 상호의존적이며 통합적이다. • 사회의 모든 요소들은 체제유지 기능을 가진다. • 사회구조는 구성원 간의 가치에 대한 합의에 토대를 두고 있다. • 사회의 지위배분은 개인의 성취능력에 따라 달성된다.	• 모든 사회는 변화지향적이다. • 모든 사회는 불일치와 갈등을 보인다. • 사회변화는 급진적이고 비약적으로 진행된다. • 사회의 각 집단은 경쟁적이고 대립적인 관계를 지니고 있다. • 사회의 각 기관들은 지배집단의 이익에 봉사하고 있다. • 사회갈등의 원인은 재화의 희소성과 불평등한 분배에 기인한다.
교육관	전체 사회의 한 하위체제로서 사회의 존속을 위한 기능을 수행한다.	지배집단의 문화를 정당화하고 주입하며, 기존 계층구조의 재생산을 정당화한다.
기본요소	구조와 기능, 통합, 안정, 합의	갈등, 변동, 강압

3) 신교육사회학

(1) 신교육사회학의 성격

신교육사회학은 교육과정에 관심을 갖고 학교교육의 내적 과정에 대한 현상학적·해석학적 접근을 하는 것으로, 과정적이고 관계적인 미시적 접근을 시도하고 있다. 따라서 신교육사회학은 교사와 학생, 교사와 교사, 교사와 학부모 및 지역사회와의 관계를 중시한다.

신교육사회학은 지식사회학과 깊은 관련을 가진다. 지식은 가치중립적인 것이 아니라 역사적, 사회적으로 만들어진 것이므로 상대적이며 변화한다. 즉 학교에서 가르치는 지식은 절대적인 것이 아니며, 상대적이며 변화할 수 있고 중립적이지 않고 객관적이지 않을 수 있다는 것이다. 신교육사회학의 관점에서 학교교육에 대한 연구는 지식이 어떤 방식으로 형성되고, 학교에서 다루는 교육내용으로 지식이 여러 체제와 어떤 관련을 맺고 있는지를 논의하는 데 초점을 두고 있다. 지금까지 교육의 기능은 개인의 사회화나 사회이동이라고 간주했던 거시적 관점과는 다르다는 측면에서 신교육사회학은 등장하였다.

신교육사회학의 특징을 살펴보면,

첫째, 신교육사회학은 교육과정에 대한 관심을 중요시함으로써 학교 교육의 내적 과정에 대한 현상학적 및 해석학적 접근을 수용한다.

둘째, 기존의 교육사회학이 사회현상에 대하여 객관적 이해를 하였다면, 신교육사회학은 주관적 이해와 내부적 요인을 강조한다.

셋째, 신교육사회학은 지식사회학적 관점에 따라 지식, 특히 학교지식의 사회적 조직에 관심을 가진다.

넷째, 인간의 교육이 이루어지고 있는 교실장면이나 학교생활에서의 상호작용을 중요시하며, 교사와 학생, 교사와 교사, 교사와 학부모 및 지역사회의 제 요인들 간에 이루어지는 상호관련성과 영향에 관심을 가진다.

다섯째, 방법론에서 질적 방법을 활용한다. 즉 신교육사회학자들은 과학적 실증주의를 배격하고 해석학적 방법론을 중시한다. 따라서 사회학적 방법과 사회심리학적 방법을 토대로 하여 상징적 상호작용주의 및 현상학의 방법론 등을 활용하는 특성을 가진다(이현청, 1994).

그러나 신교육사회학은 학교교육의 미시적 장면에서 일어나는 사회적 역학관계에 대한 이해의 틀을 제공하였지만 현실적 대안은 미흡하였고, 지식의 상대성 입장을 취하고 보편성을 부인하면서 사회의 역사적, 문화적 산물을 소홀히 하였다는 비판을 받았다.

(2) 신교육사회학과 교육

신교육사회학은 학교교육의 기능적인 면보다 역기능적인 면에 관심을 두었다. 만하임(K. Mannheim)은 신교육사회학의 관점에서 교육을 다음과 같이 설명하였다.

첫째, 교육과정은 사회적 산물이다. 지식은 사회구조를 반영한 산물이며, 지식을 체계화한 교육과정도 사회의 구조를 반영한 사회적 산물이다.

둘째, 교사와 학생 간의 관계도 사회적 산물이다. 교사와 학생 간의 상호작용도 중립적인 것이 아니라 사회적인 영향을 받는다. 교사는 나름의 기준에 따라 학생들을 분류하고 대하지만, 교사의 태도는 학생들의 성적에 영향을 주게 된다.

만하임

카를 만하임(Karl Mannheim, 1893~1947)은 헝가리 태생의 사회학자이다. 부다페스트, 프라이부르크, 베를린, 파리, 하이델베르크에서 철학과 사회학을 공부했으며 특히 인식론을 전공하였다. '지식사회학'의 창시자 혹은 아버지로 불리며, 사회조직 밖에서 사회학적 영향을 미치는 과학에 대한 연구, 지도력과 합의의 문제들에 관한 연구활동으로 유명하다.

셋째, 교육과정과 교육 내적 과정의 비판적 분석이다. 기존의 교육과정과 학교 내의 과정을 주어진 대로 받아들이지 않고 그 자체를 의심하고 분석하여 그것이 지니고 있는 사회적 의미를 해석하고자 한다.

신교육사회학에서는 학생의 선발이나 지식의 조직, 가치의 분석, 교육과정 등에 더 많은 관심을 가져야 되며, 학교 외부의 문제를 해결하려는 기존의 관심에서 벗어나서 학교 내부의 역학관계에 관심을 가질 것을 강조하였다. 또한 교육불평등의 원인을 학교 외부에서 내부로 돌렸다는 점에서 패러다임의 전환을 가져왔다(차경수 외, 2006).

3. 교육과 사회화

1) 사회화의 개념

사회화는 교육의 기능 중 가장 기본적인 것이다. 사회화는 개인이 한 사회의 구성원이 될 수 있도록 자신이 속한 사회의 지식과 기술 및 태도, 규범과 가치 등을 학습함으로써 사회적, 문화적 존재로 성장·발달해 나가는 과정을 말한다.

사회화의 개념은 보는 관점에 따라 사회적인 측면과 개인적인 측면으로 구분할 수 있다. 사회적인 측면에서 사회화란 사회적 역할을 학습하는 것이다. 사회를 유지하고 구성원을 통제하기 위해 집단의 규범이나 가치를 학습하게 하고, 동시에 사회구성원의 행동양식에 유사성을 형성하여 전체 사회기능이 원활하게 수행되고 사회가 계속 발전할 수 있도록 통합하는 기능을 의미한다. 개인적인 측면에서의 사회화는 자아개념을 형성하는 것이다. 사회생활에 필요한 행동양식이나 언어, 직업적 역할을 습득하고 내면화하여 사회에 적응함으로써 개인적 성장과 발달을 이루는 것을 의미한다.

개인이 사회 구성원으로 성장해 나가는 사회화 과정은 몇 가지 주요한 특징이 있다.

첫째, 사회화 과정은 한 개인의 일생동안 지속된다. 개인이 사회의 구성원으로 성장하는 과정은 특정한 기간에만 이루어지는 것이 아니라 일생을 통해 지속된다. 개인은 가정에서부터 시작하여 사회에서 소속된 집단이나 사회적 환경, 집단에서의 역할, 개인적 욕구의 변화에 따라 평생 동안 사회화의 과정을 거친다.

둘째, 사회화 과정은 사회적 학습을 통해 이루어진다. 사회적 학습의 주요 메커니즘으로 언어적 상호작용, 강화와 벌, 모방과 동일시를 들 수 있다. 개인은 언어적 상호작용을 통해 지식과 규범을 습득하고, 강화와 벌은 개인 행위의 사회적 용인 여부에 대한 판단과 인식을 갖게 하여 바람직한 사회적 행동을 학습할 수 있도록 한다. 모방과 동일시는 특정 인물의 행동을 따라하거나 태도나 가치를 내면화함으로써 사회적 학습이 이루어진다.

셋째, 사회화 과정은 개인의 인성 형성과정이다. 사회적 관점의 사회화는 개인이 자신이 속한 사회의 문화를 전수하여 사회의 구성원으로 형성해 가는 과정으로 설명되지만, 개인적 관점의 사회화는 문화의 학습을 통해 개인이 자신의 인성을 형성해 가는 과정으로 볼 수 있다. 즉 이 과정에서 개인의 인성은 문화에 의해 일방적으로 형성되는 것이 아니라, 주체적이고 능동적인 작용이 함께 이루어짐으로써 자아정체성과 함께 자신의 개성을 형성해 나간다(김도진 외, 2019).

인간은 태어나는 순간부터 필수적으로 사회화의 과정을 거치지만, 사회화를 위한 기본조건이 필요하다. 인간의 사회화를 위한 기본조건으로,

첫째, 사회적 상호작용이다. 인간의 성격발달은 선천적 기질이나 생물학적 특성의 영향을 받지만 사회적 상호작용을 통해서 더 많은 영향을 받는다. '늑대소년'의 사례에서 보듯이 인간은 사회적 관계와 인간문화 속에서 사회화될 수 있다.

둘째, 생득적 학습능력이다. 인간은 다른 동물보다 높은 지적 잠재력을 가지고 태어나므로 본능적 성향에 따라 행동하는 것보다 학습한 행동의 영역이 훨씬 넓다. 인간은 학습의 잠재능력을 갖추고 태어나기 때문에 사회화할 수 있다.

셋째, 언어능력이다. 언어는 지식, 가치, 정서, 태도 등을 표현하고 전달하는 중요한 수단이다. 언어를 사용할 수 있는 동물은 인간뿐이며, 언어를 통한 상징적 상호작용은 사회화과정의 중요한 양식이 된다. 이것은 사회와 문화가 존속할 수 있는 결정적 요인이 된다(윤정일, 2002).

2) 사회화의 내용과 유형

(1) 사회화의 내용

사회화 과정은 그 사회가 갖고 있는 문화를 학습하고 내면화하는 과정을 통해 이루어지게 된다. 즉 사회화는 문화 전달과정으로 이해될 수 있으며, '문화화'와 동일한 것으로 여기기도 한다. 문화가 한 사회의 구성원들이 습득하고 전승해 온 모든 생활양식을 포괄하는 개념이라고 하면, 사회화의 내용으로서의 문화도 사회의 모든 생활양식을 포함하는 광범한 것이다. 한 개인이 사회에 태어나서 배워야 하는 많은 문화내용 가운데 사회화를 통해 전달되는 문화내용으로는 가치관과 규범, 상징과 언어를 들 수 있다.

사회화의 주요 내용으로 가치관과 규범은 한 사회의 구성원들의 행위의 방향을 제시하는 준거체제를 말한다. 가치관이 포괄적인 준거체제라면, 규범은 구체적이고 특정 상황에서의 행위규칙이다. 다양한 행위의 준거체제는 구성원들에게 학습되고 내면화되어, 구성원들이 그 사회의 문화적 가치와 도덕적 신념을 공유할 수 있으며, 이로 인해 사회의 체제와 질서가 유지될 수 있다.

또 다른 사회화의 내용으로 상징과 언어가 있다. 상징은 의미를 표현하거나 전달하기 위한 수단이 되고, 상징에는 동작, 물건, 언어 등이 포함된다. 그중 언어는 가장 중요한 상징이라 할 수 있으며 단순한 의사소통 이상의 기능을 수행한다. 체계화된 언어는 인간의 사고와 사회적 삶을 정형화한다. 상징과 언어는 사회화를 통해 구성원들에게 전수되고 상호 간의 의사소통과 사회적 관계를 유지할 수 있게 한다.

(2) 사회화의 유형

사회화는 이루어지는 방식에 따라 몇 가지 유형으로 구분할 수 있다. 그중 비공식적 상황에 의해 이루어지는지, 공식적 상황에 의해 이루어지는지에 따라 1차적 사회화와 2차적 사회화로 구분할 수 있다. 사회학자들은 1차적 사회화가 어린이들에게 자아존중감과 개인적 정체성의 발달에 영향을 미친다고 하였다(Sullivan, 2009). 1차적 사회화는 보통 가정에서 일어나며 아동은 자동적으로 가족이 세계를 바라보는 관점을 수용하여 내면화하게 된다.

2차적 사회화는 이미 사회화된 개인을 사회의 새로운 부분으로 이끄는 과정이다. 2차적 사회화는 개인이 특정 직업을 갖기를 결정할 때 일어난다. 따라서 2차적 사회화가 시작되는 조직의 언어와 태도, 지식 등을 배우게 된다. 개인은 성장함에 따라 학교, 직장 등의 하위문화를 가진 다른 집단에 참여하게 되고, 이러한 집단 속에서 2차적 사회화를 경험하게 된다. 그 경험 속에서 우리의 위치와 관련된 구체적 행동, 새로운 지식과 가치, 모두가 직면하는 새로운 실제를 배우게 된다. 즉, 2차적 사회화는 다른 역할 수행자들의 행동을 모방하는 과정이면서, 이러한 학습과정에서의 역할을 가르치는 사회화 담당자가 된다(안병환, 2012).

3) 사회화 기관

개인은 사회적 존재로 성장해 가면서 사회적 학습을 하게 된다. 이러한 학습에 직·간접적으로 영향을 주는 매개체를 사회화 기관 또는 사회화 담당자라고 부른다. 대표적인 사회화 기관으로 가족(가정), 또래집단, 학교, 대중매체 등을 들 수 있다.

(1) 가정

개인은 출생과 함께 가족의 일원이 되며 가정에서의 삶을 시작하게 된다. 의식적이든 무의식적이든 가족의 생활방식에 따라 기본적인 가치, 규범, 태도, 행동을 습득하면서 사회의 일원으로 성장한다. 즉, 아동들은 가족집단을 통해서 자신의 정체성은 물론 사회구성원으로서 행동양식을 배우게 된다. 가정은 최초의 사회화 기관이기도 하지만 가장 강력한 영향력을 미치는 사회화 기관이라는 점에서 중요성을 갖는다. 대부분의 발달이론에 의하면, 아동의 초기 경험이 인성의 형성에 결정적인 역할을 한다고 강조한다. 따라서 가정에 의해 이루어지는 사회화 과정은 개인의 일생을 통틀어 전체 사회화 과정 중 가장 중요한 의미를 가진다고 할 수 있다.

가정에서 이루어지는 사회화에 영향을 주는 요인으로 가족구성원의 형태와 관계, 부모의 양육방식, 구성원 간의 역할구조와 권력관계 등을 들 수 있다.

첫째, 가족구성원의 형태와 관계는 사회화에 영향을 미친다. 핵가족과 대가족, 조부모의 존재 여부, 자녀의 수, 출생 순위 등에 따라 가정에서 개인이 받는 영향력은 달라지며, 부부관계, 형제관계의 친밀도도 사회화에 큰 영향을 미친다.

둘째, 가정에서의 자녀의 양육방식은 개인의 행동특성에 큰 영향을 주게 된다. 부모의 자녀양육방식은 통제형, 방임형, 민주형 등으로 구분할 수 있는데, 유형에 따라 사회화의 방식과 결과에서 차이를 보인다. 통제형의 양육방식으로 양육된 아동은 복종적이고 의존적이며 반항적인 성향을 지닌다. 지나치게 방임적으로 양육된 아동은 사회성이 결여되고 책임감이 약하며, 민주적인 방식으로 양육된 아동은 자율적이고 사회성과 책임감이 높은 경향을 보인다.

셋째, 가족구성원의 역할구조와 권력관계가 사회화에 영향을 주게 된다. 부부간의 권력관계와 역할분담 방식, 부모와 자녀의 관계가 사회화에 영향을 미치는데 특히 부모의 인성적 특성, 가치관과 태도, 교육 수준과 사회적 지위 등의 요인이 크게 작용하게 된다(김병희 외, 2014).

(2) 또래집단

또래집단은 연령과 신분이 비슷하여 관계가 수평적이고 자유롭게 의사소통이 이루어지는 동년배 집단이다. 이 시기는 아동이 성장함에 따라 가족관계에서 벗어나 비슷한 나이 또래의 친구들과 상호작용을 하면서 사회성과 독립심을 발달시키고 우정에 대한 욕구를 충족하게 된다. 이러한 또래집단을 통하여 다른 가족과의 문화적 차이를 발견하게 되고, 동등한 관계를 유지하면서 사회화의 과정을 경험하게 된다.

또래집단은 개인이 자아정체감을 형성하고 사회적 관계를 확대해 나가는데 중요한 사회화 기관의 역할을 한다. 또래 간의 원만한 관계는 긍정적인 자아개념의 형성과 사회생활의 적응에 영향을 미치게 되고, 또래 간의 부정적인 관계는 자아의 형성과 사회생활 적응에도 부정적인 영향을 미치게 된다. 이처럼 또래집단은 개인이 행동규범을 정하고 사회적으로 적응하는 데 있어 준거집단의 역할을 담당한다.

또래집단 형성의 주요 요인으로 근접성, 유사성, 지향성 등을 들 수 있다. 근접성은 같은 학급, 같은 학원에 다니고 지리적으로 근접한 것이 또래집단을 형성하고 유지하는 요인으로 작용한다. 유사성은 가정 배경이나 학업성적, 성격과 취미 등이 유사한 것이 또래집단을 형성하는 요인으로 작용한다. 지향성은 놀이와 활동방식의 방향과 형태가 또래집단을 형성하는 요인이 된다.

(3) 학교

가정생활과 또래집단을 통하여 집단의 규칙 등 기본 행동양식을 습득한 아동은 학교라는 새로운 조직에 적응하게 된다. 학교는 아동이 가족 이외의 가장 많은 시간을 보내는 곳이기도 하다. 학교는 가족이나 또래집단 등 다른 사회화 기관에 비해 의도적이고 계획적인 사회화를 수행한다는 특징이 있다. 학생들은 학교를 통하여 지식, 가치, 태도 등을 습득하고 교사나 학급 동료와의 사회적 관계를 통해 사회적 역할을 학습하게 된다. 즉 성인으로서 습득해야 할 사회적 역할을 학습하는 기관으로 중요한 의미를 갖는다.

학교가 가지는 사회화의 기능을 보면, 먼저 학교는 생활에 필요한 규범을 습득하게 한다. 학생 개개인의 행동을 규범에 의해 통제하고, 일탈행동에 대해서는 제재를 가하여 집단생활에 필요한 규범을 습득하게 한다. 또한 학교는 학생들이 한 사람의 사회구성원으로 살아갈 수 있도록 사회생활에 필요한 지식, 기술, 태도를 습득하게 한다. 마지막으로 학교는 개인이 가정에서 사회로 진출하는 교량적 역할을 수행한다. 즉 아동이 사회인으로 성장하여 활동할 수 있는 사회화의 과정을 담당한다.

학교에서의 교사는 사회화 모델로서의 역할을 담당한다. 학생은 교사의 말투, 행동특성, 성역할 등을 따라서 배우게 되므로 교사의 모든 것이 대단히 중요하다. 또한 교사는 학생 행동에 대한 수정자의 역할을 한다. 교사는 학교 생활과정에서 다양한 방법으로 학생의 행동을 수정함으로써 바람직한 사회적 행동을 형성해 나가도록 도와주는 역할을 한다.

(4) 대중매체

오늘날 대중매체는 그 어떤 사회화 기관보다도 강력한 힘을 발휘하고 있다. 특히 텔레비전과 인터넷은 학습의 주요 매체로서 주요한 기능을 수행하고 있다. 대중매체는 많은 양의 정보와 교양, 오락과 교육을 신속하게 제공한다는 장점이 있다. 그러나 흥미 위주의 내용과 전달방식은 건전한 사고와 판단을 저해하고, 폭력성과 선전성을 강조하는 대중매체의 속성은 공격 성향과 범죄 유발의 우려를 낳는다. 또한 왜곡된 정보와 여론의 형성은 올바른 판단의 기준을 흐리게 만들기도 한다. 이러한 우려에도 대중매체가 미치는 영향력은 점점 더 커져가고 있다. 대중매체 중 특히 인터넷을 사용하는 시간이나 강도는 가정과 학교를 능가하고 있다. 대중매체가 사회화 기관으로의 올바른 역할을 하기 위해서는 부모와 교사의 적극적 지도와 사회의 관심이 필요할 것이다.

4. 교육의 사회적 기능

교육의 사회적 기능은 문화유산 전수 기능, 사회통합 기능, 사회구성원의 선발과 충원 기능, 사회이동 촉진 기능, 사회개혁 기능 등으로 구분할 수 있다.

1) 문화유산의 전수 기능

교육의 주요 기능 중의 하나는 문화유산을 전수하고 계승하는 기능이다. 문화란 인간이 습득한 지식, 신념, 태도 및 규범 등으로 이루어진 복합적 총제로 학교교육을 통하여 한 세대에서 다른 세대로 전달되고 있다. 어느 사회를 막론하고 역사적으로 문화유산을 축적하여 다음 세대에 이를 전수함으로써 사회를 유지하고 발전시켜 나간다. 문화유산을 전하는 일은 주로 교육이라는 사회적 행위에 의하여 이루어지고, 교육의 가장 중요한 기능 중 하나는 문화유산 전수의 기능이라 할 수 있다. 이러한 과정을 통하여 개인을 사회화하고 그 사회의 구성원으로 성장시켜 나가게 된다. 이 기능은 제도적 활동으로 교육이 갖는 가장 기본적이고 중요한 기능이다.

2) 사회통합의 기능

교육은 사회통합의 기능을 수행한다. 사회통합이란 이질적인 여러 요소가 각기 고유의 기능을 유지하면서 전체적으로 모순과 갈등 없이 조화를 이루며 발전하는 기능을 말한다. 사회는 구성원들에게 일체감을 부여하고 안정과 통합을 이룰 필요가 있으며, 이 필요성은 교육에 의해 가장 적절하게 충족된다. 학생들은 학교생활을 통하여 사회구성원으로 갖추어야 할 여러 가지 태도나 가치관을 배운다. 즉 학교는 학생들에게 공통의 이념과 사상, 가치관 형성을 통한 사회적 통합의 기능을 가지고 있다. 교육은 다양한 배경을 가진 사회의 구성원들에게 공통의 신념, 가치, 의식을 형성함으로써 사회를 통합하는 기능을 수행한다.

3) 사회구성원의 선발과 충원의 기능

교육의 사회적 기능 중 가장 현실적이고 구체적인 기능이다. 사회의 유지와 발전을 위해서는 사회의 각 부분에 적합한 자질과 능력을 갖춘 인재가 필요하다.

교육은 개인의 지식, 기술, 가치, 태도 등을 육성하여 적합한 절차에 따라 선발, 분류, 배치 등의 역할을 한다. 특히 학교교육은 일정한 기준에 따라 학생을 선발하고 일정 기간 학습시켜 사회에 적응할 수 있도록 준비시키는 역할을 하게 된다. 사회의 요구에 따라 인력을 보충하는 구성원 충원이 신분에 따라 이루어지지 않고, 교육의 질과 양에 따라 이루어지는 것은 개방사회와 민주사회의 바람직한 특징이다. 교육제도는 선발과 충원의 과정에서 능력과 업적을 기준으로 삼아야 하며, 사회평등과 사회정의 실현에도 기여할 수 있어야 한다.

4) 사회이동 촉진의 기능

교육은 사회이동 촉진의 기능을 수행한다. 사회이동은 개인이나 집단이 한 사회적 위치에서 다른 위치로 이동하는 것을 말하며, 사회구성원의 지위획득과 계층 간 이동의 기회를 나타낸다는 의미에서 중요한 개념이다. 개인은 사회에서 일정한 지위를 가지며 이 지위는 고정된 것이 아니라 유동적이다. 개인은 지위 상승에 대한 욕구를 가지고 있으며, 이 욕구는 사회에 활력을 불어넣고 발전을 촉진한다. 사회는 사회이동의 통로를 마련해주고 공정한 경쟁을 통해 사회이동의 기회를 주어야 한다. 교육은 개인의 사회적 지위가 이동할 수 있는 중요한 통로이며, 현대사회에서는 주로 학교교육을 통해서 사회가 요구하는 전문적 기술이나 능력을 습득하게 된다. 즉 교육은 개방사회에서 사회적 지위 향상을 위한 조건을 충족시켜 사회이동을 가능하게 해 준다.

사회이동은 수직적 이동과 수평적 이동으로 구분할 수 있다. 수직적 이동은 한 계층에서 다른 계층으로 옮겨가는 것으로서 상하 계층의 이동을 의미한다. 수평적 이동은 한 계층 내에서 단순히 위치만 변하는 것으로 다른 직종이나 지역적으로 이동하는 것을 의미한다. 학교교육은 수직적 이동뿐만 아니라 교육을 위해 대도시로 집중하는 수평적 이동까지 촉진하는 역할을 한다.

5) 사회개혁의 기능

교육의 사회적 기능 중 진보적 기능이라 할 수 있다. 교육은 사회유지나 통합과 같은 보수적 기능도 있지만, 사회를 변화시키고 더 나아가 바람직한 방향으로 개선, 발전시키는 능동적이고 혁신적인 기능도 존재한다. 사회변화는 사회구성원의 의식, 가치관, 태도 등을 포함하는 사고 및 행동양식의 변화를 통해서 이루어진다. 이러한 행동양식의 변화는 교육을 통해서 가능하다. 교육을 통하여 합리적 사고 및 개방적인 가치와 태도를 습득하고, 사회변화를 촉진하는 교육이념과 목표의 설정, 사회체제와 산업구조의 변화를 위한 교육내용의 개편 등과 같은 교육의 재정립으로 사회개혁을 촉진할 수 있다.

학 습 과 제

1. 교육사회학의 의미에 대하여 논하시오.
2. 기능이론과 갈등이론을 비교하여 설명하시오.
3. 신교육사회학에 대하여 설명하시오.
4. 사회화의 개념에 대하여 설명하시오.
5. 교육의 사회적 기능에 대하여 설명하시오.

교육의 심리적 기초

CHAPTER 5

INTRODUCTION TO EDUCATION

1. 교육심리학의 이해

1) 교육심리학의 성격

다양한 교육현상을 이해하고 교육문제를 해결하는 데 유용한 교육심리학은 교육학과 심리학 이론을 접목시켜 형성된 학문 영역이다. 교육학(pedagogy)은 교육의 다양한 현상을 설명하고 연구함으로써 그 성과를 체계화한 학문으로 교육심리학을 비롯하여 교육철학, 교육사회학, 교육공학, 교육행정학, 교육법학 등 다양한 영역을 포함하고 있다(임규혁, 임웅, 2007). 한편, 심리학(psychology)은 인간의 행동을 기술, 예언, 설명, 통제하려는 학문으로 인간행동의 원인과 표출 양식에 대한 이해를 돕는다. 이러한 심리학의 학문적 이론을 기반으로 한 주요 학문영역에는 교육심리학, 임상심리학, 상담심리학, 발달심리학, 산업심리학 등이 있다.

교육심리학은 교육학의 영역 중에서 인간의 행동과 관련된 측면을 심리학적인 방법론을 사용하여 이해하려는 학문적 성격을 강하게 내포하고 있다. 그렇다고 교육심리학이 교육과 관련된 인간 행동의 원인을 단순히 이해하고 설명하는 것에만 머무르지 않는다. 왜냐하면 교육이란 목적과 가치가 개입된 체계적인 교육활동을 통해서 인간행동의 계획적인 변화를 의도하는 활동이기 때문이다.

앞서 살펴본 것처럼 교육심리학은 기본적으로 교육학과 심리학의 이론과 연구를 기초로 형성된 학문 영역이다. 심리학이 인간의 생각과 행동을 과학적인 방법으로 연구하는 학문이라면, 교육학은 가르치고 배우는 과정을 통하여 인간을 완성해 가는 실천적인 학문이라 할 수 있다. 이러한 심리학과 교육학의 학문적 목적과 관심의 차이를 이성진(1996)은 다음과 같이 설명하고 있다.

첫째, 심리학은 인간행동에 대한 보편적인 원리와 법칙을 확립하는 데 목적이 있다. 반면, 교육학은 개별 학습자의 특성을 변화시키는 데 그 목적이 있다.

둘째, 심리학은 보편적인 법칙을 확립하고자 그 방법론에서 정밀성과 경제성을 중요시하며 일관성만 있다면 세심한 변화라도 중요하게 고려한다. 반면, 교육학은 정밀성과 경제성이 떨어지더라도 학습자의 행동에 의미 있는 변화를 일으키는 변인에 관심을 가지고 생태학적 타당성을 중요시한다.

셋째, 일반적으로 심리학은 가치중립적이고 기술적이다. 반면, 교육학은 가치 지향적이며 처방적이다.

넷째, 심리학은 이론과 법칙이 주로 통제된 실험실에서 확립된다. 반면, 교육학은 예측 불가능한 교실상황 혹은 교육현장에서 일어나는 과정에 기초한다.

이러한 심리학과 교육학의 학문적인 목적과 관심의 차이 때문에 교육에 일반 심리학의 지식체계와 원리를 적용하는 것은 한계가 있다. 따라서 목적과 가치가 개입된 교육활동을 통한 인간 행동의 변화를 이해하고 적용하기 위하여 독립된 학문으로서의 교육심리학이 대두되기 시작하였다.

교육의 궁극적인 목적은 인간의 사고와 행동의 올바른 변화를 유도하는 데 있다. 이를 위해서는 인간의 행위를 보다 객관적이고 체계적으로 이해하여 인간 행동을 바람직한 방향으로 변화시킬 수 있는 이론을 체계화시키는 데 관심이 모아지게 된다. 교육심리학이 독자적인 학문으로 대두된 지 1세기도 채 되지 않지만, 그동안 교육심리학이 실제로 무엇을 하는 학문인가에 대한 논의는 끊임없이 계속되고 있다. 지금도 교육심리학에 대한 정의는 교육현상을 파악하는 데 있어서 어디에 초점을 맞추느냐에 따라서 학자들의 견해가 달라질 수밖에 없다.

초기 교육심리학은 매우 다양한 영역에 관심을 보였다. 1910년에 출판된 교육심리학 학술지인 『*Journal of Educational Psychology*』에 의하면, 교육심리학이란 감각, 본능, 주의, 습관, 기억, 학습기술 등의 개념적 문제뿐 아니라, 아동과 청소년의 정신발달, 유전, 개인차, 특별학급, 정신능력의 측정과 관계성, 정신위생 등에 관해 실험적, 통계적, 문헌적 방법으로 다루어야 한다고 제시하고 있다. 자이펠트(Seifert, 1991)는 교육심리학이란 학습을 촉진시키는 방법을 연구하는 학문이라고 정의하면서, 이를 위해 학습자의 특성과 발달, 개인차를 가진 학습자의 능력을 조화시키는 방법, 학습에 대한 평가 등을 다루어야 한다고 설명하고 있다. 울포크(Woolfolk, 2013)도 교육심리학은 그 자체의 이론, 연구 방법, 문제 및 기법을 가진 독특한 학문이라고 분석하였다.

이상의 다양한 정의를 종합해 보면, 교육심리학은 교육의 목표를 효과적으로 달성하기 위하여 교육과정(process)과 현상에 내재된 심리적 요인을 체계적으로 연구하고, 이를 실제 교육현장에 적용하여 교육 목표를 효과적으로 성취하기 위해 더 재미있게 가르치고 배울 수 있는 방법을 제시한다. 또한 교육 실제의 개선을 통한 인간행동의 바람직한 변화를 만들어 내는 실천적 방법을 연구하는 학문이라고 할 수 있다(신명희 외, 2014).

2) 교육심리학의 탐구영역

교육심리학의 이론과 연구는 단순히 인간 행동에 대한 이해에 머물지 않고, 교육의 효과성과 목적달성을 위한 다양한 연구에 기여하고 있다. 따라서 교육심리학은 다양한 학문적 범위와 영역에서 학생들의 학습활동이나 바람직한 행동발달에 도움을 주고자 꾸준히 노력해 왔다. 교육심리학의 탐구영역은 크게 학습자에 대한 이해, 학습에 대한 이해, 수업에 대한 이해, 평가에 대한 이해로 나눌 수 있다.

(1) 학습자에 대한 이해

효과적인 학습이 이루어지기 위해서는 교육의 대상인 학습자에 대한 올바른 이해가 필요하다. 이를 위해서는 학습자의 인지적 발달과 정의적 발달 특성을 이해해야 한다. 학습자의 인지적 발달 특성으로는 지능, 창의성, 인지양식, 성의 차이(gender difference), 다문화 등에 대한 이해와 연구가 필요하다. 또한 학습자의 정의적 발달을 이해하기 위해서는 동기, 정서, 심리사회적 발달, 도덕성 발달에 대한 이해가 필요하다. 학습자에 대한 개인차, 인지발달, 정의적 영역을 이해함으로써 학습자들의 지적인 발달을 촉진시키고 동기를 높여 주며 정서적으로 안정감을 줄 수 있다. 따라서 학습자에 대한 이해는 시기에 따른 발달적인 변화와 그 수준을 이해하는 측면과 학습자가 지닌 개인차를 이해하는 다양한 측면에서 파악할 필요가 있다.

(2) 학습에 대한 이해

학습이 어떻게 일어나는지에 대한 이해를 위해서는 행동주의 이론, 인지주의와 정보처리 이론, 구성주의 이론에 대한 연구와 이해가 필요하다. 행동주의 학습이론은 학습자의 바람직한 행동은 증가시키고 바람직하지 못한 행동은 감소시키는 데 매우 유용하다. 인지주의 학습이론은 사고의 변화에 초점을 둔다. 학습하는 동안 정보를 처리하고 표상하는 것의 바탕이 되는 정신기제를 강조한다. 학습의 기제를 이해함으로써 학습과정에 영향을 주는 여러 가지 요인을 식별하고 효과적인 학습을 조절할 수 있는 통찰력을 갖게 된다. 즉 인간이 어떻게 지적 발달을 해 나가는가를 이해한다. 정보처리 이론은 인간의 학습과 기억이 컴퓨터의 정보처리와 유사하다고 보는 이론이다. 구성주의 이론은 인간이 지식을 구성한다는 입장을 더 강조하고 있으며 철학적, 교육학적 입장을 통합한 새로운 접근 방법이라고 할 수 있다. 이러한 다양한 이론과 관련 연구들을 통해서 학습은 어떻게 이루어지는지를 탐구할 수 있다.

(3) 수업에 대한 이해

수업은 학생과 교사의 상호작용이 이루어지는 교육활동이다. 학교학습에서 교육활동 중 가장 중요한 영역이며, 학생에 대한 이해를 바탕으로 상호작용이 이루어진다. 따라서 효과적인 수업을 위해서 수업과정과 절차, 수업방법에 대한 체계적인 이해와 검토가 필요하다. 교육심리학은 체계적인 수업이론 및 모형과 수업방법에 대한 연구를 통해서 수업의 효과를 높일 수 있는 근거를 제시하고 있다. 대표적인 수업 이론가로는 글래져(Glaser)의 수업 모형, 블룸(Bloom)과 캐롤(Caroll)의 학교학습 모형, 가네(Gagné)의 수업 모형 등이 있다.

(4) 평가에 대한 이해

평가는 학습목표에 대한 달성을 측정할 뿐 아니라 학습자가 얼마나 배웠는지를 확인할 수 있다. 평가 결과는 긍정적이든 부정적이든 학습자의 동기유발에 영향을 미친다. 또한 평가는 교수자의 수업을 개선하는 데 도움을 준다. 교수자는 평가를 통해 수업목표의 달성을 확인하고, 교수-학습과정을 설계하는 데 피드백을 받을 수 있다. 따라서 교수자는 학습자의 학업성취를 공정하게 측정하기 위해서 표준화 검사 도구에 대한 이해와 연구가 요구된다. 대표적인 평가 모형에는 타일러(Tyler) 모형이 있다.

이상과 같이 교육심리학은 학습자, 학습, 교수-학습, 평가를 중심으로 교육과 관련된 광범위한 영역에서 이론체계를 확립하고 이를 실제 교실상황에 효과적으로 적용하기 위하여 다양한 노력을 기울이고 있다.

3) 교육심리학의 연구방법

교육심리학은 인간에 대한 이해를 목표로 인간의 행동과 정신과정을 연구하는 경험과학인 동시에 기술과학이다. 일반적으로 과학적 연구의 출발점은 탐구심에 기초한 의문이나 문제점으로부터 시작한다. 당연하다고 여겨지는 것이나 새로운 사건에 과학적인 방법을 적용하여 검증할 때 그 현상을 올바르게 이해하고 설명할 수 있다. 그러므로 교육심리학의 연구방법은 사실을 추출하여 그 사실을 객관적으로 조작할 수 있는 과학적인 방법이 기초가 되어야 한다. 교육심리학의 연구방법은 크게 양적 연구와 질적 연구로 구분된다. 양적 연구는 수량으로 표현되는 자료를 수집하고 분석한 결과로, 개인이나 전체 집단을 이해하는 데 연구의 목적이 있다. 양적 연구는 시험성적, 지능지수, 체중과 같이 수량으로 표현되는 양적 자료와, 거주지역, 성별과 같이 수량으로 쉽게 전환될 수 있는 자료를 수집하고 분석한다. 양적 연구는 엄격한 연구 설계에 따라 진행되는데, 주로 변인 간의 상관관계를 분석하는 상관연구, 실험 연구의 형태로 진행된다. 질적 연구는 양적 연구의 한계를 비판하면서 등장한 대안적 연구방법으로 개별적 대상의 고유한 속성을 의미한다(한국교육평가학회, 2004). 질적 연구는 면접, 관찰, 문헌조사와 같은 자료 수집 방법을 통해 특정 현상을 있는 그대로 이해하는 데 목적을 둔다.

교육심리학자들은 과학적인 접근으로 교육과 관련된 많은 문제에 답하기 위한 시도로 다양한 종류의 연구를 설계하고 실행한다. 이러한 연구들 중 가장 보편적으로 사용하는 연구방법으로는 기술연구, 상관연구, 실험연구, 사례연구 등이 있다.

표 5-1 양적 연구와 질적 연구 비교

특징	양적 연구	질적 연구
연구목적	인과관계 설명	상호 보완적인관계 설명
연구의 전략	구조적	비구조적
연구자 관점	객관적인 중립성	주관적 혹은 참여자 관점
가치	가치 중립적	가치중립적 혹은 비가치중립적
자료수집	설문조사, 관찰, 면담, 실험	심층면담, 참여관찰, 관찰
자료분석	연역(통계이용)	귀납(연구자의 분석)
연구종류	조사연구, 관찰연구, 상관연구, 실험연구	민속기술지, 현상학연구, 사례연구, 현장연구, 역사적 연구

(1) 기술연구

기술연구(descriptive research)는 어떤 현상에 대해 어떤 조작이나 통제도 하지 않고 자연적인 상황에서 있는 그대로를 정확하게 기술하며 관계를 조사하는 연구이다. 다시 말해, 단순한 관찰기법을 통해 많은 양의 자료를 수집하며 대체로 비실험 상황에서 이루어지는 연구를 말한다. 이러한 기술연구는 어떠한 상황이나 현상의 특징을 기술하기 위하여 관찰이나 검사, 면담, 설문 등의 조사방법을 사용한다.

기술연구 방법의 대표적인 연구법은 조사연구이다. 조사연구는 어떤 변인에 대해서 아무런 조작이나 통제를 가하지 않고 자연적인 상황에서 변인에 대한 조사내용을 정확하게 기술한다. 또한 어떤 현상과 관련된 변인들 간의 관계를 파악하고 분류·분석하는 것도 조사연구에서는 중요하다. 이러한 조사연구 방법에는 연구 대상의 전체를 대표할 수 있는 일부 대상을 뽑아서 실시하는 표본조사 방법을 많이 사용하며, 자료수집 방법으로는 질문지법과 면접법을 가장 많이 사용하고 있다. 이중 질문지를 이용한 조사가 대표적이라고 할 수 있다.

질문지법이 간접적인 방법으로 자료를 수집하는 데 반해, 면접법은 면접 대상과 마주한 대면 상황에서 이야기를 나누면서 필요한 정보와 자료를 모을 수 있는 면대면(face to face)으로 응답하는 방법이다. 면접법은 외부로 표출되지 않는 학생들의 감정과 의지, 내면 등을 파악할 수 있기 때문에 특히, 교육 장면에서의 면접법은 교사와 학생 간 상호작용이 일어날 수 있도록 돕는 역할도 한다.

(2) 상관관계연구

상관관계연구(correlational research)는 둘 또는 그 이상의 측정변수들 간의 관련성을 파악하기 위한 연구이다. 여기서 변수 간의 관계의 정도는 상관계수(correlational coefficient=r)로 나타낸다. 상관계수의 크기는 관계의 강도를 의미하고 부호는 방향성을 의미한다. 상관계수는 −1.0~1.0까지의 범위로 이루어져 있으며 두 변수들 간의 관계가 가까울수록 −1.0이나 1.0의 값에 근접한다. 이는 상관계수 값이 클수록 한 변수가 다른 변수를 예측할 수 있는 강도가 강한 것을 뜻한다. 상관계수가 1.0인 것은 두 변수가 완전한 정적 상관(positive correlation)임을 나타내며, 상관계수가 −1.0인 것은 두 변수가 완전한 부적 상관(negative correlation)임을 나타내며, 상관계수가 0인 것은 두 변수가 전혀 상관이 없음을 의미한다. 그러나 실제 생활에서는 완전한 정적 혹은 부적 상관은 거의 없다(rarely)고 볼 수 있다.

(3) 실험연구

실험연구(experimental research)는 변수 사이에 존재하는 인과관계를 밝히고자 할 때 사용하는 방법이다. 연구자는 연구대상을 무선표집(random sampling)에 의해서 실험집단과 통제집단으로 나누고 실험집단에는 어떤 처치를 하고 나타난 결과를 통제집단과 비교하여 분석한다. 이처럼 실험연구에는 연구자가 조작하는 변수와 그 변수의 영향을 받는 변수가 있다. 독립변수(independent variable)는 종속변수에 변화를 일으키기 위하여 연구자가 조작하는 변수로서 처치변수라고도 한다. 종속변수(depender variable)는 독립변수의 영향을 받는 변수를 말한다. 그리고 처치를 받는 집단을 실험집단(experimental group), 처치를 받지 않는 집단을 통제집단(control group)이라 한다.

교육현장에서의 실험연구는 교수법의 개선을 시험하거나 교육프로그램이 학생의 학업이나 사회성, 건강상태 등에 미치는 영향을 평가하는 데 유용하게 사용되고 있다.

(4) 사례연구

사례연구(case study)는 개인이나 집단 또는 기관을 대상으로 어떤 문제나 특성을 심층적으로 연구·조사하는 방법이다. 이 연구방법은 한 가지 사실이나 상황에 관련된 측면을 여러 각도에서 포괄적으로 다룬다. 예를 들어 학교 부적응 문제가 있는 학생이 있다. 먼저, 부적응문제의 원인을 찾기 위해 개인에 대하여 여러 가지 필요한 사항을 조사하여 문제의 원인을 진단하고, 그에 따른 적절한 치료 방법을 찾을 수 있도록 도움을 준다.

사례연구는 복잡한 사회적 행동이나 집단적 행동의 역동성에 관한 과학적 자료를 얻는 데 뛰어난 연구방법이라고 할 수 있다. 그리고 사회현상에 대한 조사연구에서 표본에 의한 통계적 연구법을 보완하기 위한 개별조사법 또는 사례조사법 등도 있다. 이러한 조사방법들은 사람, 집단, 제도, 공동체 등에 관한 정밀한 분석을 통해서 내면적 상관관계를 분명히 하고, 문제의 원인 진단을 거쳐 문제를 해결하는 실천적인 데까지 도달할 때 그 의의가 있다.

2. 학습자의 특성

1) 발달에 대한 이해

효과적인 교육이 이루어지기 위해서는 학습자에 대한 이해가 필수적이다. 일반적으로 성장과 변화를 의미하는 발달은 학습에 중요한 영향을 미치는 변인으로 작용한다. 성장과 변화를 의미하는 발달(development)은 인간의 생명이 시작되는 수정의 순간에서부터 죽음에 이르기까지 전 생애에 걸쳐 나타나는 모든 변화의 과정을 의미한다. 발달적 변화의 과정에는 신체적 측면뿐만 아니라 인지적, 언어적, 사회적, 도덕성 등 인간의 모든 특성이 포함된다. 또한 발달은 인간의 전 생애에 걸친 발달과정의 모든 측면에서 나타나는 긍정적 변화와 부정적 변화를 모두 포함한다. 종래에는 보통 아동기와 청소년기의 발달은 긍정적 변화를 보이지만 중년기 이후부터 노년기의 발달은 쇠퇴로 인한 부정적인 변화를 보인다는 생각이 지배적이었다. 그러나 최근의 연구결과에 의하면, 노년기에도 여러 영역에서 분석, 통합, 추론, 문제해결능력과 같은 긍정적인 발달이 이루어지고 있는 것으로 나타났다. 따라서 인간의 발달을 시기에 따라 긍정적 또는 부정적 변화로 구분하는 것은 바람직하지 못하다(Kail & Cavanaugh, 2004).

발달은 모든 변화에 적용되는 것이 아니라 규칙적인 방식으로 나타나서 비교적 장기간 동안 남아 있는 변화를 의미한다. 이러한 발달적 변화 과정에는 직접 관찰하기 쉬운 신체적·행동적 변화와 관찰하기 힘든 정서와 감정의 변화에 이르기까지 인간의 모든 특성이 포함된다. 따라서 발달은 모든 인간이 선천적으로 가지는 유전적 특징인 성숙(maturation)과 경험(experience)으로 인한 학습(learning)의 결과로 생기는 것으로 학습자의 규칙적, 지속적인 변화를 의미한다.

성숙(maturation)은 유전인자에 의해 시간이 경과함에 따라 자연적으로 일어나는 신체적 성장, 생물학적 변화의 결과로서 일어나는 변화를 의미한다. 성숙은 쉽게 관찰할 수 있는 신체적 변화에 기여할 뿐 아니라, 문제를 발견하고, 그것을 해결하고, 다른 사람의 감정을 이해하는 능력과 같은 심리적 변화에도 기여한다. 또한 학습(learning)은 외부 환경이나 후천적 경험을 통하여 감정, 사고, 행동의 유형에서 비교적 영구적인 변화를 나타나게 하는 수단이다. 성장(growth)은 신장이나 체중 등 신체적 측면에서의 양적 변화를 의미하고 측정이 가능하다. 발달과 밀접하게 관련된 이러한 개념들을 볼 때 발달이란 시간이 지남에 따라 자연적으로 발생하는 성숙과 의도적인 연습이나 훈련을 통한 학습에 의해 계속적으로 변화되는 과정이다.

2) 발달의 원리

인간의 발달에는 여러 요인이 작용하고 그 결과로 개인차가 나타난다. 사춘기의 신체적·심리적 변화나 정신적 능력의 발달 정도는 학습내용, 학습방법, 학습 결과 등에 끊임없이 작용하고 있어서 교육현장에서는 학습자의 발달과 관련된 정보를 필요로 하게 된다. 인간발달은 유전적 특징인 성숙과 후천적인 경험으로 인한 학습으로 발달한다. 그러므로 발달은 어떤 유전적 특징과 어떤 경험의 교육을 받았느냐에 따라 발달 모습이나 발달 속도는 달라질 수 있다. 그러나 이러한 차이에도 불구하고 인간의 발달은 대체적으로 일정한 원리와 순서에 따라 일어나는 보편적인 원리가 있다.

(1) 발달에는 일정한 순서가 있다.

인간의 발달 속도는 개개인마다 다르나, 발달에는 일정한 순서와 진행되는 방향에 따라 일정한 경향이 있다. 아동발달에 있어서 일정한 순서와 방향이 있다는 사실은 발달의 전 단계가 다음 단계의 기초가 됨을 뜻하며, 한 단계에서 다음 단계로 이행한다는 것은 보다 높은 차원의 발달이 이루어짐을 의미한다. 예를 들면, 유치(乳齒, deciduous teeth)의 발생 순서라든가 혹은 언어의 발달에서 모음으로부터 자음으로의 발달 등을 들 수 있다.

(2) 발달은 계속적인 과정이지만 발달의 속도는 일정하지 않다.

신체의 각 부위나 정신기능에 있어 발달의 속도는 일정하지 않다. 어린이의 발달을 관찰해 보면 여러 측면에서 차이가 나타나지만 모두가 일련의 연속선상에서 점진적으로 변화되어 가는 것을 알 수 있다. 물론 발달에는 결정적 시기가 있어서 유아기나 사춘기의 급격한 신체적 발달, 유아기의 언어발달과 같이 특정시기에 발달 정도가 급속히 신장되는 시기가 있지만, 그러한 시기에 있어서도 인간발달은 연속성, 계속성, 지속성을 유지하며 발달해 간다.

(3) 발달에는 개인차가 있다.

인간발달을 올바르게 이해하려면 발달에 있어서 개인차(individual differences)가 나타난다는 원리를 이해해야 한다. 사람마다 여러 가지 특성상의 차이가 있고, 환경이나 주어진 경험이 각기 다르기 때문에 발달 속도와 시기에 있어서 개인차가 있다. 물론 유전적 특성과 환경적 요인이 작용하는 범위나 우열에 대한 결론은 아직 불확실하다. 그러나 인간발달에서 개인차가 발생한다는 사실은 사람마다 특성이나 행동에 차이가 있음을 의미한다.

(4) 발달은 성숙과 학습의 상호작용을 통해서 일어난다.

인간발달은 생물학적 특성과 환경적 요인과의 상호작용의 결과로 형성된다. 신체적 발달을 보면 생물학적 특성으로서의 유전요인과 환경으로부터 주어지는 영향이나 훈련의 상호작용에 의한 결과이다. 또한 신체적 발달, 지적 발달, 성격 발달 등이 각각 독립적으로 이루어지는 것이 아니라 서로 밀접하게 상호작용을 통해 발달이 이루어짐을 여러 연구를 통해 밝혀지고 있다. 따라서 인간 발달에서는 특정 영역의 발달만을 고려하는 것이 아니라 전체적으로 조화로운 발달을 고려해야 한다.

(5) 발달에는 결정적인 시기가 있다.

감각이나 지각 등에서 민감한 시기의 존재 여부와 이 시기 동안의 유기체의 반응

범위와 가소성(plasticity)의 정도에 관한 주제는 발달연구자들의 주된 관심사였다. 동물을 대상으로 한 실험과 인간을 대상으로 한 연구를 토대로 1960년대에는 영아의 사회성 발달에 결정적 시기가 존재한다고 보았다. 결정적 시기(critical period)는 아동 초기의 특정한 시기에 습득되어야 할 인지적, 사회적 행동과 관련된 개념이다. 보울비(Bowlby)는 동물행동학적 이론을 적용하여 아기도 생애 초기에 어머니와 애착을 형성하도록 생물학적으로 설정되어 있다고 보았다. 생의 초기 단계인 영유아기의 발달은 이후의 모든 단계의 성장발달에 영향을 미친다는 것이다. 그러므로 각 개인의 심리적 특성이나 행동 양식은 결정적 시기에 학습되어야 하며 그 시기를 놓치면 회복하기가 힘들다고 보았다.

그러나 1960년대 이후의 여러 연구에서는 특정한 시기에 형성된 특성이 이후에 충분히 변화될 수 있다는 것을 보여 주었다. 따라서 최근에는 한 번 형성되면 변화가 불가능하다는 의미를 내포하는 결정적 시기라는 용어보다 일단 형성되면 지속성이 강한 특성이 보다 쉽게 형성되는 시기라는 의미를 갖는 민감기(sensitive periods)라는 용어를 사용하는 경향이 두드러지고 있다. 민감기의 애착(attachment)이 긍정적이면 이후 발달에 긍정적인 영향을 미치고, 그렇지 않으면 부정적인 영향을 미친다고 보았다. 이는 인간발달은 결정적 시기 이후에도 환경의 개선을 통해서 유연하게 바뀌기도 한다고 볼 수 있다.

3. 학습의 원리

학습의 주체인 학습자에 대한 연구와 더불어 교육심리학의 가장 중요한 관심은 학습이 발생하는 원리에 대한 연구이다. 심리학에서는 학습(learning)을 '경험이나 연습의 결과로 일어나는 행동상의 비교적 영속적인 변화'로 정의한다. 이러한 정의는 학교에서의 공부도 포함되지만 일상에서의 필요에 의해 배우는 운전이나 건강을 위해 테니스를 배우는 것 또한 학습의 한 유형으로 보는 것이다. 따라서 일반적으로 학습이란 인간이 다양하게 변화하는 환경에 맞추어서 자신의 행동을 변화시키는 모든 과정과 동기화되면 언제든 수행될 수 있는 행동 잠재력의 변화도 학습에 포함한다.

학습에서 관심을 가져야 할 중요한 문제는 인간 혹은 유기체가 어떻게 학습을 하거나 할 수 있도록 하는지에 대한 문제이다. 이러한 학습의 과정을 설명하고자 하는 것이 학습이론이다. 그러므로 학습이 발생하는 과정에 대한 탐색과 이를 바탕으로 최적의 학습효과를 얻고자 하는 학습이론으로 행동주의와 인지주의 입장에서 살펴보고자 한다.

1) 행동주의 학습이론

행동주의 학습이론은 미국의 심리학자 왓슨(J. Watson)에 의해 주창되었다. 왓슨은 인간의 외현적인 행동을 관찰하여 그러한 행동을 일으킨 구체적인 자극을 알아낸다면 행동의 이유를 설명할 수 있으며, 특정한 조건에서 인간의 행동을 예측할 수 있다고 주장하였다. 따라서 행동주의 학습이론에 내재된 근본적인 학습 원리는 자극(stimulus)과 반응(response) 간의 연합이다.

행동주의 학습이론은 인간의 외현적인 행동에만 초점을 두고, 학습이 진행되는 학습의 과정을 간과했다는 비판을 받고 있지만, 교육현장에서 나타나는 학습자의 바람직하지 못한 행동을 억제하고 바람직한 행동을 격려하여 지속시킬 수 있는 매우 효과적인 학습이론이다. 또한 학습 자체에 대한 이해는 물론 정신지체나 아동기의 공포증과 우울증 및 성 역할 정체성 등 수많은 현상을 이해하는 데 지대한 영향을 미쳤다.

(1) 자극-반응연합설

자극-반응연합설은 일반적으로 연합설이라고 한다. 이 학습이론은 손다이크에 의하여 체계화되었다. 손다이크는 동물실험에 의한 학습이론 연구의 선구자이다. 그는 굶주린 야생 들고양이를 상자 속에 넣고, 발판을 밟으면 상자 문이 열리도록 장치해 놓았다. 처음에 들고양이는 상자의 창살과 문을 긁는 등 많은 행동을 하다가 우연히 발판을 밟게 되자 상자 문이 열려 밖으로 나오게 되어 먹이를 먹게 된다. 이런 식으로 실험을 되풀이하면서 들고양이의 행동을 관찰하면, 실험의 횟수가 늘어날수록 들고양이가 발판을 밟고 나오는 시간이 짧아져서 결국은 거의 즉각적으로 상자에서 나오게 된다. 즉, 들고양이는 상자 문을 열고 나오는 것을 학습한 것이다. 이와 같은 실험을 통해 손다이크는 학습이란 시행착오의 과정을 통해 이루어진다고 주장했다. 그래서 이러한 학습을 시행착오에 의한 학습(random trial and error learning)이라고 하였다.

손다이크

에드워드 손다이크(Edward Thorndike , 1874~1949)는 미국의 행동주의자이자, 심리학자이다.
프래그머티즘의 창시자인 W. 제임스 밑에서 동물실험에 종사하였으며 고양이를 사용한 '문제상자' 실험으로 시행착오법이라는 학습이론을 세웠다.
또한 R.S. 우드워스와 함께 훈련의 전이에 관한 연구결과를 교육심리학으로 정리하였으며, 정신검사의 개선을 제창하여 장기간 그 방면의 지도자로도 활동하였다.

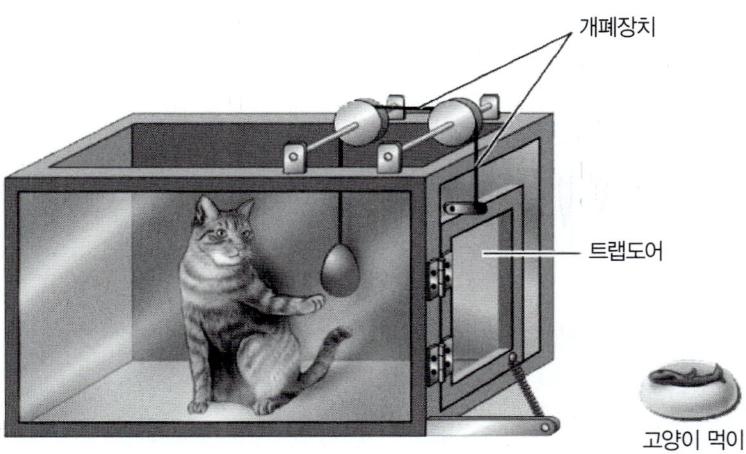

|그림 5-1| 손다이크의 고양이 상자

출처: goole.com, 손다이크의 효과의 법칙: m.blog.naver.com/

시행착오에 의한 학습은 다음과 같이 설명할 수 있다. 생소한 사태에서 동기유발된 굶주린 들고양이는 욕구충족을 하기 위해 많은 시행착오를 하게 된다. 얼마 후에 들고양이는 우연히 욕구를 충족할 수 있는 일련의 반응을 하게 된다. 실험이 되풀이 되면서 상자 속 들고양이의 착오반응은 점진적으로 약화하여 없어진다. 반대로 옳은 반응은 즉각적으로 뒤따르는 욕구충족 때문에 점차 강화된다. 결국 특정 사태에 있어서 자극(환경에서 학습자에게 주어지는 모든 것) S와 학습된 행동반응(자극으로 인해 나타나는 행동) R과의 연결 또는 연합, 즉 S → R이 형성된다는 것이다.

그러나 이 동물의 시행착오에 의한 학습으로 인간의 학습을 설명하기는 어렵다는 것이 일반적인 견해이다. 인간은 동물과는 달리 전략을 세우기도 하고, 기억하면서 인지하거나 추리하면서 선택하는 능력이 있기 때문에 동물과 같은 시행착오는 거의 없다는 것이다. 유아가 나무토막을 쌓고, 말을 배울 때 시행착오에 의한 학습과 어느 정도 비슷한 점을 볼 수 있다. 그러나 이 시행착오설은 그러한 학습에 대한 우리의 이해에는 도움이 되지만 일반적인 학습의 장면에서의 유용성은 극히 제한적이다.

(2) 고전적 조건형성(classical conditioning)

고전적 조건형성은 러시아의 생리학자 파블로프(Pavlov)에 의해 체계화된 이론이다. 파블로프는 개의 타액 분비 반응에 관해 연구하던 중에 개가 음식물을 제공하기도 전에 먹이를 주는 조교의 발소리만 듣고도 침(saliva)을 분비한다는 사실을 발견하였으며, 이러한 개의 행동을 조건화 이론으로 설명하였다. 파블로프가 제시한 고전적 조건화의 원리는 특정한 반응과 전혀 관련이 없는 자극이 일정한

파블로프

이반 페트로비치 파블로프(Ivan Petrovich Pavlov, 1849~1936)는 조건 반사를 발견한 러시아의 생리학자이다.
상트페테르부르크 대학교에서 화학과 생리학을 전공하였고 상트페테르부르크 의학 아카데미에서 의사 자격증을 취득하여 1890년부터 1924년까지 생리학 교수로 재직하였다.
1904년 소화기관(human gastrointestinal)의 생리학에 관한 공로를 인정받아 노벨 생리의학상을 수상하였다.

과정을 통해 특정한 반응을 일으킬 수 있음을 보여주고 있다. [그림 5-2]는 파블로프의 고전적 조건형성 단계를 보여 주고 있다.

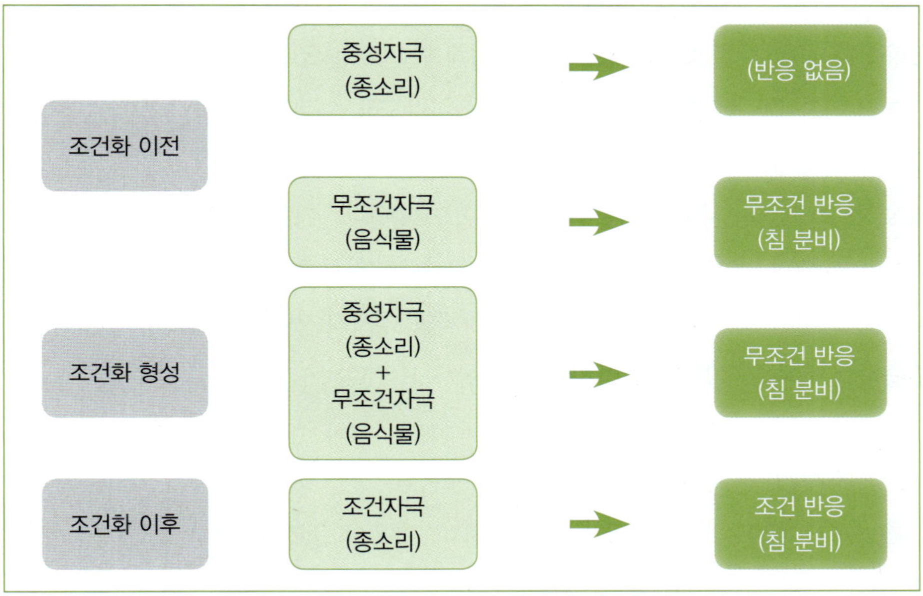

|그림 5-2| 파블로프의 고전적 조건형성 단계

파블로프는 개에게 먹이를 주면서 동시에 종소리를 들려주었다. 개는 먹이를 먹으면 자연적으로 침을 분비한다. 이것은 자동적인 것으로 무조건 반응(Unconditioned Response: UR)이라고 하며, 무조건반응을 일으키는 자극을 무조건 자극(Unconditioned Stimulus: US)이라고 한다. 처음에 종소리는 개에게 물리적 반응을 일으키지 못하는 중성자극(Neutral Stimulus: NS)이다. 하지만 종소리와 먹이를 여러 번 연합시키면 종소리만으로도 침을 흘리게 된다. 이때 종소리는 조건자극(Conditioned Stimulus: CS)이 되고, 침 분비 반응은 조건반응(Conditioned Response: CR)이 된다.

파블로프는 개에게 무조건자극인 먹이를 줄 때마다 중성자극인 종소리를 들려주었다. 이와 같은 실험을 반복한 결과, 개에게 먹이 없이 종소리만 들려주어도 침을 흘리게 된다는 사실을 발견하였다. 이제 종소리는 더 이상 중립자극이 아니며, 개에게 침을 흘리게 하는 힘을 갖게 되었다. 개는 무조건자극 없이 종소리만으로도 침을 흘리도록 조건화되었기에 이때의 종소리는 중립자극이 아닌 조건자극으로 작용한다. 이렇게 종소리만으로 침을 흘리게 되는 것을 조건반응이라고 한다.

이처럼 어떠한 조건을 형성함으로써 반응을 유도하는 것이 고전적 조건화 이론이다. 우리가 일상에서 흔히 볼 수 있는 정서적 반응이나 태도는 고전적 조건형성의 결과라고 할 수 있다. 시험이라는 단어만 들어도 떨린다든지, 연인을 생각하면 즐거운 것처럼 시험이나 연인이라는 중성자극이 조건화되어 특정한 정서 반응을 일으킨다. 따라서 고전적 조건화는 학습자가 환경자극과 정서적·인지적 반응 사이의 관계를 학습하는 방식을 설명하는 데 많은 이바지를 하고 있다.

(3) 조작적 조건형성(operant conditioning)

스키너는 행동의 실험적 분석을 통하여 교육의 발전을 위한 학습기술 또는 정신질환이나 불량행동과 같은 이상행동의 수정기술 등에 크게 공헌하였다. 파블로프의 실험에서 조건반응은 단지 외부 자극에 의하여 야기된 반사반응에 관심이 있으나 스키너의 실험에서 조건반응은 인간의 욕구 수준이나 외부 환경에 따라 행동이 달라진다. 여기서 조작적 조건형성을 이해하기 위하여 스키너가 말하는 반응행동과 조작을 명확히 설명할 필요가 있다. 즉, 반응행동은 파블로프의 고전적 조건반사에서의 무조건반응과 같이 외부 자극에 대하여 즉각 반응하는 것으로, 레몬즙이나 시큼한 깍두기를 보았을 때 침이 나오는 것이나 불빛을 보면 동공이 수축하는 것과 같은 반사적 행동을 지칭한다. 조작행동은 외부의 자극 없이 의도적으로 어떤 행동결과를 일으키도록 조작되는 행동을 말한다. 이러한 조작행동을 통하여 형성된 조건형성을 이른바 조작적 조건반사라고 한다.

스키너의 조작적 조건형성에 관한 실험은 다음과 같다. 스키너는 자신의 성을 붙인 스키너상자라고 하는 장치를 고안하여 쥐를 가지고 실험하였다. 스키너상자의 장치는 지렛대를 누르면 먹이가 나오도록 되어 있고, 그것을 받는 먹이통 및 실험자에 의하여 조작이 가능한 조명을 지렛대에 부착한 것이다.

스키너

스키너(Burrhus Frederic Skinner, 1940~1990)는 미국의 영문학자이자 심리학자이다.
미네소타 대학교, 인디애나 대학교를 거쳐 1948년부터 1974년까지 하버드대학교에서 교수로 재직하였다. 그는 왓슨과 함께 행동주의 심리학을 이끈 주요 인물로서 20세기 가장 영향력 있는 심리학자로 손꼽힌다. 그의 조작적 조건형성이론은 심리학을 비롯한 여러 다른 분야에도 지대한 영향을 미쳤으며, 오늘날 교육현장에서도 그의 이론에 근거한 교수방법이 사용되고 있다. 행동과학에 대한 공로를 높이 평가받아 1968년 미국 국립과학협회로부터 공로상을 받았으며, 1971년과 1990년에 미국심리학회로부터 골든메달과 평생공로상을 받았다.

|그림 5-3| 스키너의 조작적 조건형성

출처: 스키너 상자. ko.wikipedia.org

① 강화

정적강화란 어떤 행동 후에 만족스러운 강화물을 제공함으로써 의도한 행동의 빈도와 강도를 증가시키고 유지하는 것을 의미한다. 스키너상자에서 우연히 지렛대를 눌렀는데 이때 먹이가 나왔다. 이후 쥐는 지렛대를 누르는 행동을 자주 함으로써 먹이를 쉽게 얻을 수 있었다. 먹이라는 보상은 지렛대를 누르도록 강화하고 상자 안을 배회하는 것을 약화함으로써 쥐의 행동을 조건화시킨다.

부적강화란 어떤 행동 후에 싫어하는 자극을 제거함으로써 의도한 행동의 빈도와 강도를 증가시키는 것을 의미한다. 스키너상자 바닥에 전류가 흐르고 있을 때 비둘기가 우연히 버튼을 누른다. 이때 전류가 멈추었다고 하면 비둘기는 전류라는 혐오자극을 회피하기 위해서 쪼는 행동을 증가시킨다. 이때의 전류는 부적 강화 자극이 된다.

② 벌

벌은 원하는 어떤 행동의 발생비율을 약화 혹은 감소시키는 과정을 의미한다. 바람직하지 않은 행동의 빈도를 줄이지 못한다면 이는 벌이 아니다. 일반적으로 벌의 종류에는 수여성 벌(presentation punishment)과 제거성 벌(removal punishment)이 있다. 수여성 벌은 바람직하지 않은 행동의 빈도를 감소시키기 위해 불쾌한 자극을 제공하는 것을 의미한다. 교실에서 습관적으로 뛰어다니는 행동을 억제하기 위해 교사가 꾸지람하거나 청소를 시키는 것 등이 수여성 벌의 예가 된다. 수여성 벌은 대부분 물리적인 경우가 많기 때문에 효과가 즉각적이라는 이점이 있지만 대부분 학자는 이와 같은 수여성 벌에 대한 부정적 견해를 보인다. 물리적인 벌은 학생에게 고통이나 두려움, 모욕감뿐만 아니라 육체적인 상해를 가져올 수도 있다. 또한 장기적으로는 폭력에 대한 무감각이나 모든 문제를 물리적으로 해결하려는 습관의 형성, 심지어는 정신질환성 스트레스 증상까지 일으킬 수 있다. 따라서 물리적인 벌은 장기적으로나 단기적으로도 학생에게 이로울 것이 없다. 제거성 벌은 학생의 바람직하지 않는 행동을 감소시키기 위해 학생이 좋아하는 것을 제거함으로써 불쾌한 감정을 경험하게 하여 결과적으로 바람직하지 않은 행동의 빈도를 감소시키는 과정을 의미한다. 학교 현장에서 흔히 볼 수 있는 제거성 벌로는 타임아웃(time-out)이 있다.

③ 강화계획

스키너는 반응에 대해 즉시 강화를 해줄 때 그 반응률이 가장 높아진다는 것을 스키너상자 실험을 통해 발견했다. 또한 교사가 적절한 강화물을 선택하여 행동을 유발하고 유지하기 위해 그 강화물의 투입시기와 방법에 대해서도 알고 있어야 한다고 하였다. 또한 학습된 행동이 일어날 때마다 빠짐없이 강화하기보다는 간헐적으로 강화하는 것이 그 행동을 지속시키는 데 더 효과적이며, 소거과정에서도 반응이 더 느리게 없어진다고 하였다.

강화를 주는 방식의 규칙을 강화계획(schedule of reinforcement)이라고 한다. 강화계획에는 반응이 일어날 때마다 강화를 제공하는 연속강화 계획과 특정한 반응에만 강화를 주는 간헐적 강화계획(intermittent reinforcement)이 있다. 연속적 강화는 행동을 빨리 변화시키므로 학습의 초기 단계에서 효과적이다.

간헐적 강화계획은 제시방법과 규칙성 여부에 따라 크게 고정비율 강화계획, 고정간격 강화계획, 변동비율 강화계획, 변동간격 강화계획의 네 가지로 구분할 수 있다. 고정비율 강화계획(fixed ratio schedules)은 정해진 반응 횟수에 따라 강화물이 제공되는 것을 의미한다. 예를 들어, 스키너 상자에서 쥐가 지렛대를 세 번 누를 때마다 한 번의 비율로 강화가 제공되는 것을 말한다. 고정간격 강화계획(fixed interval schedules)은 일정한 시간 간격을 기준으로 강화가 제시되는 것을 의미한다. 강화된 행동의 빈도는 시간이 지나면서 낮아지지만 강화가 주어질 시간이 가까워지면 다시 증가한다. 지속성이 약해 정해진 시간에 강화가 주어지지 않으면 반응비율이 급속히 감소한다. 예를 들어, 스키너상자에서 비둘기가 아무리 표적대상인 원반을 쪼더라도 5초의 고정간격 강화계획에서는 마지막 반응에 강화를 제공한 뒤 5초라는 시간이 지날 때까지는 아무리 적절한 반응을 많이 해도 강화를 주지 않는다. 5초라는 시간 간격이 지나야 강화인 먹이가 제공된다.

변동비율 강화계획(variable ratio schedules)은 강화물을 얻기 위해서 수행해야 하는 수행횟수를 전혀 예측하지 못하도록 강화물을 제시하는 것을 의미한다. 즉, 강화가 어떤 때는 주어지지만 어떤 때는 주어지지 않아서 언제 강화가 일어날지 모르는 강화 계획이다. 예를 들어, 스키너상자에서 쥐가 지렛대를 눌러 먹이를 제공받을 수 있는 강화는 하루에 평균 10회가 제공되지만, 먹이가 제공되는 간격은 일정하지가 않다. 이러한 변동비율 강화계획은 반응비율이 매우 높으며 강화 후에도 휴지되지 않는다. 지속성이 강해 반응비율이 높게 지속한 후 서서히 감소한다. 강화계획 중 가장 소거가 어려운 강화계획이다.

변동간격 강화계획(variable interval schedules)은 고정된 시간 간격을 가지고 강화를 제공하는 것이 아니라, 강화가 주어지는 시간 간격을 변화시키는 방법으로 고정된 시간보다 조금 빠를 수도 있고 늦을 수도 있다. 예를 들어, 수업시간에 수행평가를 다섯 번 본다고 했을 때 각각의 수행평가를 예고 없이 보는 경우가 이 강화 계획에 속한다. 강화 반응비율이 느리지만 꾸준하며 강화 후에도 휴지되지 않는다. 지속성이 강해 반응비율이 천천히 감소한다.

2) 인지주의 학습이론

인지주의는 인간 내부에서 일어나는 사물을 인식, 해석, 기억하는 방법 등에 대한 인지과정을 강조하면서 대두되었다. 인지과정을 밝히기 위한 인지주의 학습이론은 지식을 구조화하는 데 있어 환경적 조건과 관찰 가능한 행동 간의 연합에 초점을 맞추었던 행동주의 이론을 비판하였다. 인지주의 이론가들은 외적인 조건보다는 자극과 반응을 중재하는 내적인 과정에 관심을 두었으며, 대표적인 인지주의 학습이론에는 통찰학습이론과 정보처리이론이 있다.

(1) 사회인지 학습이론

고전적 조건형성과 조작적 조건형성은 동물 실험결과를 바탕으로 인간행동의 이해를 높이는 데 공헌하였다. 그러나 다양하고 복잡한 사회적 상황에서 일어나는 인간의 행동을 동물처럼 조건화시켜 이해하는 데 한계가 있다. 사회학습이론은 환경이 인간행동에 일방적으로 영향을 미친다는 행동주의 이론에 반대하며 개인을 둘러싸고 있는 환경과의 상호성을 강조하였다.

반두라(A. Bandura)는 사회인지 학습이론을 이론적으로 체계화한 대표적인 학자이다. 그에 따르면 사회인지 학습이론은 크게 세 가지 주요 개념으로 설명된다.

첫 번째는 가장 단순한 형태의 사회적 학습인 모델링(modeling)이다. 모델링이란 특정한 행동을 관찰하고 흉내 내는 과정이다. 모델링은 다른 사람의 행동을 그대로 따라 하면서 일어나며 대부분 인지적인 요인의 개입 없이 자동적으로 이루어진다.

두 번째 개념은 대리적 조건형성(vicarious conditioning)이다. 대리적 조건형성은 다른 사람이 행동했을 때 나타나는 결과를 관찰함으로써 자신이 그러한 행동을 했을 경우를 예측하여 행동하는 것이다. 특히 직접적인 조건형성이 어려운 위험도 높은 학습의 경우 효과적으로 활용될 수 있다.

세 번째 개념은 관찰학습(observational learning)은 사회적 상황에서 다른 사람의 행동을 관찰해 두었다가 유사한 행동을 나타내는 학습현상이다. 관찰학습은 인지적 과정이 개입된다고 보고, 주의집중단계, 파지단계, 재생단계, 동기화단계를 통해 관찰학습의 과정을 설명하고 있다. 먼저, 주의집중단계(attention phase)는 학습자가 모델의 행동에 주의를 기울이고 특징이나 단서를 지각하는 단계이다. 파지단계(retention phase)는 관찰한 모델의 행동을 머릿속에 저장하는 단계이다. 재생단계(reproduction phase)는 기억된 행동을 학습자가 재생하는 단계이다. 동기화단계(motivation phase)는 모델의 행동을 재생한 것에 대한 강화를 기대하면서 동기를 갖는 단계이다.

반두라

앨버트 반두라(Albert Bandura, 1925~2021)는 미국의 심리학자로 사회학습이론(social learning theory)의 주창자이다.
또한 현대 교육심리학 분야의 석학이다.
아이오와대학교 시절 학습 이론가인 스펜스(Kenneth Spence)의 영향을 받아 행동수정이론, 관찰학습, 자기효능감 등에 관해 연구하였다(네이버 지식백과).

(2) 통찰학습이론

학습현상을 자극과 반응의 결합관계로 보려는 입장과는 달리, 학습은 인지구조의 성립과 그 변용으로 보아야 한다고 주장하면서 인지적인 면을 강조하는 견해가 나타나게 되었다. 인지론자들은 지각이론에 기초하여 우리가 지각하는 것은 운동 그 자체이며, 그것을 구성하는 요소들의 결합은 아니라고 주장하였다. 이러한 입장에서 학습이론을 체계화한 것이 인지론적 입장이다. 이 부류에 속하는 학습이론으로는 통찰설, 장의 이론, 기호형태설 등이 있으며 여기에서는 통찰설에 관해 살펴보고자 한다.

쾰러

볼프강 쾰러(Wolfgang Köhler, 1887~1967)는 독일의 심리학자이다. 현상학자로 막스 베르트하이머, 쿠르트 코프카와 함께 게슈탈트 심리학을 처음 형성한 것으로 유명하다. 종래 유일한 학습이론이었던 시행착오설에 대신하는 '통찰' 이론을 제창하였다. 실험적 연구를 통하여 지혜—사고—기억현상의 통일적 설명을 게슈탈트 심리학파의 입장에서 시도하였다.

|그림 5-4| 쾰러의 통찰학습

출처: http://www. edupolnews.com

통찰설은 쾰러(W. Köhler)에 의하여 주창된 학습이론이다. 쾰러는 1913년의 젊은 나이에 아프리카 대륙 서쪽의 테네리페 섬(Tenerife island)에 있는 유인원연구소의 소장으로 부임하여, 그곳에서 실험을 통하여 1917년 유인원의 지각실험 결과를 발표하였다. 이 실험은 흔히 쾰러의 통찰력 실험이라고도 일컬어지는 것으로, 침팬지의 복잡한 문제해결의 과정을 설명하는 실험이었다. 쾰러에 의하면 문제해결은 시행착오를 통하여 이루어지는 것이 아니라 통찰(insight)을 통하여 일어나는 것이다. 즉, 문제해결의 열쇠가 되는 어떤 관계(relationship)를 지각함으로써 비롯된다고 보았다.

쾰러는 침팬지를 이용하여 여러 가지 실험을 했는데, 그중 하나는 다음과 같다. 방 안의 천장에 침팬지가 뛰어도 닿지 않는 높이에 바나나를 매달아 놓았다. 이 방안에는 여러 개의 나무상자가 널려 있는데 하나의 상자를 놓고 그 위에 올라가도 바나나에는 닿지 않는다. 그러나 다음 순간 침팬지는 갑자기 알았다는 듯이 상자 두 개를 포개 놓고 그 위에 올라가서 바나나를 따먹었다. 쾰러는 이 학습이 통찰에 의해서 일어났다고 주장했다. 그는 침팬지가 시행착오 행동을 계속하지 않고 가만히 있을 때가 있었다는 사실과 성공적인 행동을 마치 알고 있었다는 듯 착오 없이 갑자기 행하였다는 사실이 학습은 시행착오가 아니라 통찰에 의해 일어나는 증거라고 했다. 그의 해석은, 통찰은 내적으로 표상(vorstellung)된 상(象)들의 종합, 즉 관련성의 파악을 포함한다는 것이다. 학습이란 의도적인 정신활동과 전체적인 구조 파악에서 비롯된다고 보는 통찰성은 학습을 행동의 변화가 아니라 인지구조상의 변화로 설명하려는 것이 특징이다.

형태주의자들은 이러한 형태의 학습이 인간에게도 일어난다고 주장한다. 그러나 이러한 통찰성은 비판도 받았다. 가장 중요한 비판은 동물과 어린이는 선수학습의 전이로 문제를 푼다는 것이다. 그 침팬지는 상자 두 개를 포갤 수 있었는데, 그렇게 하는 것은 사전에 학습했기 때문이라는 것이다. 이러한 비판이 가능한 이유는 형태 연구의 사례에서 사전학습 요인을 통제하지 못했기 때문이다. 통찰학습 실험에서 선수학습의 영향이 엿보이기는 하지만 통찰설은 관찰된 상황의 구조를 잘 설명해주는 하나의 이론이다. 물론 모든 학습이 이런 형태로 이루어지느냐의 문제는 논의의 여지가 있다. 실제로 어린이가 덧셈과 곱셈의 관계를 안다든지, 과학의 원리를 찾아내는 것 등은 통찰설로 설명할 수 있으나 동식물의 이름, 그리고 동식물의 구조를 아는 것과 같은 것은 통찰을 통한 학습이라고 보기 어렵다. 그러므로 모든 학습사태(events of instruction)에서 통찰이 일어난다고 할 수는 없지만 많은 문제해결 학습에서 통찰이 일어나는 것은 틀림없다.

(3) 정보처리 학습이론(information processing theory)

정보처리이론은 컴퓨터의 정보처리과정에 기초하여 인간의 인지과정을 밝힌 이론이다. 학습은 단순히 환경으로부터 받는 자극과 그에 대한 반응만으로 설명할 수 없기 때문에 내부의 인지과정에 대한 설명이 필요하다. 인간의 행동을 정보처리적으로 설명하는 정보처리 학습이론은 정보와 관련된 내적 처리과정을 컴퓨터의 처리과정에 비유하며, 학습자의 내부에서 학습이 발생하는 기제를 설명하려는 이론이다. 정보처리 학습이론의 모델은 투입된 정보가 저장되는 정보저장소와 정보저장소로부터 정보의 이동과 관계된 인지처리과정의 두 가지 요소로 구성되어 있다. 정보저장소란 투입된 정보가 머무르는 곳이며, 인지처리과정이란 정보 저장소로부터 정보가 이동하는 것과 관계되는 처리과정을 의미한다.

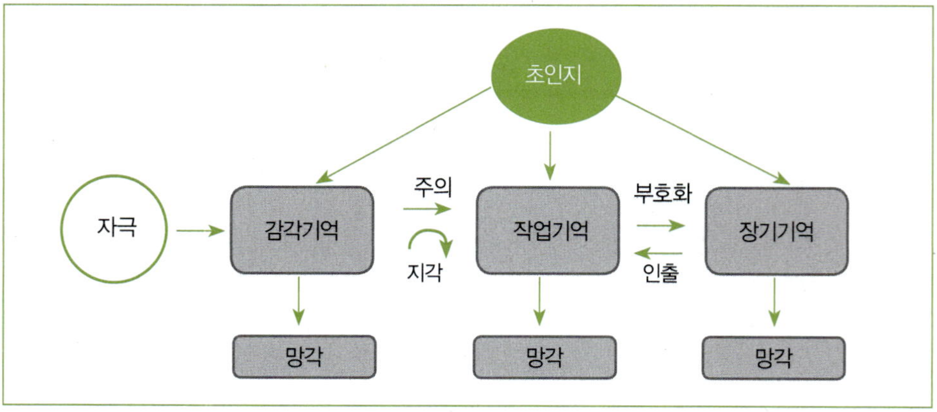

|그림 5-5| 정보처리 학습이론 모델

① 정보저장소(information store)

투입된 정보가 머무르는 장소를 의미하는 정보 저장소는 정보의 저장에 이용되는 서류철이나 주소록 등으로 비유할 수 있다. 이러한 정보 저장소에는 감각기억, 작업기억, 장기기억의 세 가지 요소가 포함되어 있다.

■ 감각기억(sensory memory)

감각기관으로부터 들어온 정보를 순간적으로 저장하는 기억으로 감각기억이라고도 한다. 학습자가 환경으로부터 눈이나 귀와 같은 감각 수용기관을 통해 정보를 최초로 저장하는 곳이며, 자극을 아주 정확하게 저장하지만 매우 짧은 시간 동안 저장한다는 특징을 가지고 있다. 시각인 경우 약 1초 정도, 청각인 경우 약 4초 정도 정보를 저장한다고 알려져 있다. 저장용량에 제한이 없지만 주의집중 여부에 따라 정보는 즉시 소멸하거나 단기기억으로 전이된다. 정보가 단기기억으로 전이되기 위해서는 시연, 부호화, 이미지화 등의 과정이 필요하다.

■ 작업기억(working memory)

작업기억은 감각기억을 거쳐 투입된 정보를 해석하고 결과를 판단하는 작업이 이루어지는 곳이다. 작업기억에서는 정보가 의미 있는 형태로 부호화되고 기억전략을 쓰지 않을 경우 약 10~20초 동안만 유지되고, 용량도 7±2개(item)로 제한적이다. 따라서 정보가 사라지거나 망각되는 것을 막고 단기기억에서 장기기억으로 정보를 저장하기 위해서는 부호화의 과정이 필요하다.

작업기억 속의 정보는 유지시연(maintenance rehearsal)을 통해 장기기억으로 이동된다. 유지시연은 작업기억에 들어온 정보를 변형하지 않고 있는 그대로 정보를 반복적으로 되뇌이는 과정이다. 이 방법은 학습자가 구구단이나 알파벳 등을 암송할 때 자주 쓴다. 일반적으로 유지시연은 정보가 사용될 때까지만 그 정보를 작업기억에 유지한다. 유지시연을 충분히 하면 정보는 장기기억으로 이동할 수 있다. 하지만 유지시연을 통해 장기기억으로 전이된 정보는 고립된 상태로 존재하며, 정보를 이해하거나 새로운 상황에 적용할 수 없으므로 비효과적인 부호화 전략이다.

■ 장기기억(long-term memory)

장기기억은 용량이 무제한이며 저장기간도 영구적이다. 특히 학습자에게 의미가 있거나 이해된 정보는 장기기억으로 쉽게 전이된다. 이러한 장기기억은 일화기억(episodic memory), 미기억, 절차기억(procedural memory)으로 분류된다. 일화기억은 개인적인 경험과 관련된 기억으로 우리 인생에서 일어났던 사건의 의식적 기억을 의미한다. 일화기억은 별다른 노력 없이도 쉽게 회상되지만, 매우 의미 있는 경우가 아닐 때는 종종 인출에 실패하는 경향이 있다. 의미기억은 사실, 아는 것에 관한 지식으로 어떤 사건과 관련되지는 않는다. 학습과 관련된 정보는 대부분 의미기억이다. 의미기억과 관련된 정보는 상호 연결하는 도식(schema)이 생성되어 체계적인 정보망을 구성하게 된다. 절차기억은 자전거 타기, 운전하기와 같이 어떤 것을 하는 방법을 기억하고 운동기술과 인지기술을 학습하는 것을 의미한다. 한 번 숙련된 절차기술은 쉽게 망각되지 않는다. 또한 운동기술과 인지기술을 계속 연습함으로써 기억은 더 효율적으로 되고 거의 의식하지 않고 수행할 수 있게 된다.

② 인지처리과정

하나의 정보를 정보저장소에서 다른 정보저장소로 옮기는 내부적이고 지적인 활동을 의미한다.

■ 주의(attention)

외부로부터 들어오는 자극에 반응하여 감각기억에서 중요하다고 판단된 정보에 주의집중이 일어난다. 주의를 받은 정보는 감각기억에서 작업기억(作業記憶, working memory)으로 이동된다. 반면 중요하지 않다고 판단되어 주의를 받지 못한 대부분 정보는 소멸한다. 즉, 학습자가 주의를 기울이지 않으면 아무리 강력한 정보라 할지라도 기억과정에 들어오지 못한다. 따라서 주의집중을 통해 저장될 정보와 소멸할 정보가 구분된다.

■ 지각(perception)

감각기억에 저장된 정보는 주의집중을 통해 즉시 처리된다. 처리과정에서 자극을 있는 그대로 받아들이는 것이 아니라 학습자의 과거경험, 지식, 동기 등의 요인에 따라 그 자극을 다르게 해석하고 의미를 부여한다. 이러한 과정이 바로 지각이다.

■ 부호화(encoding)

부호화는 작업기억에 들어온 정보를 있는 그대로 저장하는 것이 아니라 시각적 또는 언어적인 상징의 형태로 전환하여 저장하는 과정이다. 즉, 투입된 정보가 장기기억 속에 존재하고 있는 기존의 정보와 연합하여 새로운 정보를 유의미하게 만들고, 이를 작업기억에서 장기기억으로 정보를 이동시키는 과정이다. 만약 정보가 부호화되지 않으면 그 정보는 작업기억에서 사라진다. 부호화는 정보처리 학습이론에서 가장 중요한 인지처리과정이며, 부호화과정을 거치지 않은 정보는 대부분 소멸한다.

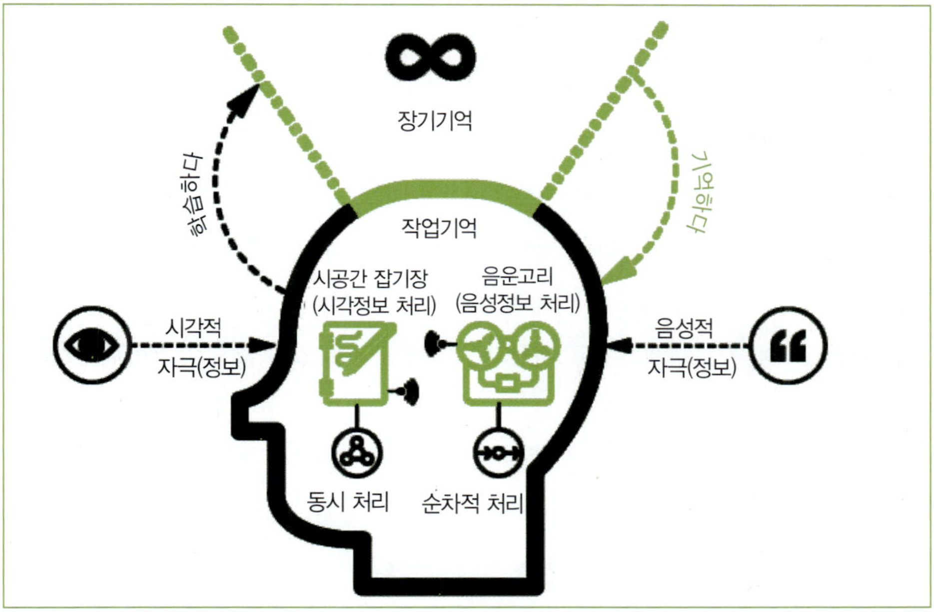

|그림 5-6| 정보처리의 도식화

출처: https://21erick.org/column/6704/

■ 인출(retrieval)

인출은 저장된 정보 자체를 사용하거나 새로운 정보를 부호화하기 위해 장기기억에 저장된 정보를 작업기억으로 이동시키는 과정이다. 인출은 부호화와 밀접한 관련이 있다. 인출 여부는 정보가 부호화된 맥락과 방법의 영향을 받는다. 즉, 정보가 저장되었던 맥락과 같은 환경에서는 정보 인출이 쉽지만, 저장되었던 맥락과 다른 환경에서는 정보 인출이 더 어려워진다. 정보를 인출하기 위해서는 외부 자극과 저장된 정보를 비교하는 재인(再認, recognition)과 장기기억 속의 정보를 찾아서 인출하는 회상(recall)의 방법을 사용한다.

③ 망각(forgetting)

정보가 인간의 기억체계 내에 부호화되어 저장되었다가 인출되는 과정에서 많은 양의 정보가 사라진다. 망각은 이전에 경험하였거나 학습한 정보가 시간의 경과, 사용하지 않음 등으로 인해 약화·소멸하여 기억을 일시적 또는 영속적으로 떠올리지 못하는 것을 의미한다. 망각은 모든 기억 저장소에서 일어난다. 감각기억에서의 망각의 주요 원인은 쇠퇴(decay)이다. 쇠퇴는 시간이 지남에 따라 기억의 흔적이 사라지는 것을 말한다. 쇠퇴는 시간의 경과를 망각의 원인으로 보기 때문에 망각은 시간의 경과에 비례한다고 본다. 최근에 기억한 사실보다 과거에 기억한 사실이 기억해 내기 어려운 것은 쇠퇴와 관련이 있다. 작업기억에서의 망각의 주요 원인은 쇠퇴와 치환이다. 치환(displacement)은 작업기억의 용량 한계 때문에 나타나는 현상으로 이전의 정보가 새로운 정보에 의해 밀려난 결과를 망각으로 본다.

장기기억은 용량도 무제한이고 저장기간도 제한되어 있지 않으나, 저장된 정보의 인출 실패로 망각이 일어난다. 정보가 사라지는 것은 아니며 망각은 단지 적절한 단서가 제공되지 않음으로 인해 회상에 실패한 것이다. 즉, 어떤 사실을 알고 있기는 하지만 말하려고 할 때 갑자기 말문이 막히면서 혀끝에서만 빙빙 맴돌 뿐 말로 표현되지 않는 것을 말한다. 이는 인출 실패로 나타나는 현상이다.

망각은 학습 직후에 가장 많이 일어난다. 에빙하우스(Ebbinghaus)의 망각 연구에 따르면 새로운 내용을 학습한 후 1시간이 경과되면 내용의 50% 정도를 망각하고,

48시간 후에는 약 70%, 31일 후에는 약 80%를 망각한다. 따라서 망각을 예방하기 위해서는 새로운 내용을 학습한 직후에 바로 복습하는 습관을 들이도록 한다. 또한 망각은 학습 중간 상황에서 가장 잘 일어난다. 즉, 학습 상황에서 처음과 마지막에 배운 것을 잘 기억하고 중간에 배운 것은 잘 기억하지 못한다. 이러한 기억 패턴을 초두-최신효과(primacy-recency effect)라고 한다.

에빙하우스

헤르만 에빙하우스(Hermann Ebbinghaus, 1850~1909)는 기억의 실험 연구를 개척한 독일의 심리학자이다.
망각곡선과 간격 효과를 발견했다. 구스타프 페히너의 정신 물리학의 영향을 받아 기억의 망각을 연구했다. 에빙하우스(Ebbinghaus)는 인간의 기억에 관한 최초의 엄격한 실험적 연구를 진행하였다. 의미의 영향을 받지 않는 순수한 기억 흔적 연구를 하였으며 학습-검사-재학습의 원리를 파악하였다(위키백과).

|그림 5-7| 에빙하우스의 망각곡선

출처: ctl.cha.ac.kr

④ 초인지(meta-cognition)

초인지는 정보처리의 모든 인지과정을 스스로 인식, 통제, 조절하는 정신과정을 말하며 메타인지라고도 한다. 메타인지는 자신의 인지과정 전체를 의식적으로 계획, 점검, 평가, 관리한다는 점에서 상위인지, 인지에 대한 인지, 고차적 인지라고도 한다. 메타인지는 자신이 가지고 있는 지식, 인지전략, 인지과정에 대해 아는 '메타인지 지식'과 인지전략을 사용하고 관리하는 '메타인지 조절'로 구성된다. 학습에서 성공하기 위해서는 학습자들이 메타인지 전략을 사용하여 자신의 학습과정을 계획, 점검, 조절하는 것이 중요하다(이지헌 외, 2018).

학 습 과 제

1. 교육학과 심리학의 차이점에 대해 설명하시오.
2. 교육심리학의 연구영역에 대해 설명하시오.
3. 교육심리학의 연구방법 중 상관연구와 실험연구의 차이점에 대해 설명하시오.
4. 발달의 원리에 대해 설명하시오.
5. 행동주의 학습이론과 인지주의 학습이론의 특징과 차이점에 대해 설명하시오.

용 어 설 명

1. 선표집(Random sampling)은 모집단 대상 모두가 표본에 뽑힐 확률이 동일한 표본추출 방식이다. 무선표집을 하더라도 무선배치가 이루어지지 않으면 올바른 통제 실험이라 할 수 없다.
2. 가소성이란 외력에 의해 형태가 변한 물체가 외력이 없어져도 원래의 형태로 돌아오지 않는 물질의 성질을 말하며 탄성한계를 넘는 힘이 작용할 때 나타난다.
3. 타임아웃은 어떤 학생이 교실을 시끄럽게 하는 경우, 그 학생을 일시적으로 교실 밖으로 추방하는 것이다. 편하게 교실에서 앉아 공부할 기회와 친구들과 함께 있을 기회를 박탈당하는 것은 직접적인 혐오자극을 부여하는 것이 아니라 선호자극을 제거하는 벌에 해당한다.
4. 표상(독일어: Vorstellung)은 마음 밖에 있는 어떤 물체나 대상에 대해 가지는 심상(sensory image)을 표현하는 말이다.

교육과정

CHAPTER 6

INTRODUCTION TO EDUCATION

교육과정은 교육내용을 효과적으로 구성하고 조직하는 원리와 방법을 다루는 교육학의 연구영역이다. 무엇을, 어떻게, 왜 가르칠 것인가를 탐구하는 교육과정 연구 분야는 교육에 대한 여러 가지 생각과 의도를 교육과정 속에 담아내기 위한 일련의 활동이라 볼 수 있다. 본장에서는 교육과정의 개념과 교육과정 유형 그리고 교육과정 개발절차에 대하여 살펴봄으로써 교육과정에 대한 이해를 돕고자 한다.

1. 교육과정의 이해

1) 교육과정의 어원과 정의

교육과정의 의미를 파악하는 가장 보편적인 방법 중 하나는 그것의 '어원'을 살펴보는 것이다. 교육과정을 영어로 curriculum이라 하는데, curriculum의 어원은 라틴어 currere에서 유래된 말로 '달린다, 뛴다'라는 뜻이다. currere는 경주하는 말이 달리는 course를 말하며, 동시에 경주 그 자체를 의미하기도 한다. 즉 달린다(race)라는 뜻은 학생에게는 공부한다(study)라는 의미이며, 달리는 코스(race course)는 특정한 목적을 가진 학생들이 일정한 기간 동안에 공부하는 과정(course of study)을 뜻한다. 20세기에 들어서며 curriculum은 교육학에 전용되어 학생이 학습할 내용이나 경험의 내용을 일정한 순서에 따라 조직하고 배열한 것을 의미하게 되었다.

보빗

존 프랭클린 보빗(John Franklin Bobbitt, 1876~1956)은 미국의 교육학자이자 저술가이다. 1903년부터 1907년까지 필리핀 마닐라에서 교사 생활을 하면서 학생의 요구와 상황에 맞는 교육과정 구성에 관심을 가지게 되었다.
1918년 그의 저서 『*The curriculum*』에서 교육과정의 의미로 curriculum을 처음으로 사용하였다.

교육과정의 정의는 학자들의 견해에 따라 다양하고 광범위하게 사용되고 있다. 좁게는 '학교에서 수업시간에 가르치는 교과내용'으로 한정할 수도 있고, 넓게는 '학교 내외에서 학생들이 겪는 모든 경험을 포함하는 것'으로 정의할 수 있다. 현대 교육과정을 교육학의 연구영역으로 기초를 마련한 보빗(Bobbit, 1918)은 교육과정을 "청소년들이 사회생활을 할 때 필요한 경험들을 사전에 제공하는 일련의 행위들이다."라고 정의하고 있다.

2) 교육과정의 성격

교육과정은 시대에 따라 변화한다. 현대 교육과정의 기본적인 요구는 교육과정의 민주화와 생활화를 전제로 한다. 교육과정의 일반적 성격을 살펴보면 다음과 같다(구병두 외, 2015).

첫째, 교육과정은 포괄적이어야 한다. 아동, 학생, 교사가 행하는 일의 전체이고 생활 그 자체와 같은 넓이를 가져야 한다. 인지적 활동뿐 아니라 정의적 영역의 활동도 포함하도록 계획해야 한다.

둘째, 교육과정은 교육목적을 달성하기 위한 수단이어야 한다. 그 시대의 교육목적과 이념은 항상 교육과정에 반영되어야 하고, 목적과 이념의 변화에 따라 교육과정도 적절하게 변화하여야 한다.

셋째, 교육과정은 사회적 요구와 필요를 충족시켜야 한다. 교육은 넓은 의미에서 인간의 사회화 과정으로 볼 수 있다. 교육의 목적은 그 사회에 잘 적응함과 동시에 그 사회를 발전시킬 수 있는 인간을 양성하는 것이다. 따라서 교육은 사회의 유지와 발전을 위해 반드시 있어야 할 사회적 기능이다.

넷째, 교육과정에는 개인차가 고려되어야 한다. 교육은 일반적 수준을 고려하는 동시에 각 개인의 흥미와 능력에 따른 개인차를 인정해야 한다. 체계적이고 조직적으로 교육내용을 선정하였다 하더라도 학습자의 개인차를 고려하지 않으면 교수-

학습의 본래 목적을 달성하기 어렵다.

다섯째, 교육과정은 학생의 창의성을 발휘할 수 있도록 조직되고 구성되어야 한다. 일정한 형태의 학습을 강요하기보다 학생의 내적 흥미와 잠재력을 유발시키는 것에 중점을 두고, 기억 위주의 학습은 지양해야 한다. 학습 및 경험 내용의 선정과 조직방법이 창의성 발휘에 영향을 줄 수 있다는 점을 고려하여 교육과정을 구성해야 할 것이다.

여섯째, 교육과정은 부단히 재검토되고 개정되어야 한다. 오늘날과 같이 끊임없는 진보와 발전이 예상되는 동적인 사회에서는 계속되는 혁신을 필요로 한다. 하지만 너무 급격한 변화는 교육에 심한 혼란을 야기할 수 있으므로 시대에 따른 점진적 변화가 필요하다.

3) 교육과정 유형의 분류

교육과정 유형은 분류 기준에 따라 다양하게 제시되고 있다. 첫째, 교육과정이 공식적으로 문서화되어 있는지, 문서화되어 있지 않은 비공식적인 것인지, 즉 존재 형태에 따라 표면적 교육과정과 잠재적 교육과정으로 분류할 수 있다. 둘째, 교육과정 조직의 중점이 무엇이냐에 따라 교과중심, 경험중심, 학문중심, 인간중심 교육과정으로 분류할 수 있다. 이 절에서는 교육과정 존재 형태에 따른 분류인 표면적 교육과정과 잠재적 교육과정의 유형을 살펴보고, 교육과정 조직에 따른 분류는 다음 절에서 자세히 살펴볼 것이다.

(1) 표면적 교육과정

표면적 교육과정은 학교가 의도했던 교육을 문서화해서 학생들에게 제공하는 교육적 경험으로 일반적으로 학교가 의도하는 교육과정을 말한다. 즉 교육적 목적과 목표에 따라 분명하게 의도되고 계획된 교육과정이다. 표면적 교육과정은 흔히 국어, 영어, 수학처럼 교과목으로 문서화된 교육과정으로 가시적 교육과정,

공식적 교육과정, 형식적 교육과정 등으로도 불린다. 학교에서 흔히 말하는 교육과정으로, 이것에 의해 교육목표를 설정하고 교육내용을 체계화하며, 설정된 교육내용을 학생들에게 가르쳐서 바람직한 변화를 이끌어 내도록 한다.

(2) 잠재적 교육과정

비공식적 교육과정으로, 학교의 의도적인 계획에 없는 것을 배우게 되는 교육과정이다. 잠재적 교육과정은 학교와 같은 공식적인 교육과정에서 의도적으로 계획하지 않았지만, 수업이나 학교의 관행, 사회 및 심리적 상황을 통하여 학생들이 은연중에 배우게 되는 경험을 말한다. 그래서 잠재적 교육과정을 숨은 교육과정, 비공식적 교육과정, 비가시적 교육과정 등으로 부르기도 한다. 학교교육에서 경험하는 상과 벌, 장려와 억제, 사회적 관행, 문화적 편견, 인간적 차별 등이 잠재적 교육과정을 형성하는 주요한 근원이다. 잠재적 교육과정은 반복적·장기적으로 배우게 되는 경우가 많고 교육의 긍정적 측면뿐 아니라 부정적 측면에도 영향을 주고 있다. 따라서 수업과 평가, 생활과 인성지도 등 교육과정을 실천할 때 반드시 고려되어야 할 중요한 부분이다.

2. 교육과정의 유형

이 절에 제시되는 교육과정은 교육과정의 유형을 이해하는 가장 대표적인 분류방식이라 할 수 있다. 여기서는 교육과정 조직의 중점을 무엇으로 볼 것인가의 차이에 따른 것으로 서로 다른 교육관과 내용 및 방법, 학문적 배경 등을 전제로 한다. 가장 대표적 교육과정의 유형인 교과중심, 경험중심, 학문중심, 인간중심 교육과정에 대해 간략히 살펴보기로 한다.

1) 교과중심 교육과정

(1) 기본견해

교과중심 교육과정이란 교과를 중심으로 교육과정을 조직하는 것이다. 교과란 특정 학문영역에서 학생들에게 가르칠 만한 내용을 선정하여 일정한 논리와 체계에 따라 조직한 것을 말한다. 학습자의 흥미나 필요보다 성인들이 중요하다고 여겨지는 학문이나 진리 그 자체의 관점에서 학생을 학문이나 진리까지 이끌어 가는 것이 주된 교육내용이다. 교과중심 교육과정은 교육과정 유형 중 가장 오랜 전통을 지닌 것으로 동양·서양의 교육사에서 확인할 수 있다. 서양 교육사에서는 고대 그리스 시대에서 중세, 르네상스에 이르기까지 교육의 중심내용이었던 7자유교과가 대표적이며, 동양 교육사에서는 고대 중국의 사서오경을 대표적인 예로 들 수 있다.

교과중심 교육과정은 학문적 특성에 따라 분류하였으므로 교과와 교과 사이에 연계성이 거의 없는 독립된 분과형식으로 이루어졌다. 또한 각 교과마다 그 자체가 가지고 있는 윤리와 체계를 조직적으로 학생들에게 학습하게 하는 것이 교육의 주요한 방법이다.

교과중심 교육과정을 중시하는 사람들은 교육을 지식의 전달 혹은 문화유산의 전승으로 본다. 교육이란 문화로부터 다음 세대에 전달할 가치가 있는 것을 추출하고, 논리적으로 조직하여, 학습자에게 전달하는 것이다. 그러므로 교과란 인류의 문화유산을 논리적으로 조직한 것이고, 학생들의 중요한 학습자원이다. 교육의 주체는 교사가 되며, 학습자는 수동적이다. 교사중심의 수업방법인 강의나 설명 등이 자주 활용된다. 학습내용의 선정 주체는 교사 등 관련 전문가이며, 학습자는 단순히 교사가 제공하는 내용을 받아들이는 존재이다.

(2) 교과중심 교육과정의 특징

교과중심 교육과정의 특징을 살펴보면 다음과 같다.

첫째, 교육을 문화유산의 전승이나 지식의 전달로 본다. 교과란 문화유산을 분류하고 논리적으로 체계를 세운 것이다.

둘째, 교육과정 운영에 관한 계획수립과 실천 주체가 교사이며, 수업 역시 교사 중심으로 이루어진다. 교육을 지식의 전달로 보고, 학생들의 지적 능력 계발을 주요 교육목표로 하기 때문에 교사주도의 수업방식이 효율적이라고 본다. 즉 교사의 능력이 교육의 성패를 좌우하게 된다.

셋째, 그 교과가 규정하는 영역 안에서 내용을 다루고 학습활동을 제한적으로 전개한다. 즉 한정적인 교수–학습활동이 이루어져 획일적인 교육을 초래한다.

넷째, 주요 수업방법은 강의법으로 설명과 문답 등의 방식으로 수업이 진행된다.

(3) 교과중심 교육과정의 장점과 단점

교과중심 교육과정의 장점과 단점을 정리해 보면 다음과 같다(Sayler & Alexander, 1954; 구병두 외, 2015).

① 장점

첫째, 새로운 지식이나 사실을 설명하고 조직하는 데 논리적이고 효과적이다.

둘째, 학생들의 지적 능력을 발전시키는 데 가장 적합하다.

셋째, 교육이 지식의 전달이라는 교육관과 일치한다.

넷째, 인류가 축적한 문화유산을 가장 효율적으로 활용할 수 있다.

다섯째, 교과중심 교육과정이 가장 전통적이고 널리 수용되고 있다.

여섯째, 교과조직이 단순하고 명료하다.

일곱째, 학습결과에 관한 평가가 객관적 기준에 따라 간단하고 쉽게 이루어진다.

② 단점

첫째, 교과중심 교육과정은 학생들의 흥미나 필요 및 능력 등을 고려하는 심리적 조직에 적합하지 않다. 학습자의 흥미나 필요가 간과되고, 성인의 요구나 필요가 교과에 더 반영되는 경향이 있다.

둘째, 교과조직이 단편적이며 분과적인 관계로 교과내용의 통일성과 관련성이 부족하다.

셋째, 교과내용이 사고력 등의 고등정신 기능의 함양에 적합하지 않아 바람직한 인지능력 훈련이 되기 힘들다.

넷째, 학습자의 활동보다 교과체계가 강조된다.

2) 경험중심 교육과정

(1) 기본견해

경험중심 교육과정은 진보주의자들이 전통적인 교과중심 교육과정을 비판하면서 그 대안으로 제시된 것이다. 경험중심 교육과정은 학습의 주체를 아동이나 학습자로 보았고, 교사를 학습자의 학습활동을 안내하거나 도와주는 존재로 생각하였다. 전통적 교육이 교육을 지식의 전달로 본다면 진보주의자들은 교육을 학습자의 문제해결능력을 제고하여 실제 생활에 적응할 수 있는 능력을 길러주는 것으로 보았다. 즉 학생들에게 교과내용을 수동적으로 주입시키기보다 교과를 통하여 학생들의 문제해결능력과 사고력 향상을 더 중시하였으며, 이를 통하여 학생들의 사회적응능력을 키우는 것에 중점을 두었다. 이러한 관점에서 교육과정을 새롭게 구성하게 되었고, 전통적 교육과정에 대한 대안으로 제시된 것이 경험중심 교육과정이다. 경험중심 교육과정은 '학교의 지도하에 학생들이 가지게 되는 모든 경험'을 교육과정으로 보았다. 이 교육과정은 학생들이 생활과정에서 겪게 되는 문제해결과 사회적응을 강조하였기 때문에 '생활중심 교육과정'으로도 불린다.

홉킨스(Hopkins, 1941)는 경험중심 교육과정의 기본 견해를 다음과 같이 주장하였다.

① 교육과정의 중심은 교과가 아니라 학생이다.

② 교재를 가르치는 데 중점을 두지 않고 학생의 원만한 성장을 조성하는 데

둔다.

③ 교과내용을 미리 선정하거나 조직하지 않고 학습현장에서 결정한다.

④ 교육과정은 교사가 일방적으로 결정하지 않고 모든 학생들의 협력과 참여로 이루어진다.

⑤ 여러 가지 지식을 가르치는 것보다 통합된 의미의 체험에 중점을 둔다.

⑥ 기능이나 태도를 다른 교과와 분리하여 가르치지 않고 좀 더 종합적이고 총체적인 경험의 일환으로 가르친다.

⑦ 교재와 결부된 교수법을 따르기보다 학습자의 학습법을 존중하여 가르친다.

⑧ 모든 학생에게 일률적인 학습을 시키지 않고 개인차를 고려하여 가르친다.

⑨ 학습자를 일정한 틀에 맞추지 않고 학습자 개개인의 창의성을 기른다.

⑩ 교육을 교수(가르치는 일)로 보는 대신 지속적인 성장과정으로 본다.

(2) 경험중심 교육과정의 특징

경험중심 교육과정의 특징을 살펴보면 다음과 같다.

첫째, 교육과정 구성을 학생들의 흥미와 필요에 기초를 두었다. 따라서 교육목표도 역시 학생들의 흥미와 필요를 파악하여 그것을 충족시키는 활동으로 계획된다.

둘째, 교육의 초점을 학생들의 문제해결능력 향상과 사회적 적응에 두었다. 따라서 학생들은 직면한 문제를 자발적으로 해결하기 위해 능동적으로 참여한다. 즉 '실천을 통한 학습'이 이루어진다.

셋째, 민주사회에 필요한 창의성, 사회성, 책임감, 협동정신, 반성적 사고 등을 강조한다. 협동적 학습과정은 사회에서의 협력적 문제해결과 민주시민으로서의 태도를 기르는 데 도움을 준다.

넷째, 경험중심 교육과정은 학생중심 수업으로 전개될 수 있도록 구성되어 있다. 따라서 학습형태가 획일적이 아닌 다양하게 전개된다.

다섯째, 수업방법이 교사중심의 강의, 설명에서 벗어나 관찰, 조사, 토론 등 다양한 방법으로 진행된다.

(3) 경험중심 교육과정의 장점과 단점

경험중심 교육과정의 장점과 단점 살펴보면 다음과 같다(Alberty & Alberty, 1963; 권낙원 외, 2012).

① 장점

첫째, 학생의 흥미와 필요로 구성되는 교육과정이므로 학생들의 적극적 참여를 유발할 수 있다.

둘째, 현실적이며 실제적인 생활문제를 올바르게 해결하는 능력을 기르는 데 도움이 된다.

셋째, 민주적 가치와 태도를 함양하는 데 도움이 된다. 학생들이 공동의 문제를 해결하는 과정에서 협동성, 책임감, 사회성 등의 태도를 기를 수 있다.

넷째, 학교와 지역사회 간의 유대를 강화할 수 있다. 지역 사회의 인적·물리적 환경과 자원을 많이 이용하므로 자연스럽게 유대관계가 강화된다.

② 단점

첫째, 교육과정이 학생의 흥미나 욕구 위주로 구성되어 있어 체계적이지 못하고 교육과정 분류의 준거가 명확하지 않다.

둘째, 경험중심 교육과정은 학생의 흥미나 필요를 지나치게 강조하여 기초 학력의 저하를 초래하였다.

셋째, 경험중심 교육과정은 구체적 사항이나 경험 학습에는 적합하지만, 일반적 법칙이나 원리 학습에는 부적합하다.

넷째, 교육과정의 특성상 표준화된 학력 측정 등의 행정적 처리가 어렵다.

다섯째, 교직소양이나 지도방법이 미숙한 교사는 교육과정 운영이 어렵고 실패의 가능성이 있다.

3) 학문중심 교육과정

(1) 기본견해

브루너

학문중심 교육과정의 등장은 경험중심 교육과정의 비판, 지식의 폭발적 증가와 기초교육 회귀운동 등의 복합적 요인이 작용하였다. 경험중심 교육과정에서는 지식의 체계성과 학문적이고 체계적인 사고와 연구의 능력을 소홀히 하였고, 지식의 폭발적 증가 현상과 함께 교과를 더 잘 가르치는 방법의 모색은 '지식의 구조화'라는 적극적인 방법으로 나타나게 되었다. 또한 소련의 인공위성 스푸트니크호의 발사로 미국은 과학교육의 필요성을 체감하면서 학문중심 교육과정이 더욱 발달하게 되었다.

학문중심 교육과정은 기본 개념을 중시하고, 사물들 간의 관계를 이해하며, 자료를 분석하고 결론을 이끌어 내는 훈련을 통하여 학습자들을 지식의 세계로 입문시키는 데 초점을 맞추고 있다. 학문중심 교육과정에 대한 견해는 브루너(Bruner, 1928~2016)를 중심으로 한『교육의 과정』(1960)에 잘 제시되어 있다.

첫째, 교과내용은 '지식의 구조'를 중심으로 조직한다. 지식의 구조란 학문의 근간을 이루고 있는 기본 개념이나 원리, 핵심적 아이디어 및 탐구 양식을 말하는 것으로 이들은 일정한 구조를 이루고 있다. 교육과정은 바로 지식의 구조를 중심으로 구성되어야 한다. 이것은 특정 학문의 사고방식이자 사물을 보는 안목과 같은 것이다. 즉 지식의 구조를 가르치는 것은 해당 학문의 성격에 적합하게 가르친다는 의미로 학습의 전이도 용이하게 한다.

둘째, 학문중심 교육과정은 학습방법에서 탐구학습을 중요시한다. 각 교과에 내재해 있는 기본원리나 핵심개념을 교사가 학생에게 제시하고 주입하는 것이 아니라 학생들이 직접 탐구의 과정을 통해서 찾아내도록 한다. 초등학생이든 연구실의 학자이든 새로운 지식을 탐구하는 모든 지식활동은 동일하기 때문에 학생들은 해당 분야의 학자가 한 것과 동일한 방식으로 기본원리를 찾아야 하는 것이다. 학생들은 이를 통하여 탐구의 결과로 얻어진 지식이 아닌 지식을 찾아가는 '탐구의 과정'을 배우게 된다.

셋째, 학문중심 교육과정은 나선형으로 교육과정을 조직한다. 브루너는 『교육의 과정』에서 '어떤 교과든지 지적으로 바른 형식으로 표현하면 어떤 발달단계에 있는 아동에게도 효과적으로 가르칠 수 있다'고 주장하였다. 아무리 어려운 내용이라도 아동의 지적 수준에 적절하게 표현하면 누구든지 이해하고 배울 수 있다는 것을 의미한다. 즉 인간의 지적 발달 단계에 따른 정신적 작용에 맞게 지식의 내용을 조직해야 한다는 의미이기도 하다. 나선형 교육과정은 교과의 기본개념과 핵심원리를 학년이 올라감에 따라 심화·확대하여 반복적으로 가르치기 위한 교육과정이다.

(2) 학문중심 교육과정의 특징

학문중심 교육과정은 교과중심·경험중심 교육과정에 대비되는 교육과정이다. 교과중심 교육과정에서는 교육과정을 교과로 규정하고, 경험중심 교육과정에서는 학교의 계획과 교사의 지도 아래 학생이 얻는 경험의 총체로 규정하였다. 그러나 학문중심 교육과정에서는 지식의 구조, 즉 학문의 탐구로 본다. 학문중심 교육과정의 특징은 다음과 같다(권낙원 외, 2012).

첫째, 학문중심 교육과정의 주요 목적은 이성의 계발이다. 따라서 학생들에게 각 학문에서 활용하고 있는 사고방법과 탐구방법을 습득시키고자 한다.

둘째, 지식의 구조를 중심으로 교육과정을 조직한다. 따라서 학문의 체계와 탐구과정이 중시된다.

셋째, 학문중심 교육과정에서는 나선형 교육과정 조직을 강조한다.

넷째, 주요 수업방법은 다양한 탐구활동과 토론 및 설명법이다. 학생들의 탐구활동이 강조되나, 탐구결과 중심의 토론과 교사의 설명도 자주 활용된다.

다섯째, 교사의 주된 역할은 학생들이 교과의 기본 아이디어나 지식의 구조를 발견하도록 올바른 탐구과정으로 안내하고 조언하는 것이다. 따라서 교사는 관련 학문영역의 권위자가 되어야 한다. 즉 교사는 가르치는 교과내용과 관련 학문에 대하여 상당한 지식을 가져야 한다.

(3) 학문중심 교육과정의 장점과 단점

학문중심 교육과정은 학문탐구를 강조하면서 사회문제나 인간교육과 같은 정의적 영역의 교육은 소홀히 하였다는 비판을 받기도 하였다. 학문중심 교육과정의 장점과 단점을 살펴보면 다음과 같다(권낙원 외, 2012).

① 장점

첫째, 학문의 체계나 논리를 중시하고 있어 지식의 체계적 습득이 용이하다. 체계화된 지식을 교육내용으로 선정하여 교육과정으로 구성하므로 핵심적 내용의 이해를 촉진시키고 효율적인 교육이 가능하다.

둘째, 기본개념과 원리를 학습하게 되므로 기억이 쉽고 전이가 용이하여 새로운 지식의 생산이 가능하다.

셋째, 스스로 문제를 해결해 나가는 탐구방법의 습득으로 문제해결에 도움을 준다.

넷째, 탐구활동과정에서의 적극적 참여는 학습에 대한 내적 동기가 유발되고 학문 그 자체에 즐거움을 얻는다.

② 단점

첫째, 지식의 습득만을 강조하여 지적인 측면에 치중한 나머지 정의적 영역의 교육을 소홀히 하였다.

둘째, 학문중심 교육과정은 성인중심으로 이루어져 있다. 특히 학생 개개인의 흥미나 관심, 욕구 등이 거의 고려되지 않았다. 지식의 위계성과 같은 논리적 조직을 강조하고, 학생들의 심리적 특성을 간과하였다.

셋째, 탐구학습 방법은 학업능력이 뛰어난 일부 학생에게 적합하다.

넷째, 지식의 구조를 가르치는 것은 실제 생활사태와 관련이 적거나 혹은 관련이 없는 지식을 가르치는 것이다. 사회생활에 필요한 유용한 지식이나 기술을 가르치지 못하고 있어 실용적 교육이 약화될 수 있다.

다섯째, 교육과정이 학문분야별로 교과의 기본구조를 강조하고 있어 교과 간의 통합성을 고려하기가 힘들다.

4) 인간중심 교육과정

(1) 기본견해

인간중심 교육과정은 학문중심 교육과정의 교육의 적절성 문제와 학교교육의 비인간화 현상에 대한 다양한 비판 등을 바탕으로 등장하게 되었다. 또한 과학의 발달로 인한 인간의 소외 현상, 교육을 수단적 기능으로 보는 태도 등을 반대하면서 개인의 자아실현을 위한 새로운 교육으로 인간중심 교육과정이 대두되었다.

인간중심 교육의 궁극적 목적은 인간이 자신의 잠재능력을 최대한 발휘하여, 개인적으로 자아를 실현하고 사회적으로 타인들과 바람직한 인간관계를 유지하면서 사회발전에 기여할 수 있도록 돕는 데 있다. 인간중심 교육은 전인교육의 정신과 일맥상통한다. 전인교육이란 인간성의 특정한 부분만이 아니라 전반적인 교육을 뜻하는 것으로 지적 발달, 정서적 발달, 사회성 발달, 신체 및 도덕성 발달을 조화롭게 계발하는 것을 뜻한다. 따라서 학교교육도 지식중심의 교육보다는 인간성 회복을 위한 교육으로 전환되어야 한다고 주장한다.

(2) 인간중심 교육과정의 특징

교육의 목적을 인간의 자아실현에 두고 있는 인간중심 교육과정의 특징을 살펴보면 다음과 같다.

첫째, 인간중심 교육과정은 잠재적 교육과정을 표면적 교육과정과 같은 비중으로 보거나 경우에 따라서는 잠재적 교육과정을 더 중시한다. 학교교육이 인지적 발달보다 정의적 발달에 상대적으로 소홀함을 생각해 보면, 학생들의 사회성 발달이나 정의적 발달에 많은 영향을 미치는 잠재적 교육과정의 중요함을 생각해 볼 수 있다.

둘째, 인간중심 교육과정은 지적인 발달과 함께 사회적·도덕적으로 가치 있는 삶에 대한 균형적인 발달을 필요로 하기 때문에 인간적 태도와 관계를 우선시한다.

셋째, 인간중심 교육과정은 자아실현이 궁극적인 교육목적이다. 인간에게 잠재되어 있는 가능성을 확인하고 자신의 역량을 발휘할 수 있도록 하는 데 목표를 둔다.

넷째, 인간주의적인 교사를 필요로 한다. 인간중심 교육과정에서의 교사는 학생들에게 강요하거나 처방적이어서는 안 되며, 늘 학생을 자극하고 안내하며 새로운 아이디어를 소개해야 한다.

(3) 인간중심 교육과정의 장점과 단점

인간중심 교육과정의 장점과 단점은 다음과 같다.

① 장점

첫째, 인간중심 교육과정은 전인교육을 지향한다. 즉 인간의 발달이 조화롭게 이루어질 수 있다.

둘째, 개인의 자아실현이 궁극적 목적이므로 학습자의 자기성장에 도움을 준다.

셋째, 학습의 결과보다 학습과정을 더 중시한다. 지적 능력의 결과보다 정의적 특성인 성장 과정을 중요시한다.

넷째, 타인과의 원만한 인간관계를 통해 타인을 존중하고 수용할 수 있는 건전한 가치관을 형성하는 데 도움을 준다.

② 단점

첫째, 교수-학습 과정에서 자유로운 환경 조성과 역동적인 인간관계가 유지되지 않으면 교육의 성과를 확신할 수 없다.

둘째, 인간중심 교육과정은 개인을 지나치게 강조하여 사회 전체의 요구를 간과하는 경우가 발생하기도 한다.

셋째, 인간주의 교육은 교사의 투철한 교육관이 확립되어야 실현 가능하다.

넷째, 개인의 가치와 경험을 중시하지만 실제로 전개되는 교육과정은 모든 학생에게 동일한 자극을 주고 있다.

3. 교육과정 개발

교육과정 개발은 학생을 위한 교육활동에 대하여 계획과 설계가 이루어지는 과정이며, 이를 위해서는 구체적인 계획이 필요하다. 즉, 학교에서 학생들에게 무엇을, 어떻게 가르치고, 평가할 것인가에 관한 전반적인 의사결정 과정이라고 볼 수 있다. 교육과정 의사결정은 누가 참여할 것인지, 누가 교육과정을 주도하며 어떻게 교육과정의 우선순위를 정할 것인가가 중요하다. 이 절에서는 교육과정 개발모형과 개발절차에 대하여 살펴보기로 한다.

1) 교육과정 개발모형

교육과정 개발모형은 학자마다 다양하게 제시하고 있으나, 가장 대표적인 개발모형으로 타일러(Tyler, 1949)의 합리적 개발모형을 들 수 있다. 타일러는 『교육과정과 수업의 기본원리』에서 교육과정과 수업은 하나의 과정이라 말하고, 이를 계획하기 위해 네 가지 요소를 제시하였다. 첫째, 학교가 달성해야 할 목표는 무엇인가? 둘째, 교육목표가 달성되기 위해 어떤 학습경험이 제공되어야 하는가? 셋째, 학습경험은 어떻게 효과적으로 조직될 수 있는가? 넷째, 교육목표의 달성 여부는 어떻게 평가하는가? 하는 것이다. 제시된 네 가지 요소는 교육목표의 설정, 학습경험의 선정, 학습경험의 조직, 평가로 요약될 수 있다. 교육과정 개발에 많은 영향을 끼친 타일러의 개발모형은 유용성이 있고 논리적·합리적인 일련의 절차를 제시하고 있어 교육과정 개발자나 수업계획자가 이를 따라 하기가 비교적 쉽다는 장점이 있다. 타일러의 교육과정 개발모형은 오늘날까지 교육과정 구성의 일반적인 절차로 받아들여지고 있다.

타일러

랠프 타일러(Ralph W. Tyler, 1902~1994)는 미국의 교육 및 평가 분야에서 영향력 있는 교육인이다.
타일러는 평가모형으로 목표성취모형(goal-attainment model)을 제안하고, 교육에서 평가의 기능과 역할을 규정하였다.
교육과정이 교육목표의 선정 및 세분화, 학습경험의 선정 및 조직, 교수-학습의 실시, 교육평가로 아루어진다고 하였으며 타일러 프로젝트 중 '8년 연구'는 미국에서 가장 주목받는 교육과정 실험 중 하나였다.

교육목표 수립 → 학습경험 선정 → 학습경험 조직 → 목표달성 평가

|그림 6-1| 타일러의 교육과정 개발모형

2) 교육과정 개발절차

교육과정 개발은 일반적으로 교육목표의 설정, 교육내용의 선정과 조직, 교수-학습과정 그리고 교육평가의 절차를 가진다. 교육과정 개발절차의 각 단계에 대하여 살펴보기로 한다.

(1) 교육목표의 설정

교육목표는 학습과정이나 학습경험을 통해서 학생들에게 나타나게 될 행동특성의 변화를 말한다. 교육목표는 교육내용과 방법의 선정 근거가 되고 학습평가의 기준이 된다. 따라서 교육목표가 가장 먼저 설정되어야 한다. 이러한 교육목표는 교육활동 중에 발생하는 불필요한 활동을 통제해 주는 기능을 수행한다. 학습활동의 전개에 있어 가장 중요한 것은 교육목표와 내용, 교수-학습 과정과 평가 등에 적용되는

목표의 일관성이 유지되어야 한다는 점이다. 일반적으로 교육목적은 교육이념, 교육목적, 교육목표 순서로 구체화되고, 일반적인 교육목표는 학교급별 교육목표, 학년별 교육목표로 구체화된다. 개별적인 교과 교육목표는 학교별·학년별 교과 교육목표, 단원목표, 수업목표로 구체화된다. 교육목표는 교육활동의 지침이며 교육평가의 지침이 되므로 분명하고 자세하게 기술되어야 한다.

(2) 교육내용의 선정과 조직

① 교육내용의 선정

교육내용은 교육과정의 목표를 달성하기 위해 학교에서 가르치고 배우는 것을 말한다. 교육내용은 교육목표의 영향을 받으며 교육목표와 일관된 내용으로 선정되어야 한다. 따라서 교육내용을 선정하는 기준은 교육목표의 성격에 따라서 결정된다. 타일러는 교육내용을 학습자와 환경적 조건 사이에서 일어나는 상호작용이라 하고 이것을 학습경험이라 하였다. 즉 학습경험이 교육내용이라 본 것이다. 타일러는 학습경험 선정을 위한 일반적인 원리, 즉 교육내용 선정의 원리를 다음과 같이 제시하였다.

첫째, 기회의 원리이다. 교육목표를 달성하기 위해서는 그 목표의 방향대로 학습자가 스스로 경험할 수 있는 기회를 가져야 한다. 교육내용을 계획할 때에는 그것을 학습하는 학습자가 실제로 해 볼 수 있는 기회를 보장해야 하며, 그렇지 않은 경우 목표의 달성을 기대하기 어렵다. 만약 비판적 사고능력을 길러주는 것이 교육목표라면 그것과 관련된 문제를 접하여 해결할 수 있는 기회를 제공해야 한다. 교사의 일방적인 수업으로 교과내용을 이해하게 할 수는 있지만, 학습자의 비판적 사고능력의 향상을 기대하기는 어렵다. 즉 교육내용을 선정할 때 무엇보다 학습자가 많은 학습경험을 갖도록 하는 것이 중요하다.

둘째, 만족의 원리이다. 교육내용을 선정할 때 학습자는 목표가 지향하는 학습활동을 통해서 만족감을 느낄 수 있어야 한다. 독서에 대한 흥미를 기르는 것이 교육목표라면 학생은 독서할 수 있는 기회를 가져야 된다. 독서를 통한 감동을 느끼고 만족감을 가질 때 학습의 효과는 높아질 수 있다. 따라서 교육내용을 계획할 때 교사는 학생들의 요구와 흥미를 고려함과 동시에 학습자의 만족감에 대한 이해도 필요하다.

셋째, 학습 가능성의 원칙이다. 교육내용의 선정은 학생의 학습능력, 발달 정도 등을 고려해야 한다. 즉 교육내용이 학생의 능력 범위 안에 있어야 한다는 것이다. 가능성의 원칙은 교육내용이 무조건 쉬워야 한다는 것이 아니라, 현재 능력에 비추어 볼 때 적절한 도전의식을 느낄 수 있어야 학습효과를 기대할 수 있다.

넷째, 동목표 다경험의 원리이다. 한 가지 교육목표를 달성하는 데 다양한 학습경험을 활용할 수 있다는 원리이다. 특정한 교육목표를 달성할 때 사용되는 학습경험은 무수히 많을 수 있다. 이 원리는 교사의 노력과 역량에 따라 얼마든지 다양한 학습경험, 즉 교육내용을 학생들에게 제공할 수 있다는 의미이다. 다양한 학교와 교사가 같은 교육목표를 추구하더라도 다양한 방법으로 목표를 실현시킬 수 있는 것이다.

다섯째, 동경험 다성과의 원리이다. 하나의 교육내용이 동시에 여러 가지 목표, 여러 가지 학습성과를 가져올 수 있다는 원리이다. 동경험 다성과의 원리는 하나의 학습경험으로 여러 가지 학습목표를 달성할 수 있으므로 경제적 원리라 할 수 있다. 그러나 하나의 학습경험으로만 목표를 달성하다 보면 의도하지 않았던 부정적 측면도 존재하므로 유의할 필요가 있다.

② 교육내용의 조직

교육내용의 조직이란 일정한 방법에 따라 교재내용을 순서에 맞게 배열해 놓은 것을 말한다. 즉 교육내용이 선정되면 무엇을 먼저 가르칠 것인지 순서를 결정하는 것으로, 교육과정을 편성하고 조직하는 기본적인 틀이라 할 수 있다. 교육내용은 수직적 관계와 수평적 관계를 고려하여 조직해야 한다. 수직적 관계는 학습내용 사이의 종적 관계를 고려하여 시간의 순서에 따라 배열하는 것이며, 수평적 관계는 학습내용의 어느 한 영역과 다른 영역 사이의 횡적 관계를 고려하여 나란히 배열하는 것을 말한다. 타일러는 교육내용의 효과적 조직을 위한 준거로 계속성의 원리,

계열성의 원리, 통합성의 원리를 다음과 같이 제시하였다.

첫째, 계속성의 원리이다. 계속성은 교육내용의 종적 관계에 관한 문제로서 반복의 원리라고 할 수 있다. 이 원리는 중요한 개념, 원리, 사실 등의 학습을 계속적으로 반복하기 위한 것으로, 교육내용이 학생의 경험 속에 정착되기 위해서는 일정기간 동안에 반복적인 학습이 필수적이다. 즉 학습자는 의미 있는 학습 성과를 위해서 지속적인 학습경험의 기회가 제공되어야 한다.

둘째, 계열성의 원리이다. 계열성은 계속성과 함께 교육내용의 종적 관계로서 단순히 같은 내용의 반복을 벗어나 점차적으로 학습경험의 수준을 높여 폭넓은 학습경험을 할 수 있도록 조직하는 것을 말하다, 즉 계열성은 동일한 내용의 단순 반복이 아니라 양적으로는 확대되고, 질적으로는 심화가 된다. 이 개념은 동일한 성격의 학습내용을 학년 수준이 높아짐에 따라 더 깊고 더 폭넓게 가르쳐야 한다는 나선형 교육과정과 같은 개념이라 볼 수 있다. 교육내용을 계열화할 때에는 단순한 것에서 복잡한 것으로, 구체적인 것에서 추상적인 것으로, 선수학습을 기초로 하여 다음 학습으로, 가까운 곳에서 먼 곳으로, 부분에서 전체로 혹은 전체에서 부분으로, 연대순으로 등의 원칙이 고려되어야 한다. 이러한 계열성을 선택하는 방법은 교과의 특성과 교수방법에 따라 달라질 수 있다.

셋째, 통합성의 원리이다. 통합성은 교육내용의 수평적 조직을 위한 원리이다. 여러 가지 교육내용을 단편적으로 구분하여 조직하는 것이 아니라, 횡적으로 통합되는 것으로 좀 더 효율적인 학습을 할 수 있도록 조직하는 것을 말한다. 이는 여러 교과의 다양한 학습 상황에서 얻어진 내용이나 경험들이 서로 독립적으로 단절되는 것이 아닌 각각의 학습경험들이 상호연결되어 통합되는 것이다. 교육내용의 조직에서 통합성이 고려되지 않으면 교육내용들 사이에 불균형과 부조화를 가져오게 되고, 내용이 중복 혹은 누락되는 결과를 가져온다.

(3) 교수-학습 과정

교수-학습 과정은 교육목표가 설정되고 학습내용이 선정·조직되면 학습자가 직접 학습경험을 쌓아 나가는 활동과정이다. 교육목표와 교육내용 선정 및 조직이 교수-학습과정을 통하여 구체적으로 구현되고, 이를 통하여 학습자의 성장이 나타나기 때문에 이 단계는 교육과정 개발단계에서 중요한 의미를 가진다. 교수-학습과정에서는 학습자의 심리적 특성, 교사의 인성과 자질 및 지도능력, 목표와 내용, 교수 여건 및 방법, 학교나 학급의 분위기, 물리적 환경 등 여러 가지 요인의 역동적인 상호작용이 이루어지며, 특히 교사 관련 요인이 학습자에게 많은 영향을 미치는 단계이다.

(4) 교육평가

평가란 교육목표를 기준으로 시행된 교육과정이 학습자들에게 성과가 있었는가를 확인하는 단계로서 교육목적의 달성도 및 이에 영향을 미치는 여러 요인에 관해 평가하는 과정이다. 학습성과에 대한 평가목적은 교육과정에서 설정된 목적에 학생들이 도달하였는지를 판단하고 결정하는 데 있다. 교육평가는 교육목표에 대한 평가를 비롯하여 교수-학습과정의 구성요소와 그 전체 과정에 대한 평가도 포함된다. 교육활동에서 평가는 순환적이며 계속적인 활동이다. 따라서 종합적이고 총체적인 활동의 평가에 초점을 두고 평가를 통해 얻어진 결과는 교육목표 달성의 확인뿐 아니라 교육과정의 개선, 학습지도 등 다양한 방면에 활용할 수 있어야 한다. 교육평가는 올바르게 사용되면 학생들의 학습을 향상시키는 데 도움을 줄 수 있으므로 교육과정에 꼭 필요한 활동이다.

학 습 과 제

1. 교육과정의 어원과 정의에 대하여 설명하시오.
2. 표면적 교육과정과 잠재적 교육과정을 비교하여 설명하시오.
3. 교과중심, 경험중심, 학문중심, 인간중심 교육과정을 비교하여 설명하시오.
4. 타일러의 교육과정 개발모형에 대하여 설명하시오.
5. 교육내용의 선정원리와 조직원리에 대하여 설명하시오.

교육방법의 이해

CHAPTER 7

INTRODUCTION TO EDUCATION

1. 교육방법의 개념

서양 속담에 "말에게 물을 먹이기 위하여 물가로 이끌어 갈 수는 있지만 말에게 물을 마시게 할 수는 없다."라는 속담이 있다. 이는 사람이 물을 마실 수 있는 장소로 소를 이끌고 갈 수는 있으나, 실제 물을 먹는 것은 말이나 소 자신일 수밖에 없다는 뜻이다. 이러한 속담은 우리들에게 시사하는 바가 크다.

교육현장에서도 전통적인 페다고지(pedagogy) 학습에서 안드라고지(Andragory) 학습으로, 교수자 중심에서 학습자 중심의 학습으로 변모하고 있다. 특히 4차 산업혁명은 학습자중심, 자기주도적학습(self-directed learning)을 강조하는 협동학습(cooperation learning), 프로젝트 학습(project method learning), 플립 러닝(flipped learning), 블랜디드 러닝(blended learning), 문제기반 학습(problem-based learning) 등과 같은 학습자 중심의 학습으로 교육방법의 변화가 가속화되고 있다.

교육방법(educational method)은 교육을 하는 방법을 말한다. 교육활동을 효과적, 능률적으로 수행하기 위한 방법, 즉 교수방법이라고 하며 어떻게 가르칠 것인가를 포괄하는 것으로 교수방법과 교육과정을 통하여 교육의 내용을 학습자에게 효과적이며 효율적으로 전달하기 위한 수단으로 볼 수 있다. 여기에는 수업방법, 교수방법, 교수전략, 수업설계, 교육목표, 교육과정, 학습지도, 평가 등을 포함한다.

2. 교수-학습의 이해

1) 교수의 정의

일반적으로 알고 있는 교수의 의미와 교육학에서 말하는 교수의 의미는 다르다. 교수(professsor)는 사람을 지칭하는 것이고 교육학에서 말하는 교수(teaching)는 '가르치다'라는 행위를 의미한다. 단순히 가르치다라는 행위뿐만 아니라 사실상

교수의 의미는 교사의 의도성이 전제된 상태에서 피교육자의 학습을 조장하고 이끌어 가는 행위로 규정하기 때문에 교사의 교과지도 계획에서부터 실천과정인 지도와 결과를 포함하는 의미로 보고 있다.

교수에 대한 정의는 학자들마다 다양하다. 라이겔루스(Reigeluth, 1983)는 '수업에 비해 포괄적인 것으로서 구체적으로는 설계, 개발, 적용, 관리, 평가를 포함하는 것'으로 교수를 정의한다. 코리(Corey, 1971)는 '특정한 조건이나 상황에 대처하는 행동을 하도록 학습하거나 그 반응행동을 하도록 학습자의 환경을 계획적으로 조작하는 과정'으로 정의한다. 가네(Gagné, 1985)는 '학습자의 내적 학습과정을 지원하기 위해 의도적으로 정리되고 배열된 외적인 학습조건들의 집합'으로 정의하고 있다.

이상과 같은 정의들을 종합해 보면 교수란 지식을 전달하고 학습자의 특정 태도와 행동을 형성하기 위해 의도적이고 조직적으로 피교육자의 학습을 유도하는 활동이며, 이 활동에 필요한 지식, 정보, 적절한 상황이나 조건을 준비하는 일과 학습을 촉진하도록 계획된 모든 활동으로 정의할 수 있다. 다시 말해, 교수란 교육목적에 적합한 교육내용을 설계하고 개발하는 등의 일련의 활동, 또는 학습내용을 효과적으로 가르치는 일련의 과정으로 학습자의 학습증진을 목적으로 하는 것을 의미한다.

2) 학습의 정의

학습(learning)은 인간의 행동을 이해하고 변화시키는 데 기초가 되는 것으로 이를 바탕으로 바람직한 행동의 변화를 가져오게 하는 것이다. 특히, 교수-학습 과정에서는 학습자의 입장에서 교사의 의도적 목적으로 일어나는 변화와 비의도적으로 일어나는 변화를 말한다. 이러한 행동의 변화는 일시적인 변화가 아니고 학습자가 반복적인 학습과 훈련을 통하여 지식과 기능, 역량에서 비교적 영속적인 변화를 가져오는 것을 의미한다. 그러나 자연적인 성숙에 의한 변화나 알코올이나 약물에 의한 변화 또는 한시적으로 일어나는 행동 변화는 학습에서 제외시킨다. 따라서 학습은 '경험이나 훈련의 결과로 발생하는 비교적 영속적인 행동의 변화'로 정의할 수 있다.

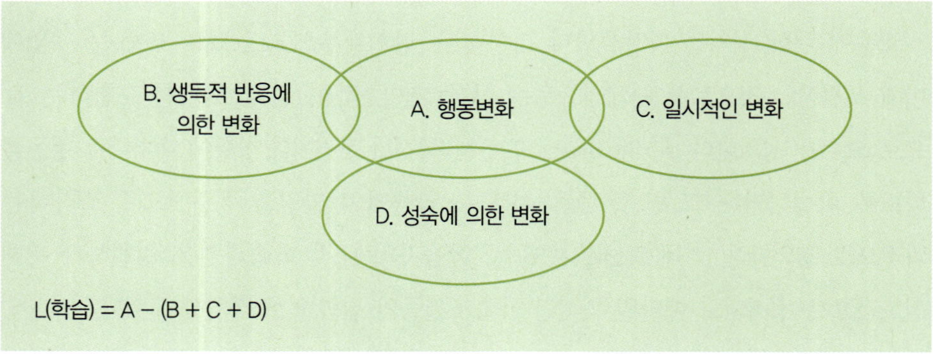

|그림 7-1| 학습에 의한 행동변화

3) 수업의 정의

수업(instruction)은 수업목표를 달성하기 위하여 학습자의 환경을 계획적, 체계적으로 조정하는 과정이며, 동시에 바람직한 행동의 변화가 이루어질 것을 기대하면서 교사와 학생 사이의 의도적으로 계획된 상호작용이다. 교사와 학습자 간의 상호작용뿐만 아니라 교수-학습 매체(media)를 이용한 프로그램에 의한 학습활동까지도 포함한다.

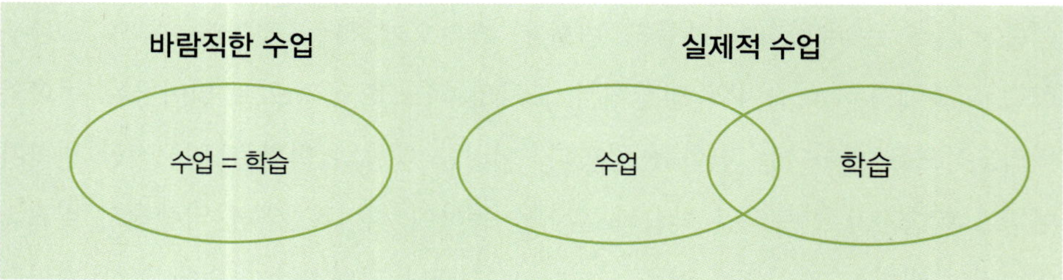

|그림 7-2| 수업과 학습의 관계

4) 교수–학습과 수업의 관계

교수와 학습은 서로 협력(collaboration)하는 과정이다. 교수가 가르치는 사람이 계획한 경험과 연습을 학습자에게 제공함으로써 학습자에게 바람직한 행동변화가 효율적으로 일어날 수 있도록 학습자를 조력하는 과정이라면, 학습은 배우는 사람이 계획된 학습과 훈련을 통해서 바람직한 방향으로 행동을 변화시켜 나가는 지속적인 과정이다. 교수–학습의 목표는 수업한 내용을 되도록 많이 학습하도록 하는 것이며 교수와 학습은 서로 분리되어 있는 별개의 활동이 아니라 상호보완적인 활동이다. 효율적인 수업은 가르치고 배워야 할 내용을 다루는 교육과정(curriculum) 영역, 교수 영역, 학습 영역에서 수업 영역을 지속적으로 확장하는 데 달려 있다.

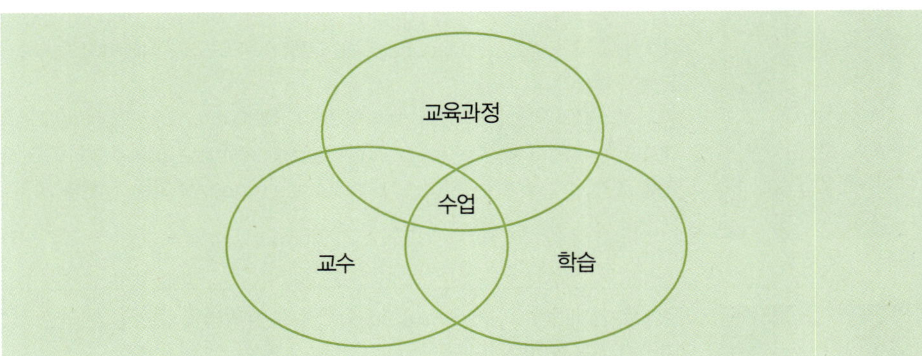

|그림 7–3| 효율적인 수업

5) 가네의 교수–학습이론

교수–학습의 대표적인 이론은 브루너(Bruner)의 발견학습, 오스벨(Ausubel)의 유의미 학습과 가네(Gagné)의 학습이론이 있다. 브루너의 발견학습은 교수자가 제시한 예시를 바탕으로 추론하여 학습자 스스로 원리를 먼저 발견하는 학습을 말하며, 오스벨의 유의미 학습은 학습자 스스로가 발견하는 것이 아니라 제공된 자료를 자기 자신의 기존 인지구조에 통합시키는 학습을 말한다. 가네는 수업에 관한 체계적인 연구결과들을 결합하여 가장 포괄적인 교수-학습 이론을 정립하였다. 브루너, 오스벨의 연구가 교수방법에 초점이 있다면 가네는 학습 내용을 바탕으로 과제를 분석하고 학습 상황을 체계적이고 포괄적으로 설명하였다.

 브루너	제롬 브루너(Jerome Seymour Bruner, 1915~2016)는 미국의 교육 심리학자이다. 듀크대학교(Duke Universit)에서 문학 공부를 하였으나, 후에 사회심리학을 연구하였으며 미국심리학협회 회장이 되었다. 하버드대학교 교수이며, 같은 대학교에 '인지(認知) 연구센터'를 창설하였다. 지각심리학(知覺心理學)의 선봉으로서 지각에 미치는 개인적 요인(요구, 가치관, 성격특성 등)의 영향을 연구하고, 그 중요성을 강조하였다.
 오스벨	데이비드 오스벨(David Ausubel, 1918~2008)은 미국의 심리학자 및 교육사상가이다. 인지심리학의 영향을 받았다. 브루너의 발견학습(discovery learning)과 대조되는 유의미수용학습(meaningful reception learning)을 주창하였고, 이를 촉진시킬 수 있는 선행조직자(advance organizer)라는 장치를 제안하였다.
 가네	로버트 가네(Robert M. Gagné, 1916~2002)는 '학습의 조건'을 연구한 미국의 교육심리학자이다. '좋은 수업'을 하기 위해서 고려해야 할 요소들과 컴퓨터를 기반으로 한 훈련과 멀티미디어 기반학습을 위한 교수이론의 개념을 정립하고자 하였다. 가네의 업적 중 가장 대표적인 것은 학습에는 여러 유형들이 존재하고, 서로 다른 환경은 다른 학습 유형을 이끌어 낸다는 가네의 가정이다. 또한 9가지 수업 절차 모형을 제시하여 교수이론 정립에 큰 공헌을 하였다.

(1) 가네의 학습조건

교수는 학습자의 내적 학습과정에 맞추어서 이루어져야 하는 활동이다. 즉, 학습자의 개별적인 특성을 고려한 교육행위가 이루어져야 함을 강조하고 있다. 가네는 어떤 종류의 교육프로그램이든지 그 교육 프로그램의 가장 중심이 되는 목적은 학습의 증진에 있다고 믿었으며 학습의 세 가지 측면에 관해 관심을 가지고 있었다. 즉, 학습에 내재되는 내면적 과정(internal process), 학습능력으로 표현되는 학습결과(혹은 학습성과, outcomes of learning), 그리고 그러한 결과를 가져오기 위해 필요한 외적 학습조건(conditions)에 대한 연구를 하였다(이성호, 2004).

가네는 학습결과는 어떤 학습자가 지속적으로 어떠한 행위를 할 수 있는 능력을 의미한다고 하였으며 이러한 학습능력을 언어정보(verbal information), 지적 기능(intellectual skills), 인지전략(cognitive strategies), 태도(attitude), 운동기능(motor skills)의 다섯 가지로 분류하였다. 그리고 이러한 학습능력에 대한 분류에서는 어떠한 복잡성이나 중요성에 비추어 위계적인 순서가 설정되어 있는 것은 아니라고 보았다. 다만, 이러한 다섯 가지의 학습결과는 [그림 7-4]와 같이 내적 학습조건과 외적 학습조건의 상호작용 결과로 얻어지는 것이라고 보았다.

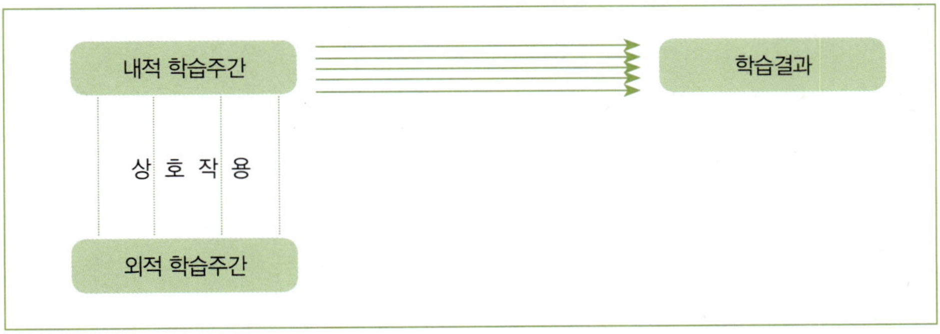

|그림 7-4| 학습조건의 상호작용과 학습결과

가네가 분류한 다섯 가지 범주의 학습결과를 살펴보면, 언어정보는 조직화된 정보 또는 지식으로 학습자가 자신의 언어로 학습한 내용을 진술하는 것이다. 지적

기능은 학습자가 한 가지 개념을 학습했을 때 예전에 접하지 않았던 개념도 정확하게 확인하거나 분류하는 능력을 갖는 것을 말한다. 예를 들어 대상이나 위치, 또는 대상의 속성 간의 감각적 변별을 배운 후 같은 모양의 도형을 짝 지어서 변별할 수 있는 방법을 학습할 수 있다. 인지전략은 학습과 사고에서 학습자의 행동을 통제하는 내면적으로 조직된 능력을 의미한다. 지적 기능이 학습자 외부로 부터의 행동에 대한 작용이라면, 인지전략은 학습자의 내면적인 행동이다. 태도는 특정한 방식으로 행동하는 것을 선택하는 것과 관련되며, 운동기능은 일상생활의 운동기능적인 활동에 관련된 학습 내용이다.

내적 학습조건은 학습자의 선행학습능력과 정보를 처리하는 인지과정을 의미하며, 선행학습, 학습동기, 자아개념, 주의력 등을 예로 들 수 있다(신명희 외 2013). 외적 학습조건은 수업 절차(학자에 따라 event를 '사태', '사상' 등으로 쓰기도 하지만 여기서는 절차로 사용함, instructional events)를 통하여 내적 학습과정을 지원해 주는 환경적 자극으로 가네와 브릭스(Gagné & Briggs, 1979)는 수업 절차에 필요한 조건을 아홉 가지 단계로 기술하고 있다. 수업도입 단계에서는 주의집중→수업목표 제시→선행학습 상기, 수업전개 단계에서는 학습자료 제시→수업안내 및 지도→연습→피드백 제공, 수업정리 단계에서는 성취행동(형성)평가→파지(把持, retention) 및 전이(轉移, transference)의 고양 단계로 제시하고 있다. 이러한 내용을 도표로 정리하면 〈표 7-1〉과 같다.

또한 가네(1985)는 다섯 가지 학습결과 중 학습위계(learning hierarchy)가 가장 뚜렷하게 나타나는 영역으로 지적(intellectual skills) 분야를 강조하였다. 위계가 중요한 의미를 갖는 것은, 학습결과로 나타나는 다섯 가지 영역 중에서 필요한 성취목표를 설정하고 이에 맞는 교수 사태를 설정하는 것이 교수설계에 필요로 하고 중요하기 때문이다. 위계는 낮은 수준이 선행학습되지 않으면 필연적으로 후속(상위)학습이 진행되지 않는다. 예를 들어 곱셈을 잘하려면 덧셈부터 먼저 배워야 하는 것과 같다. 이처럼 가네는 선행학습 요소의 확인 및 처방과 학습위계의 중요성을 강조하였다. 지적 능력 학습은 신호학습→자극-반응학습→연쇄학습

→언어연합학습→변별학습→개념학습→규칙학습→고차적 규칙학습으로 제시된 순서대로 학습 위계를 구성하고 있다.

표 7-1 가네의 외적 학습조건과 학습결과

구분	외적 학습 조건	학습결과
수업도입 단계	주의집중	언어 정보 지적 기능 인지전략 태도 운동기능
	수업목표 제시	
	선행학습 상기	
수업전개 단계	학습자료 제시	
	수업안내 및 지도	
	연습	
	피드백 제공	
수업정리 단계	성취행동(형성)평가	
	파지 및 전이	

가네의 교수-학습이론의 요점은 학습자의 인지과정에 가장 적합한 수업제공과 새로운 학습을 위해서는 선행지식이 학습되어야 하고 학습하려는 동기가 형성되고 지속적으로 유지되어야 한다는 점을 강조하고 있으며, 수업절차 중에서 파지와 전이의 고양이 학습의 가장 핵심적인 것으로 연습, 복습 등을 통하여 지속적인 강화가 필요하다고 보았다.

3. 교육방법의 선정기준

교육방법에 있어 '최선(best)의 정답은 없으며 최적(best-fit)의 교육방법'만이 존재할 뿐이라는 말이 있듯이, 모든 상황에서 똑같은 효과를 거둘 수 있는 교육방법이란 없다. 따라서 교사는 어떤 교육방법이 자신이 가르치는 교과와 내용에 가장 적절하겠는가에 대해 꾸준히 연구해야 한다. 교육방법의 선정은 여러 가지 기준에서 구별할 수 있다. 교과별, 내용별로 적합한 방법이 있을 수 있고, 학습자 연령과 선행지식의 수준에 따라서도 그에 적합한 방법이 있을 수 있으며, 교사와 학생 간의 상호작용 유형에 따라서도 다양한 방법이 있을 수 있다. 특히 교육방법의 선정은 교사마다 개인적 차이가 심하게 나타날 수 있는 영역이다. 왜냐하면 교사들마다 선호하는 교수방법이 다르기 때문이다. 그러나 일반적으로 교육방법을 선정할 때는 교육내용, 학습자, 교육자원 및 환경과 같은 기준을 고려해야 한다(이정기 외 2008; 이화여대 교육공학과, 2007; 이신동 외, 2020). 이와 같은 점을 고려하여 교육방법의 선정기준을 제시하면 다음과 같다.

① 학습자의 학습 성향으로 학습경험의 정도, 인원 수, 학습자의 흥미 등을 고려해야 한다.
② 학습 내용으로 학습의 유형, 목적, 수준 등을 고려해야 한다.
③ 교육환경으로 활용할 수 있는 매체의 종류, 교실 공간의 크기. 학습자 간의 관계를 고려해야 한다.
④ 교수자의 교육관으로 교수자의 교육철학, 교수-학습방법에 대한 지식, 교수매체에 대한 선호 등을 고려해야 한다,
⑤ 교수-학습 상황(예: 학습 인원수에 따른 방법, 교실 공간, 지식 습득 방법 등)을 고려할 필요가 있다. 그리고 레이(Reay, 1994)가 주장한 교육방법의 선정기준을 살펴보면 다음과 같다.
⑥ 학습내용의 특성 학습 내용의 주제, 교육 목표, 학습 내용 습득 수준의 구체성
⑦ 교육대상자의 특성 학습자의 학습 수준 정도, 인원수, 교육의 지속 여부, 학습자의 기대 정도
⑧ 교육 관련 제반 사항 교육에 필요한 인력, 장소, 교육 시간
⑨ 해당 교육 기관의 기대-의뢰자가 선호하는 교육방법 등을 고려하고 있다.

이와 같은 연구결과를 살펴보면 공통적으로 학습자, 학습내용, 교육환경, 교수-학습 상황, 교육기관의 기대, 교수자의 교육철학 등을 선정기준으로 제시하고 있음을 알 수 있다.

4. 교육방법의 유형

교육방법은 교육목적에 적합한 내용을 효과적으로 전달하기 위한 수단으로 교수의 가장 핵심이며 학습에 가장 직접적으로 영향을 주는 요인이며 설정된 교수목표를 학습자들이 성취하도록 사용하는 일련의 절차와 행동이다. 정보통신의 발달과 이에 따른 사회문화의 패러다임의 변화에 따라 교육의 패러다임도 교사 중심에서 학습자 중심으로, 강의식, 교과서 중심에서 탐구식·발견 중심으로, 암기식 위주의 주입식 교육에서 개인차를 고려한 창의형 인재양성으로, 수동적 수용자에서 자기주도적 능동적 학습으로, 교수자의 역할도 지식 전달자에서 촉진자, 협력자로 변모하고 있으며 이러한 변화에 발맞추어 다양한 교수방법들이 제시되고 있다.

1) 강의법

강의법(lecture method)은 가장 오랜 역사를 가졌으며 lecture의 어원은 'lectore'(큰소리로 읽다)다. 교육현장에서 널리 보편화된 방법으로 교사의 언어로써 정보를 학습자에게 전달하는 형태이다. 즉 지식이나 기능을 교사가 선정, 계획하여 학습자에게 전달하고 이해시키며, 학습자는 이것을 통하여 학습하는 방법이다. 강의법의 문제점으로는 교사의 일방적인 의사소통이므로 학습자와의 상호작용이 이루어지기가 어렵고, 강의를 통해 들은 지식이나 정보의 파지율이 낮고 수동적 학습태도를 갖게 되고, 주의집중이 어렵다는 등의 문제점이 있다. 그럼에도 불구하고 교수-학습현장에서 지속적으로 활용되고 있는 이유는 다음과 같은 장점 때문이다.

① 강의법은 사실적 정보나 개념을 논리적이며 객관적으로 분명하게 제한된 시간 안에 많은 학습자를 대상으로 동시에 전달하고자 할 때 효과적이다.

② 교수-학습내용이 복잡하고 난해할 경우 체계적으로 정리하여 효과적으로 전달해 줄 수 있다. 강의할 내용을 교사의 재량 안에서 보충, 첨가, 삭제가 용이하므로 흥미를 환기하여 학습자의 동기유발을 강화할 수 있다.

③ 교사의 언어적 능력이나 열정에 따라 어떤 사건이나 사실을 보다 실감 있고 흥미롭게 전달할 수 있어 학습 환경을 보다 역동적으로 이끌어 나갈 수 있다.

한편 강의법의 단점으로는

① 학습자의 능동적 참여가 줄어들고 발표력을 저하시킨다.

② 주의 집중력이 떨어진다.

③ 학습자의 학습능력 측정이 불가능하다는 점 등을 들 수 있다.

이러한 장단점을 고려하여 보다 나은 강의법 사용을 위해 교사는 강의를 사전에 철저하게 준비하고 강의 중에 다양한 질문을 통하여 학습자의 주의를 환기시킴으로써 학습자가 적극적으로 사고하고 능동적으로 참여하도록 유도해야 한다.

2) 문답법(질문법)

문답법(question and answer method)은 질문과 응답을 계속하는 과정에서 학습자들의 호기심을 유발하고 스스로 탐구하는 능력을 키우고 배우게 한다. 교사와 학습자, 학습자 상호 간의 의사소통을 증진시키고, 지금까지 배운 것에 대한 평가 및 정리의 수단으로도 사용된다. 문답법에서 사용되는 질문이 단순한 암기를 위한 시험문제 유형이 아니라 학습자의 정신활동을 통찰하여 반성적 사고를 하도록 한다. 질문은 학습자의 경험과 지식 범위 내에서 이루어져야 하며 개인차에 대한 적응 여부도 고려되어야 한다. 즉 개인차가 심한 학급 내에서 질문을 할 때는, 어느 한층에만 해당되는 질문은 피해야 하며 모든 학습자에게 응답의 기회가 균등하게 갈 수 있도록 노력해야 한다. 수업에 활용하는 질문의 유형으로 블로서(Blosser, 1973, 재인용)는 폐쇄적 질문과 개방적 질문으로 구분하여 제한적인 반응과 학습자에 따라 다양한 개방적 대답을 할 수 있도록 하였다(이지헌 외, 2020, 재인용).

3) 토의법

토의법(discussion method)은 교사–학습자 간 혹은 학습자들 간에 일어나는 상호작용적 의사소통을 통해 문제를 해결해 나가는 학습형태이다. 이는 학습자 혼자서는 해결할 수 없는 문제를 집단 안에서 함께 생각하며 문제를 해결해 나아감으로써 타인의 의견 수용, 합리적 결론 도출로 인한 민주적 태도와 가치관 육성 등의 교육적 효과를 낳는다. 또한 전체학습에서는 발표력이 부족하고 소극적인 학습자들이 자기의견을 표현할 기회를 가짐으로써 적극적으로 될 수 있다. 토의법은 참가하는 사람의 수나 목적에 따라 원탁식 토의, 배심토의, 공개토의, 심포지엄, 버즈토의, 대담토의, 세미나 등이 있으며 그 내용은 다음과 같다.

(1) 원탁식 토의(round table discussion)

가장 기본적인 토의 형태로 형식에 구애받지 않고 참가한 전원이 원탁에 둘러앉아 자유로운 분위기에서 좌담하는 방식으로, 10명 내외의 참가자들이 대등한 관계와 상호협력적 태도로 임하면서 자유롭게 의견을 교환하고 문제해결에 노력해야 한다. 원활한 토의를 위해 참가자들 간의 충분한 협조, 개방적 자세, 그리고 공동체적 의식이 필요하다,

(2) 배심토의(panel discussion)

집단의 구성원이 많아서 각자의 발언이 어려울 때, 토의에 참가하는 대표자들이 단상에서 토의하여 다른 구성원에게 공개하는 방법이다. 특정 주제에 대해 의견을

달리하는 소수의 선정된 패널과 다수의 청중으로 구성되며 사회자의 문제와 논점을 중심으로 토의를 진행한다. 패널의 의견 발표, 패널 간 자유토론, 청중에게도 질문이나 발언권을 주게 된다.

(3) 공개토의(forum)

포럼의 사전적 의미는 공공의 광장에서 많은 사람이 모여 공공의 문제에 대해 진행자의 사회로 공개 토의하는 것이다. 토의를 위한 간략한 주제 발표가 있은 뒤, 청중의 참여로 이루어지며, 1~3명의 전문가가 공개적으로 발표한 후에 진행자의 사회로 발표자와 청중 사이의 질의응답을 전개하는 방법이다. 주제에 관하여 새로운 생각, 정보 등을 제공하는 방법으로 공개토론회라고도 한다.

(4) 심포지엄(symposium)

단상토의는 학술적인 면에서 활용되는 방법으로, 2~5명의 전문가가 각기 다른 입장에서 자신의 의견을 발표한 후 청중과 발표자 간에 질의 및 토론이 전개되는 방법이다. 이 형식의 특징은 토의에 참가하는 전문가와 사회자 그리고 청중이 모두 주제에 대한 전문적인 지식이나 정보, 경험을 가지고 있는 전문가들로 구성된다는 점이다.

(5) 버즈토의(buzz discussion)

버즈의 사전적 의미는 '벌이나 벌레 따위가 윙윙거린다', '윙윙 소리를 낸다'라는 뜻을 가지고 있다. 벌이 윙윙거리는 것처럼 소집단의 구성원들이 왁자지껄하고 자유롭게 토의를 진행한다는 의미를 가지고 있다. 이 형식은 한 장소에서 여러 개의 소집단이 분과토의를 진행한 후 최종적으로는 전체 집단이 다 함께 토의결과를 수합하여 결론을 맺게 하는 방법으로 모든 구성원을 토의에 직접 참여시킬 수 있다.

(6) 대담토의(colloquy)

대담토의는 특정주제에 대하여 전문가, 자원인사를 초청하여 청중 대표들과 의견을 나누고 질의와 응답을 하는 방식으로 주제에 대한 관심을 불러일으키고, 특정 주제에 대하여 청중에게 이해시키고자 할 때, 토의를 통하여 도출된 문제에 대한 전문적인 지식에 집중하고자 할 때 활용하는 방법이다.

(7) 세미나(seminar)

세미나는 모든 참여자가 주제에 대하여 전문가, 연구자들로 구성된 소수 집단의 토론으로 주제 발표자의 공식적 발표, 세미나 참가자들의 의견, 질의응답 등으로 구성된다. 세미나의 주된 목적은 참가자들에게 특정 주제에 대한 연수나 훈련의 기회를 제공하는 방법으로 활용된다.

이러한 토의법의 공통적인 장점은

① 개방적인 의사소통 방식으로 학습자가 적극적으로 참여하여 학습동기와 흥미를 유발할 수 있다.
② 집단 활동의 기술을 개발하고 민주적인 태도를 함양하기에 적합하다.
③ 상호 의사소통과 집단적인 문제해결을 학습할 수 있다.

단점으로는

① 집단의 크기가 크면 원활한 토론이 이루어지기 어렵다.
② 토의 진행자가 미숙하면 효과적인 토의 결과 도출이 어렵다.
③ 소수의 토론자에 의해 토의가 주도될 우려가 있다.
④ 사회적 태만(social roughing)으로 인한 무임승차(free-rider)가 발생할 수 있다.
⑤ 많은 시간이 소요된다.

4) 협동학습법

협동학습은 학습능력이 각기 다른 학습자들이 동일한 학습목표를 향하여 소집단 내에서 함께 활동하는 학습방법이다. '전체는 개인을 위하여(one-for-all), 개인은 전체를 위하여(all-for-one)'라는 태도를 갖게 되고, 집단 구성원들의 성공적 학습을 위하여 서로 격려하고 도움으로써 학습부진을 개선할 수 있다. 협동학습은 팀 안에서 학습자들이 서로 토의하는 가운데 자신의 생각을 절충하고 명료화시켜 나가는 과정에서 협동하며 의미 있고 오래 기억되는 학습이 되도록 서로 도움을 줄 수 있다. 협동학습의 대표적 유형으로 성취과제 분담학습(student teams achievement division: STAD), 직소모형(Jigsaw)이 있다.

(1) 성취과제 분담학습(student teams achievement division: STAD)

성취과제 분담학습은 미국 존스 홉킨스 대학의 슬래빈(Slavin, 1989) 등이 개발한 학습자 분담학습(Student Team Learning) 프로그램 중 하나로 개인의 성취가 집단의 점수에 반영되며 이를 토대로 집단에 보상하는 구조다. 성취과제 분담학습은 학생들을 4~5명의 소집단으로 조직하되, 사전검사를 통해 집단의 구성원이 이질적인 배경(지식, 인종, 문화 등)을 가지도록 한다. 각 소집단은 학습자료에 관한 문제를 해결하는 동안 소집단 구성원끼리 토론, 토의, 협동하며 구성원 모두가 학습내용을 이해할 수 있도록 한다. 사후평가를 통해 각자 성취도를 평가받지만, 소집단 평가에는 각 개인의 성장점수, 즉 사전검사와 사후검사 사이의 증가폭을 반영하고 소집단 평가를 중심으로 보상을 지급한다. 개별적 경쟁에서는 문제에 대한 해결방안을 알고 있는 학습자를 싫어하거나, 해결방안을 모르는 학습자를 기피하는 양상을 보이나, 각 개인의 성장점수를 소집단 평가에 반영할 때에는 서로 비난하거나 기피하는 대신 협동하여 상호 성장하기 위해 노력한다.

(2) 직소 모형(jigsaw)

jigsaw의 뜻은 조각그림 맞추기다. 아동이 여러 조각을 협력하여 완성하는 조각 그림 맞추기 퍼즐인 직소퍼즐(jigsaw puzzle)에서 유래하였으며 과제분담 학습 모형이라고도 부른다. 이 모형을 개발한 아론슨(Aronson)이 경쟁적인 교실 환경을 협동적인 환경으로 바꾸기 위하여 개발하였다. 직소는 모든 학생이 교사와 학생의 역할을 동시에 수행하는 과제분담 협동학습 모형이다. 한 학급의 학생을 5~6개의 이질적 집단으로 나누고, 교사가 재구성한 학습 주제를 집단 구성원의 수에 맞게 나누어 각 구성원이 하나의 소주제를 분담하게 하고, 각 집단에서 같은 소주제를 담당할 학생들이 별도로 모여 전문가 집단을 형성해 소주제에 대한 내용을 토의·학습한 후 본래 소속집단으로 복귀하여 다른 구성원에게 가르치도록 한다.

아론슨 등(1978)에 의해 처음 고안된 직소 I 모형은 전통적인 경쟁학습 구조를 약 5~6명으로 구성된 소그룹의 협동학습 구조로 바꾸고, 집단의 학습자들끼리 서로 협동해야만 주어진 공동의 목표를 성취할 수 있도록 하였다. 직소 I 모형의 문제점은 개별점수만 반영하여 과제 해결에 대한 상호의존성은 높지만 보상의존성은 낮았다. 이를 보완하기 위한 직소 II 모형은 개별보상에 집단보상을 추가한 것이다. I 모형과 II 모형이 학습 후 곧 바로 시험을 보기 때문에 시험을 준비할 시간이 부족하다는 문제점을 보완하기 위한 직소 III 모형은 시험대비 학습시간과 학습기회를 추가하였다. 직소 모형의 효과성을 검증한 결과 직소 I 모형은 효과가 크지 않았으나 직소 II와 직소 III은 효과가 큰 것으로 나타났다(Slavin, 1983, 재인용). 이는 보상과 관련이 있는 것으로 보인다. 직소 IV 모형은 교수 안내와 학습자의 정보 정확성을 점검하기 위해 퀴즈실시, 평가 후 재교육 등을 추가하였다(이지헌 외, 2020).

협동학습의 장점을 살펴보면 다음과 같다.

① 집단 구성원 전체가 협력하여 지식을 습득함으로써 혼자 학습할 때보다 교과에 대한 지식이 증대된다.

② 구성원 서로가 학습하는 것을 배울 수 있다.

③ 다른 학습자와 협동하는 능력이나 사회적 관계기술(social skills)을 배울 수 있다.

④ 토론과 논쟁하는 과정을 통해 더 높은 차원의 사고력을 계발할 수 있다.

단점으로는

① 많은 시간과 노력이 소모된다.
② 소수의 우수한 학습자의 주도로 나머지 학습자가 소외되고 심리적으로 위축되기 쉽다.
③ 학습능력이 낮은 학습자가 적극적으로 학습에 참여하지 않아도 학습능력이 높은 학습자의 성과를 공유할 수 있다(무임승차 효과).
④ 학습능력이 높은 학습자는 자신의 노력의 성과가 다른 학습자에게 돌아가기 때문에 학습에 적극적으로 참여하지 않을 수 있다(봉 효과).
⑤ 집단과 과제가 적절하게 구성되지 않으면 책임을 다하지 못한 학생이 집단 속에 가려져 눈에 띄지 않을 수 있다(링겔만 효과).

5. 교육방법의 최근동향

1) 전자책과 전자교과서

테크놀로지의 발달과 보급, 싼 가격은 전자책에 대한 새로운 가능성을 열어주고(백영균 외, 2006), 책갈피 기능, 하이라이트 기능, 메모 기능, 저장기능 등은 종이책에는 없는 장점을 가지고 있다. 전자교과서는 교육용 데이터베이스, 멀티미디어 자료, 학습자 관리프로그램 등을 포함하는 학습도구로 개발되었으며 2005년 초등학교 수학교과서가 테블릿 PC 기반으로 개발되어 현장에 적용(이병승 외, 2013)된 이래 지속적인 발전을 계속하고 있으며 인터넷으로 다운받아 시용할 수 있는 e-교과서도 개발되고 있다(이지헌 외, 2020).

2) 유비쿼터스 러닝(ubiquitous learning)

유비쿼터스란 '신(God)은 어디에나 널리 존재한다'는 라틴어 ubiquitarius의 영어식 변형 'ubiquitous'이다. 유비쿼터스 학습(ubiquitous learning, u-learning)은 유비쿼터스 환경을 기반으로 학생들이 시간, 장소, 환경 등에 구애받지 않고 일상생활 속에서 언제 어디서나 원하는 학습을 할 수 있는 교육 형태이다. 즉 학습자가 언제 어디서나 어떤 내용이건 어떤 단말기로도 학습할 수 있는 지능화된 학습환경을 의미(백영균, 2006)하고, 기존의 교육이 학습자가 원하는 정보를 찾기 위하여 특정 시간에 특정 장소에 가는 것이 아니라 학습정보가 학습자를 찾아다니게 되며 현실 공간이건, 사이버 공간이건, 모든 공간이 학습공간이 된다(이병승 외, 2013).

3) 이러닝(e-learning)

이러닝은 전기나 전자를 의미하는 electronic의 e와 학습을 의미하는 learning이 합성된 용어로서 기본적으로는 전자적 환경을 기반으로 하는 학습을 의미한다. 인터넷 기반의 전자적 매체를 통해 구현된 학습 환경에서 학습자들이 시간과 공간을 초월하여 상호작용 및 자기주도적 학습활동을 통해 다양한 형태의 학습경험을 수행하는 학습체제이며 교실 내외에서 이루어지는 인터넷 기반 학습이라고 볼 수 있다. 장점으로 상호작용, 접근용이성 및 편리성, 학습자 주도의 학습 및 개별화 학습, 비용효과성을 들 수 있다.

4) 블렌디드 러닝(blended learning)

블렌디드 러닝은 학습효과를 극대화하기 위해 마치 칵테일처럼 온라인과 오프라인 교육, 그리고 다양한 학습 방법을 혼합하는 것이다. 블렌디드 러닝의 방법으로는 집합교육을 중심으로 온라인 교육을 보완하거나 자율 학습 방식에 온라인 협동 학습을 접목하는 방식, 다양한 온라인 학습 전략에 오프라인으로 보조하는 방법 등 각 교육 주체마다 다양한 전략이 가능하다. 블랜디드 러닝은 오프라인 과정에서 발생하는 비용과 시간을 절약하고 오프라인 교육의 문제점을 보완하고 교육행정 비용의 절감 등 오프라인 교육이 가진 문제점을 보완할 수 있다. 최근에는 코로나 19로 인한 비대면 원격수업이 장기화되면서, 교육의 질적 향상을 위한 온·오프라인 혼합교육의 필요성이 강조되고, 가정별 경제력과 교육적 관심도의 격차가 심화되고 있는 점을 고려하여 대면 학습과 온라인 학습을 결합한 블렌디드 러닝이 대안으로 부각되고 있다(민재윤·김민, 2021).

5) 무크(MOOC)

MOOC는 온라인 공개 수업(Massive Open Online Course)의 약자이다. MOOC의 사전상 의미는 '대규모 사용자를 대상으로 제공하는 온라인 공개 수업'이다. 일반적으로 대학 수업을 온라인으로 접속해 들으면서 동시에 무료로 들을 수 있는 강의를 MOOC라고 표현한다. 2008년 캐나다에서 처음 시작되었고 2012년 미국에서 코세라(Coursera), 유다시티(Udacity), 에드엑스(edEX) 등 3대 주요 서비스가 등장한 후 널리 알려졌다. 『뉴욕타임스』는 2012년을 '무크의 해'로 불렀는데, 미국에서는 2013년 현재 강의뿐 아니라 관련 학술자료, 교과서, 시험, 토론 등 수업 전체를 전 세계 학생들에게 무료로 제공하는 대학이 빠른 속도로 확산하고 있다. 2015년 현재 유럽에선 독일과 프랑스, 아시아에서는 인도, 중국, 일본이 무크 서비스를 제공하고 있다. 광범위하게는 테드(TED)와 같은 일회성 강의도 MOOC에 포함되고, 유료 강의도 역시 MOOC로 보기도 한다. MOOC는 2012년부터 본격적인 관심을 받았으며, 최근엔 MOOC 플랫폼 수도 점점 늘어나면서 그 영향력이 확장되고 있다.

K-MOOC(Korean Massive Open Online Course, 케이 무크, 한국형 온라인

공개강좌)는 국가평생교육진흥원에서 진행하는 한국형 MOOC로서 대학의 강좌를 언제나, 어디서나, 누구나, 무료로 수강할 수 있는 서비스이다. 여러 대학의 협력 속에 고등교육을 담당한다. 2015년 10월에 10개 참여대학 27개 강좌로 서비스를 시작하여 2019년 2월 26일 기준으로 총 510개 강좌를 개발·제공하고 있으며 학점과 학위를 취득할 수도 있다.

무크(MOOC)는 'Massive Open Online Course'의 약자로 인원의 제한 없이(Massive), 모든 사람이 수강 가능하며(Open), 웹 기반으로(Online) 미리 정의된 학습 목표를 위해 구성된 강좌(Course)를 말한다.

K-MOOC는 온라인을 통해 누구나, 어디서나 원하는 강좌를 무료로 들을 수 있는 온라인 공개강좌 서비스로 2015년에 시작된 한국형 무크이다. 국내 주요 대학들의 강좌를 무료로 들을 수 있으며 2021년 10월 말 기준 회원 가입자는 935,000명에 수강신청은 217만 7천 여 건이다.

|그림 7-5| MOOC와 K-MOOC

출처: https://m.blog.naver.com/PostView.naver/kmooc.kr

6) 플립 러닝(flipped learning)

Flipped의 사전적 의미는 '뒤집힌'이라는 뜻이다. 기존의 학습방식을 '교실수업-교실수업 후'에서 '교실수업 전-교실수업'으로 뒤집는 것이다. 플립드 러닝을 미국에서는 플립드 클레스 룸(flipped classroom)과 같은 뜻으로 사용하고 있으며, 한국에서는 '플립드 러닝,' '플립 러닝', '플립트 러닝' 등으로 원어의 발음을 그대로 사용하는 경우와 번역하여 '뒤집힌 학습,' '거꾸로 학습', '역전학습' 등의 용어도 사용하고 있다(임진혁, 2014). 기존의 학습모델은 학생들이 수업시간에는 교수의 강의를 통해 지식을 습득하고 수업 후에 숙제를 통해 응용 및 문제풀이를 하지만 플립 러닝에서는 수업 전에 비디오 등과 같은 학습 자료를 통해 학생들이 자기주도적으로 지식을 습득하고 수업시간에는 습득한 지식에 대한 논의와 평가 등을 통해 확인 및 보완한 후 문제풀이 혹은 토론을 통해 지식의 응용에 집중한다(Bergmann & Sams, 2012). "강의 없는 강의실"(Prober & Heath, 2012), "강의는 집에서, 숙제는 학교에서"라는 표어들이 플립 러닝의 기본원리를 한마디로 요약하고 있다. 전통적인 교실수업은 교사의 강의와 교실 내에서(in–school) 진행되었지만 플립 러닝은 수업 내용의 사전 이해와 수업 시간 전에 미리(pre–school) 준비되어 있으며 교사의 역할이 전달자에서 촉진자, 지원자의 역할을 수행하게 됨으로써 학습자 주도적 학습이라고 볼 수 있다. 이와 같은 수업방법으로 학습자는 자신감의 형성, 수업에 대한 흥미, 본질적 학습의 가능, 상호작용 촉진으로 인한 역동적인 학습(이정기, 2015; 이신동 외 2020. 재인용)이 가능해진다. 플립 러닝은 학습자를 변모시키고, 고차원적인 문제해결을 위한 시간이 되는 특성을 가지고 사전 학습을 통하여 자신감과 문제해결에 대한 기본적 역량을 가지고 수업에 참여하게 된다.

플립 러닝의 장점으로는

① 학습자가 학습에 대한 책임감을 느끼고 스스로 탐구하고 발전시키는 방식이기 때문에 학습효과와 학습자의 자기 효능감이 높다.
② 사전 학습을 통해서 오프라인 수업의 이해력과 집중력이 향상된다.
③ 자기주도적 학습이 가능하고, 각 학습자의 수업 이해 정도가 깊다.
④ 교사와 학생, 학생과 학생 간에 상호작용을 높일 수 있다.

한편 단점으로는

① 사전학습(혹은 예습)을 하지 않으면 수업 진행에 문제가 생길수 있으며 기초지식이 없을 경우에 사전 학습이 힘들다.

② 개인과 환경의 차이로 사전학습의 개인차가 심할 수 있다.

③ 강의 규모가 클 경우 진행이 어렵다 등을 들 수 있다.

7) 문제기반학습(problem-based learning: PBL)

Barrows(1994)는 의과대학 학생들이 매우 오랫동안 힘든 교육을 받았음에도 인턴이 되어 실제 환자를 진단하는 데 어려움이 있다는 것을 발견하였다. 전통적인 의과대학 교육에 문제점이 있다고 생각하고 지식 암기 위주 교육을 탈피하고 의사들이 실제 상황에서 복잡한 문제를 직면할 때 문제를 진단하고 처방하는 과정으로 자기주도적 학습(self-directed learning)을 제시하였다. 문제기반 학습은 실생활과 연계된 문제를 제시하고 이것을 해결해 나가는 과정을 통해서 문제해결 능력이 향상되는 교육방법이다. 구체적인 문제를 통해 교수자 중심의 강의법을 벗어나 제기된 문제를 중심으로 해결해 나가는 과정을 통해 학습이 이루어지는 방법이다(조연순, 2006; 이신동 외, 2020). 문제기반학습의 특징은 실제 상황과 관련된 사례중심의 문제를 통해 수업을 진행하며 학습자중심의 자기주도적 학습(self-directed learning)이다. 여기에서 자기주도적의 의미는 학습자가 문제를 규명하고 문제에 대한 해결안이 도출될 때까지 타당성을 증명하므로 학습과정과 결과에 대해 책임을 진다는 의미이다. 주입식 교육과 달리 주제의 제시나 지식의 전달이 없는 협력적 학습(collaborative learning)이며 교수자는 촉진자(facilitator)의 역할을 수행한다.

바로우

하워드 바로우(Howard Barrows, 1928~2011)는 미국 일리노이 대학교 의과대학의 명예 교수로 미국의 의사이자 의료교육자였다.
이전에는 교육부 부교수 및 의학교육 의장으로 재직하였다.
PBL의 대표적 학자이다.
주로 튜터식 소그룹 학습에서 학습자와 지도자가 행해야 할 기술과 커리큘럼을 만들어 많은 협회와 워크숍을 통해 전 세계적으로 널리 교수법을 전파하였다.

문제기반학습의 장점으로는, 창의적 문제해결능력, 자기주도적 학습능력, 협동심을 향상시킬 수 있으며 학습자의 흥미를 유발하고 지식의 습득과 전이에도 효과적이다.

반면에 단점은, 문제 설계가 제대로 되지 못했을 경우 학습자는 분석과 해결안 도출의 진행이 어려울 수 있으며, 문제의 수나 참여자 수에 따라 발표와 토론 시간이 부족할 수 있다.

8) 프로젝트 기반학습(project-based learning: PBL)

문제기반학습의 일종으로 학습자가 자기주도적으로 스스로 질문을 생성하여 관련 지식과 경험을 활용함으로써 질문에 대한 결과를 구체적인 산출물의 형태로 만들어 내는 수업방법(Blumenfeld, Soloway, Marx, Krajcik, Guzdial, & Palincsar, 1991)이다. 학습자가 장기간에 걸쳐 복잡하고 실제적인 문제를 탐구하고 과제를 수행하는 과정을 통해 지식과 기술을 학습하는 체계적인 수업형태(Markham, 2003; Tseng et al., 2013)를 말한다. 프로젝트가 수행되는 동안 교수자는 촉진자, 조력자 역할을 수행하며 학습자가 결과물을 도출하는 데 필요한 지식과 기술을 제공한다. 프로젝트 기반학습의 성공요인은 학습자의 자발적이고 능동적인 태도와 소집단 내의 협동과 원활한 상호작용(신명희 외, 2018)이다.

프로젝트 기반학습의 장점은 교수자의 일방적인 지식 전달이 아닌 학습자에게 필요한 지식을 습득하도록 지원하고, 학습자가 학습목표, 내용, 계획을 결정하는 주체가 됨으로써 흥미 및 동기 수준이 향상되는 점을 들 수 있다. 단점으로는 학습자가 학습의 주체가 되는 것에 불안감을 가질 수 있으며 실제성과 복잡성이 반영된 문제에 대해 높은 난이도를 인식하고 협업기술의 부족 및 수업에 대하여 심리적 부담감을 가질 수 있다. 문제기반학습과 프로젝트 기반학습이 근본적으로는 같으나 다음과 같은 차이점이 있다.

첫째, 문제기반학습은 사고과정이 중심이 되지만 프로젝트 기반학습은 구체적인 결과를 만들어 내는 실천적인 면에 중점을 둔다.

둘째, 문제기반학습은 이론적으로 문제를 해결해 나가는 과정을 중요시하나 프로젝트 기반학습은 구체적으로 문제를 해결하는 데 중점을 둔다.

셋째, 프로젝트 기반학습은 문제기반학습보다 속성상 대체적으로 학습기간이 길다.

표 7-2 문제기반학습과 프로젝트기반학습의 차이점

구분	문제기반학습	프로젝트기반학습
학습결과물	사고과정이 중심	구체적 결과물
문제해결 방법	이론적으로 문제해결 과정을 중요시	구체적 문제해결에 중점
학습기간	학습기간이 그리 길지 않음	대체적으로 길다

학 습 과 제

1. 교육 방법의 개념에 대하여 설명하시오
2. 교수와 학습에 대하여 설명하시오
3. 강의법의 장단점을 대하여 설명하시오
4. MOOC와 사이버 교육의 차이점에 대하여 설명하시오
5. 플립러닝과 블랜디드 러닝의 장단점에 대하여 설명하시오.

용 어 설 명

1. 파지(把持: retention)꽉 움켜쥐고 놓지 않는다는 뜻으로 '유지, 기억' 의 의미)
2. 전이(轉移: transference: 학습된 정보를 일반화하거나 적용할 수 있는 것을 의미함)
3. TED(Technology, Entertainment, Design)는 미국의 비영리 재단에서 운영하는 강연회이다. 정기적으로 기술, 오락, 디자인 등과 관련된 강연회를 개최한다. 강연은 18분 이내에 이루어진다. 이 강연 하나 하나를 'TED TALKS'라 한다.

교육공학

CHAPTER 8

INTRODUCTION TO EDUCATION

1. 교육공학의 개념

교육공학(educational technology)의 어원 'education'은 라틴어의 'educare'(bring up)와 'technology'는 그리스의 'techne(기술)', 'logia(학문)'에서 유래한 말로 그 어원적 의미는 인간의 잠재력을 이끌어 내고 능력, 태도 및 행동을 개발하는 기술, 학문이라는 뜻을 담고 있다. 교육학이 인간 행동에서 변화가 가능하도록 법칙을 발견하는 학문이라면 공학은 문제를 해결하거나 목표를 달성하기 위하여 관련된 지식을 적용하는 데 초점을 두고 있다(Cunningham & Allen, 2010). 이와 같이 교육공학의 의미는 교육학과 공학의 복합어로서 교육현장에서 가르치고 배우는 일련의 과정에서 발생하는 제반 교육적인 문제해결을 위하여 관련된 교육학적, 공학적적 지식이나 내용을 복합적·체계적으로 적용하는 영역이다. 교육공학의 영역은 [그림 8-1]과 같다.

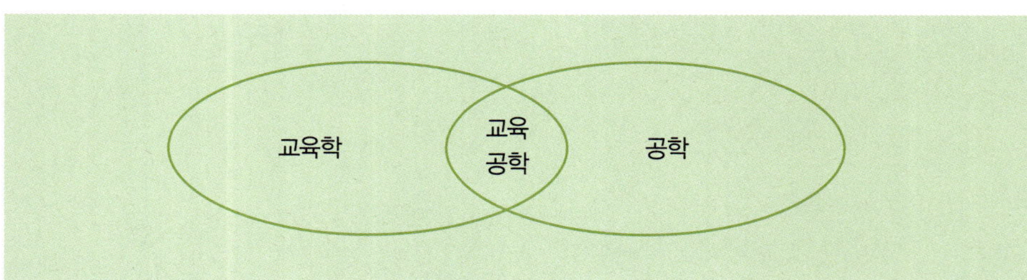

|그림 8-1| 교육공학 영역 벤 다이어 그램

2. 교육공학의 정의

교육공학은 배우고 가르치는 과정에 관련된 다양한 문제 중 어떻게 더 잘 배우고 가르칠 수 있느냐의 교육의 방법론적 문제의 해결을 위한 것이다. 교육공학의 학문적 특성이나 연구영역이 명료해진 것은 실즈와 리치(Seels & Richey, 1994)의 정의에서 출발한다. 그들은 "교수공학(instructional technology)은 학습을 위한 과정과 자원의 설계, 개발, 활용, 관리, 평가에 관한 이론과 실제이다."라고 하여 교육공학의 학문적 발전과 기술변화를 반영한 정의를 제시하였으며 실즈와 리치의 연구를 바탕으로 한 미국교육공학회(Association for Educational Communications and Technology: AECT, 1994)의 정의가 가장 널리 인용되고 있다. 한편 2008년 미국교육공학회의 공식적인 재정의에 의하면 "교육공학(educational technology)은 적절한 공학적 과정과 자원을 창출하고 활용하며 관리하여 학습을 촉진하고 수행을 향상시키려는 연구와 윤리적 실천이다."(Januszewski & Molenda, 2008; 이지헌 외, 2020. 재인용)라고 하여 1994년도 사용한 교수공학에서 '교육공학'이라고 용어를 변경하였다. 또 교육공학이 일종의 연구영역이며 하나의 실천 영역이라는 점을 강조하였으며 지적 재산권 문제와 연결하여 윤리적 실천의 중요성을 부각하였다. 실즈와 리치 그리고 미국공학학회의 정의를 종합하면, 교육공학이란 교육 관련 문제를 해결하기 위하여 체계적인 지식을 적용하여 교육 현장을 개선하고 교육효과를 높이는 방법을 설계, 개발, 활용, 관리, 평가하는 실천적 응용학문으로 정의할 수 있다.

미국교육공학회(AECT)는 세계에서 가장 큰 규모의 교육공학회이며 미디어와 다양한 기술을 통한 학습과 교육을 향상하기 위해 연구, 실천하고 있다. 창립: 1923년, 소재지는 미국 워싱턴 D.C.이다.

|그림 8-2| 미국교육공학회

출처: https://www.aect.org/

3. 교육공학의 영역

1) 교육공학의 영역

교육공학은 정의에 대한 탐색과 더불어 하위 영역을 구체화하고자 하는 노력 역시 지속적으로 있어 왔는데, 미국교육공학회의 후원을 받은 실즈와 리치(Seels & Richey, 1994)의 연구에 의하면 교육공학은 아래와 같은 다섯 가지 영역으로 구분할 수 있다.

표 8-1 교육공학의 다섯 가지 영역과 하위 구성 영역 내용

영역	하위 과제 내용
설계영역	• 교수체제 설계 • 메시지 디자인 • 교수전략 • 학습자 특성
개발영역	• 인쇄 공학 • 시청각 공학 • 컴퓨터 기반 공학 • 통합 공학
활용영역	• 매체 활용 • 혁신의 보급 • 수행과 제도화 • 정책과 규제
관리영역	• 프로젝트 관리 • 자원 관리 • 전달체제 관리 • 정보 관리
평가영역	• 문제 분석 • 준거지향 측정 • 형성평가와 총괄평가

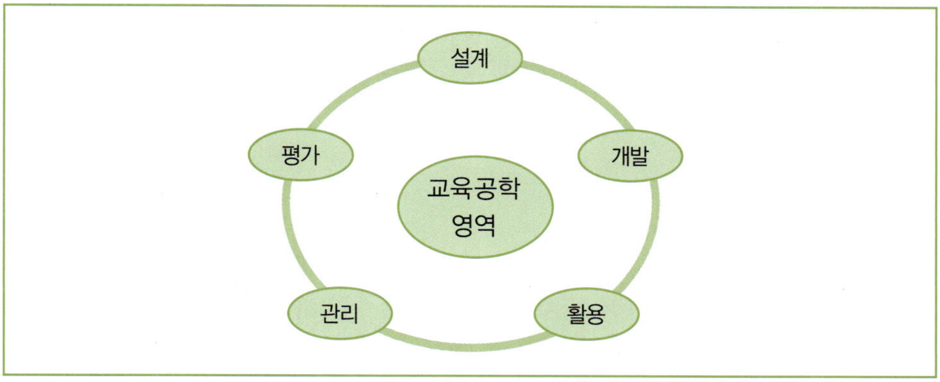

|그림 8-3| 교육공학의 영역

(1) 설계영역

설계영역은 교수체제 설계, 메시지 디자인, 교수전략, 학습자 특성 등으로 구성되어 있으며 실제 교수, 학습이 일어나기 이전에 학습을 촉진시키기 위하여 세부 실행계획을 수립하는 단계로, 가르치고 배워야 하는 부분에 대한 설계다. 강의 계획서 작성 등을 그 예로 볼 수 있다

(2) 개발영역

개발영역은 교수자료, 교수매체의 개발에 필요한 지식과 실제를 제공하고 있으며 그 세부 내용은 인쇄 공학, 시청각 공학, 컴퓨터 기반 공학, 통합 공학 등을 포함한다. 설계된 교수-학습 내용을 구체적으로 실현하기 위하여 실제로 제작하는 것을 의미하며 PPT 자료, 시청각 자료 만들기가 그 예이다.

(3) 활용영역

활용영역은 앞서 설명한 설계영역과 개발영역에서 개발된 프로그램이나 매체에 대하여 효과적이고 직접적으로 활용할 수 있는 영역이다. 매체 활용, 혁신의 보급, 수행과 제도화, 정책과 규제를 포함한다.

(4) 관리영역

관리영역은 설계, 개발, 활용의 과정 및 교육공학의 산출물을 감독하고 학습을 위한 자원의 적절한 배분이 이루어지도록 하는 일을 의미하며 프로젝트 관리, 자원 관리, 전달체제 관리, 정보 관리를 포함한다.

(5) 평가영역

평가영역은 발표된 교수-학습 자료의 적절성을 결정하기 위한 것으로, 학습자의 요구나 교수환경을 충분히 고려하여 개발되었는가의 여부를 의미하며 문제분석, 준거지향 측정, 형성평가와 총괄평가를 포함한다. 중간고사, 기말고사 등이 그 예이다.

4. 수업설계 모형

1) 수업설계

수업설계(Instruction Design: ID)란 학습을 촉진시키기 위하여 교수-학습내용을 조직화하는 과정을 말하며 학습과 직접적으로 관련된 요소들을 구체화하는 활동이라는 점에서 교육공학의 핵심적 분야라고 볼 수 있다. 기대되는 학습성과를 달성하기 위하여 최적의 내용구성 및 교수-학습방법을 계획하고 구체화하는 일련의 절차를 의미하며 학습과정을 최적으로 촉진시키기 위해서는 교수환경과 같이 전체적인 구성도 중요하지만 학습자의 특성을 반영한 구체적인 교수방법을 동시에 고려해야 할 필요가 있다. 따라서 수업설계는 교수목표 달성을 위하여 최적의 계획을 수립해야 하는 준비과정이며 처음에 계획한 학습목표를 달성하기 위하여 과학적으로 입증된 교수-학습이론과 원리를 적용하여 효과적인 수업이나 단원을 개발하고 실행하는 체제적인 방법을 의미한다(교육공학용어사전 편찬위원회, 2015).

2) 수업설계의 모형

수업설계 모형으로는 ADDIE 모형(Analysis, Design, Development, Implementation, Evaluation Model), 딕과 케리모형(Dick and Carey Model), 켈러(Keller)의 ARCS(Attention, Relevance, Confidence, Satisfaction Model) 모형이 대표적인 모형이다. ADDIE 모형 이외의 대부분의 다른 모형은 ADDIE 모형을 수정, 보완, 변형하여 사용하고 있다. ADDIE 모형과 딕과 케리 모형은 효과적인 프로그램 개발에 목적이 있으나 켈러 모형은 학습자의 동기유발 전략을 체제적으로 제공하기 위한 모형이다

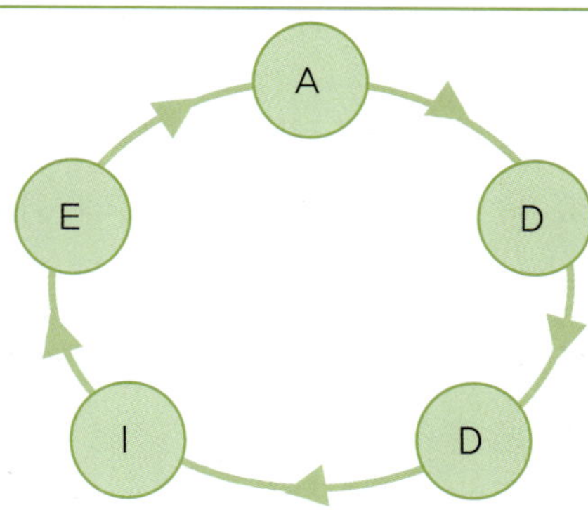

|그림 8-4| ADDIE 모형

(1) ADDIE 모형

ADDIE 모형은 Analysis(분석), Design(설계), Development(개발), Implementation(실행), Evaluation(평가)의 다섯 단계로 이루어지며, 각 단계의 머리글자를 따서 ADDIE라고 부른다. ADDIE 교수설계 모형은 ISD(Instructional Systems Development, 교수체제개발)의 기본 모형으로, 교수체제 설계모형의 기초이며 보편적으로 활용되는 모형이다. 교육프로그램 개발의 기본모형 등에서도 다양하게 활용되는 모형이라 할 수 있다.

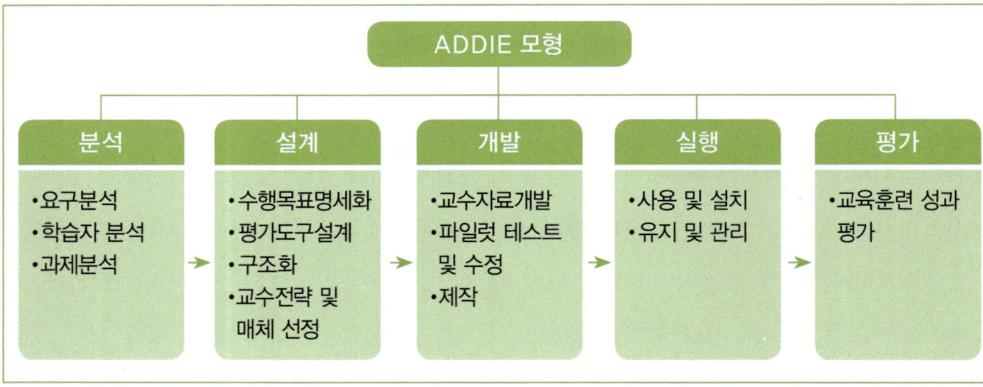

|그림 8-5| ADDIE 모형의 다섯 단계

ADDIE 모형의 다섯 단계 내용은 다음과 같다.

첫째, 분석단계로 학습관련 요구를 분석하는 단계로 요구분석, 학습자의 수준과 특성 등을 분석하고 교육을 위한 물리적 환경과 직무, 과제를 분석하고 필요한 기능과 지식, 태도를 파악한다.

둘째, 설계단계로 분석결과를 바탕으로 목표를 세우고, 평가도구를 결정한다. 효율적인 프로그램이 되도록 구조화하며 학습촉진을 위한 교수전략과 매체를 정한다.

셋째, 개발단계로 교육에 사용될 자료를 실제로 개발, 제작하는 단계이며 초안으로 형성평가를 실시하고 프로그램의 수정·보완을 거쳐 최종 산출물을 제작하는 단계이다.

넷째, 실행단계로 개발된 프로그램을 실제로 사용하고 지속적으로 변화, 유지, 관리를 통하여 목적이 달성되도록 프로그램 실행에 필요한 체계 구축이 필요한 단계이다.

다섯째, 평가단계로 프로그램과 매체 등이 적합한지, 효율적인지, 프로그램을 지속해도 좋은지, 수정할 내용은 무엇인지 등 결과를 평가하고 지속성 여부와 재적용에 대한 수정사항을 평가한다. 여기에는 형성평가와 총괄평가가 포함된다.

ADDIE 모형은 교수설계 분야에서 가장 널리 사용되고 있으며, 각 단계는 선형적인 것이 아니라 유기적으로 상호 연관되어 있음을 유념해야 한다. ADDIE 모형은 교육적 요구를 분석하여 해결 대안을 찾아내고, 이를 실행하기 위한 교육과정을 설계 및 개발하여 실행하고 그 결과를 평가하는 체제적 접근 모형이며 다양한 자료에 기초하여 시대에 맞는 효과적인 의사결정을 할 수 있다(곽재효·유헌, 2018). 그러나 ADDIE 모형은 증거를 수집하는 단계의 타당성을 확보하는 과정이 부족하다는 한계를 지니고 있다. 즉 교수설계 모형은 요소를 구성하는 데 중점을 두기에 각 단계마다의 절차적 타당성을 확보하는 데는 부족하다는 등의 한계를 지닌다(임관혁 외, 2021).

(2) 딕과 케리 모형(Dick and Carey Model)

딕과 케리 모형은 체제접근 이론에 입각하여 효과적인 프로그램을 개발하는 데 필요한 단계를 제시한 설계모형으로 ADDIE 모형을 세분화한 모형이다. 목적 확인을 위한 요구평가, 교수분석 수행, 학습자와 맥락분석, 수행목표 진술, 평가도구 개발, 교수전략 개발, 교수자료 개발 및 선정, 형성평가 설계 및 수행, 교수수정, 총괄평가 설계 및 수행의 열 단계로 구성되어 있다(이신동 외, 2020).

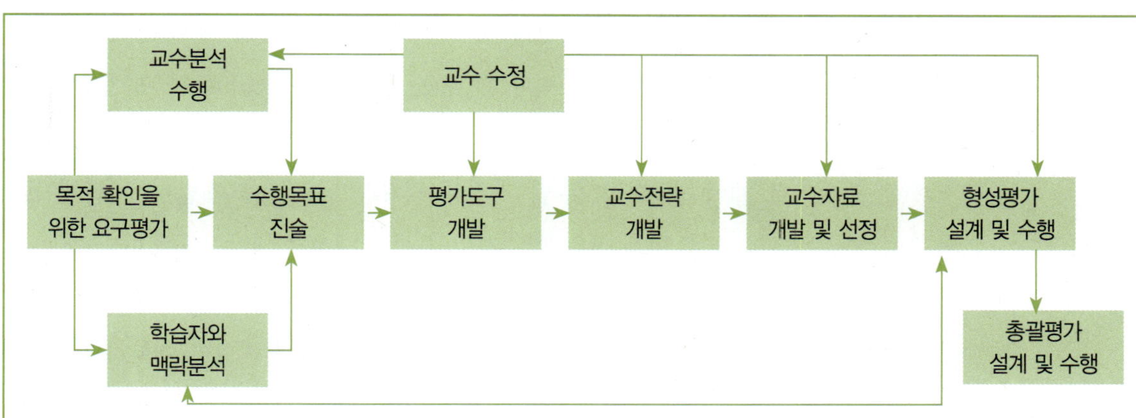

|그림 8-6| 딕과 케리 모형

각 단계에 대한 세부내용은 다음과 같다.

① 목적 확인을 위한 요구 평가: 최종 목적을 설정하는 단계로, 학습자의 요구 사정과 교육과정 분석에 의해 파악·설정된다.

② 교수분석 수행: 학습자가 배워야 할 학습유형을 결정하는 목적 분석과 학습을 하는 데 필요한 하위기능 및 학습절차를 분석·결정하는 하위기능 분석이 있다.

③ 학습자와 맥락분석: 수업을 시작할 때 학습자의 선수지식과 교수활동을 설계하는 데 중요하게 고려해야 될 학습자의 특성을 분석한다.

④ 수행목표 진술: 학습과제와 학습자 특성 분석결과를 바탕으로 하여 학습자들이 수업이 끝났을 때 성취해야 할 학습목표들을 구체적으로 진술한다. 학습목표는 평가를 위한 준거기준이 되므로 명확히 진술해야 하고, 성공 여부를 판단할 수 있는 기준을 포함해야 한다.

⑤ 평가도구 개발: 학습자의 학습목표 달성 정도를 측정할 수 있는 평가도구와 문항을 개발하는 과정으로 개발한 문항은 학습목표에서의 성취행동과 일치되어야 한다.

⑥ 교수전략 개발: 최종 학습목표를 달성하기 위한 수업 전달 방법과 절차 및 사용할 교수매체의 활용을 계획하고 결정하는 단계로 동기유발, 학습 내용의 제시, 피드백 등을 고려하여야 한다. 교수전략은 학습에 대한 연구 결과, 학습과정에 대한 지식, 가르쳐야 할 내용, 학습자 특성을 고려하여 개발되어야 한다.

⑦ 교수자료 개발 및 선정: 수업 과정에 필요한 자료들을 개발하는 단계이며, 자료들은 학습 목표와 내용, 학습자의 특성을 고려해 개발되어야 한다.

⑧ 형성평가 설계 및 수행: 전 단계까지 개발이 완료된 교수 프로그램은 일대일 평가, 소집단 평가, 현장평가와 같은 평가방법을 통해 결과를 검토하고 수정·보완한다.

⑨ 교수수정: 형성평가 결과를 토대로 잘못된 점을 수정하고, 학습과제 분석의

타당성과, 학습자 특성에 대한 가정을 재검토한다. 학습목표 진술의 적절성, 평가문항 개발의 타당성, 교수전략의 효과를 종합적으로 검토·수정하여 더 효과적인 프로그램을 개발한다.

⑩ 총괄평가 설계 및 수행: 수정·보완된 교수 프로그램의 효과를 총괄평가를 통해 검증한다. 총괄평가는 외부 평가자에 의해 실시된다.

딕과 케리 모형의 목적 확인을 위한 요구평가, 교수분석수행, 학습자와 맥락분석 분석은 ADDIE 모형의 분석단계에, 딕과 케리 모형의 수행목표 진술, 평가도구 개발, 교수전략 개발은 ADDIE 모형의 설계단계에 해당한다. 또한 딕과 케리 모형의 교수자료 개발 및 선정, 형성평가 설계 및 수행은 개발단계에 해당하며 교수 수정, 총괄평가 설계 및 수행은 평가단계에 해당한다. 딕과 케리 모형에는 ADDIE 모형의 실행단계가 생략되어 있다. 그 이유는 딕과 케리 모형이 설계 프로세스 관점에서 구성되었기 때문이다. ADDIE 모형과 딕과 케리모형의 비교는 〈표 8-2〉와 같다.

표 8-2 ADDIE 모형과 딕과 케리모형 비교

ADDIE 모형	딕과 케리 모형
분석단계	요구평가, 교수분석 수행, 학습자와 맥락분석
설계단계	수행목표 진술, 평가도구 개발, 교수전략 개발
개발단계	교수자료 개발 및 선정, 형성평가 설계 및 수행
평가단계	교수 수정, 총괄평가 설계 및 수행
실행단계	

(3) 켈러 모형(Keller Model)

앞서 설명한 ADDIE 모형과 딕과 케리 모형이 효과적인 교수 프로그램 개발에 필요한 일련의 단계를 제시한 것에 비해, 켈러(Keller) 모형은 학습동기도 수업설계자와 교수자에 의해 지속적이고 체제적으로 수업과정에서 계획하고 설계

되어야 함을 주장하면서 동기유발 및 유지전략을 수업설계에 반영하기 위한 모형이다(이지헌 외, 2020). 개인의 필요, 믿음, 기대에 영향을 미치는 여러 가지 변인과 네 가지의 구체적 개념, 즉 주의집중(Attention), 관련성(Relevance), 자신감(Confidence), 만족감(Satisfaction)의 머리 글자를 따서 ARCS 이론으로 부른다. 네 가지 개념은 학습동기를 유발하고 유지하기 위해서 필요한 구성요소로 동기유발을 위한 구체적 전략을 소개하였다. 동기유발 전략을 체계적으로 제공하기 위한 모형으로 동기설계 이론(이신동 외, 2020)으로도 불린다. 동기유발을 위한 주요 질문은 네 가지가 있으며 그 내용은 다음과 같다.

① 주의집중(attention): 학습자의 관심을 집중시키기 위한 호기심 자극, 주의환기, 유지, 집중 등 학습의 필요와 목적에 대한 지각 정도를 의미한다.

② 관련성(relevance): 학습자들이 공부해야 하는 이유, 필요성, 수업과 학습자의 경험의 연결, 학습자의 요구충족, 수업을 학습유형이나 개인적인 관심과의 연결시킬 수 있는 동기일치에 관심을 둔다.

③ 자신감(confidence): 학습자들이 성공에 대한 기대감, 능력에 대한 확신, 성공이 노력과 능력에 기초한다는 확신 등이 있다.

④ 만족감(satisfaction): 학습자의 노력의 결과와 성취기대가 일치하게 되면 학습동기가 유지됨을 의미한다. 내적 만족도 격려와 보조, 성과에 대한 보상, 공정성 강조 등이 있다.

켈러

존 엠 켈러(John M. Keller, 1938~)는 미국의 교육심리학자이다. 켈러의 모형은 ARCS 이론이라고도 하며 이 이론은 동기유발의 네 가지 요건을 주의집중, 관련성, 자신감, 만족감으로 보고, 이러한 요건을 총족시키도록 수업을 설계하면 효과적인 수업이 된다는 이론이다. 켈러는 그의 저서 『*Motivation Design to Learning and Performance*』에서 거시적인 학습동기 이론의 네 가지 요소가 어떻게 학습자의 노력과 수행, 결과에 대해 영향을 끼치는지에 대하여 설명하였다.

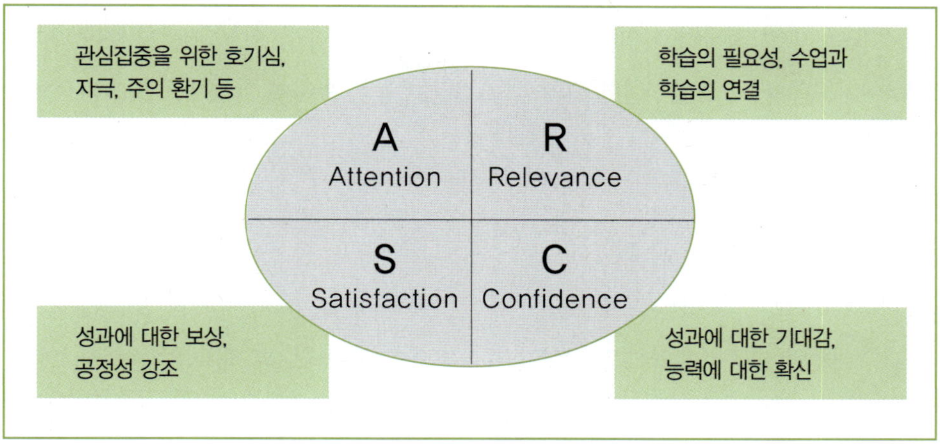

|그림 8-7| 켈러의 ARCS 이론 모형

5. 교수매체의 선정 및 활용

1) 교수매체의 개념

매체(media)란 어떤 작용을 한쪽에서 다른 쪽으로 전달하는 역할을 하는 것 또는 무엇과 무엇 사이를 관계(relation)하거나 연결하는 매개(mediate)의 의미를 담고 있다. 이런 의미를 갖는 매체의 역할은 송신자(sender)와 수신자(receiver) '사이'(이신동 외, 2020)에서 메시지를 전달하는 역할을 한다. 교수매체(instructional media)란 교수-학습 상황에서 교수자와 학습자를 연결하는 중요한 수단인 동시에 학습을 촉진시켜 학습효과를 극대화시켜 주는 도구를 말하며 교육목표가 효과적이고 효율적으로 달성되도록 교수자와 학습자, 학습자와 학습자 사이의 필요한 의사소통을 도와주는 매개 수단이다.

2) 교수매체의 역할

교수매체는 교육현장에서 교사들 간의 차이를 해소하여 교수활동이 표준화될 수 있도록 하며 정확하고 학습과정의 효율성과 매력성을 높이고 커뮤니케이션이 잘 이루어지도록 한다. 또한 교수매체의 정보 전달 기능을 통하여 학습내용을 효과적으로 전달해 학습자들의 인지적 사고활동을 촉진시킬 수 있다(강명희 외, 2017).

3) 교수매체의 유형

교수매체란 교육목표가 효과적이고 효율적으로 달성되도록 하기 위하여 교수자와 학습자, 학습자와 학습자 사이의 필요한 의사소통을 도와주는 매개 수단이다. 교수매체의 유형분류에는 시각자료의 추상성과 구체성 정도에 따라 분류한 호반과 데일(Hoban & Dale)의 분류, 상징체계에 따른 분류가 있으나 이 장에서는 보다 익숙하게 접근할 수 있는 상징체계 분류에 따른 유형에 대하여 설명하고자 한다. 상징체계 유형은 정보의 전달 통로에 의한 구분 즉, 시각매체, 청각매체, 시청각매체, 상호작용매체와 데이터의 속성에 따라 아날로그, 디지털 방법으로 나눌 수 있다. 먼저 시각매체 중 아날로그 방식에는 책, 그림, 사진, 슬라이드 등이 있으며 디지털 방식에는 e-book, 컴퓨터 그래픽 등이 있다. 청각매체 중 아날로그 방식에는 음반, 오디오테이프, 라디오 방송 등이 있으며, 디지털 방식으로는 디지털 오디오테이프, CD 등이 있다. 정보를 전달하기 위하여 시각과 청각이 함께 사용되는 시청각 매체로써 아날로그 방식은 슬라이드, 비디오테이프, 텔레비전 방송이 있으며 디지털 방식으로는 DVD, 디지털 TV, 인터넷 TV, 또는 IPTV(Internet Protocol TV), 팟캐스트(Podcast) 등이 있다. 쌍방향 TV, 멀티미디어, 상호작용 비디오와 같은 것은 상호작용 매체로 분류하기도 하며 수업매체는 기자재와 교재뿐만 아니라 교수자와 학습자 간에 활용되는 모든 수단을 포함하는 것을 의미하기도 한다(신제한, 2017; 유승우 외, 2018). 교수매체의 유형을 표로 정리하면 〈표 8-3〉과 같다.

표 8-3 교수매체 유형

구분		유형
시각매체	아날로그	책, 그림, 사진, 슬라이드
	디지털	e-book, 컴퓨터 그래픽
청각매체	아날로그	음반, 오디오테이프, 라디오 방송
	디지털	디지털 오디오테이프, CD
시청각매체	아날로그	슬라이드, 비디오테이프, 텔레비전 방송
	디지털	DVD, 디지털 TV, 인터넷 TV, 또는 IPTV, 팟캐스트
상호작용매체		쌍방향 TV, 멀티미디어, 상호작용 비디오

4) 교수매체의 선정과 활용

다양한 교수매체의 종류와 그 특징에 대해서 아는 것도 중요하지만 이러한 매체를 실제 교수-학습 상황에서 어떻게 효과적으로 활용하는지 이해하고 실천하여야 매체의 활용효과를 높일 수 있다. 교수매체의 선정을 돕기 위해 고안된 모형으로는 ASSURE 모형과 SECTIONS 모형(Bates, 1995) 등이 있다. 이 장에서는 보다 체계적이며 교육현장에서 쉽게 활용할 수 있는 ASSURE 모형을 사용한다. ASSURE 모형은 하인니히 등(Heinichi, et al., 1996)이 효과적인 교수매체 활용을 위해 고안해낸 모형이다. 이 모형은 여섯 단계로 이루어져 있으며 학습자 분석(Analyze learner), 목표 진술(State objectives), 교수방법, 매체자료의 선정(Select methods, media and material), 매체와 자료의 활용(Utilize methods, media and material), 학습자의 참여요구(Require learners participation) 및 평가와 수정(Evaluation and revise)이며 이들의 첫 글자를 따면 ASSURE가 된다.

(1) ASSURE 모형

ASSURE 모형은 효과적인 교수매체 활용을 위한 모형으로, 장점은 교사가 교육현장에서 쉽게 활용할 수 있는 실천적인 모형이라는 점이다. 일반적인 수업 모델은 교수분석과정에서 시작하여 수업의 전 과정에서 일어나는 문제를 종합적으로 다루고 있기 때문에 복잡하고 여러 유형의 전문가가 필요하다. 반면 ASSURE 모형을 개별 교수자가 수업에서 사용하고자 할 때 쉽게 활용할 수 있다(이지헌 외, 2000). ASSURE 모형은 다음의 여섯 단계로 구성된다.

① 학습자 분석(analyze learners)

학습자의 특성과 교재의 내용 및 제시 방법은 교수매체의 효과에 결정적인 영향을 미친다. 그러므로 교수매체를 활용한 교수활동을 계획하는 첫 단계는 학습자를 분석하는 일이다. 학습자 특성의 요인에는 일반적인 특성으로 연령, 지위, 사회·경제적인 요인, 지식, 기술, 태도와 같은 학습자의 출발점에서의 행동과 학습 환경에서 상호작용하는 학습양식 등을 분석해야 한다.

② 목표 진술(state objectives)

교수매체의 체계적인 활용을 위한 두 번째 단계는 교수자 관점에서 가르치는 내용이 아니라 학습자들이 달성해야 할 학습목표를 구체적이고 명확하게 설정하고 진술하여야 한다.

③ 교수방법, 매체, 자료의 선정(select methods, media, and materials)

학습자 특성이 분석되고 도달해야 할 구체적인 목표가 확인되었으면 특성과 목표의 연결을 위한 계획을 수립한다. 어떤 교재와 매체를 활용할 것인지를 결정해야 한다. 교수방법이나 교수매체의 선택은 수업내용, 목표, 학습 대상자, 교사의 교육관과 수업이 이루어지는 환경에 따라 선정된다.

④ 매체와 자료의 활용(utilize media and materials)

수업매체와 자료를 수업에서 어떻게 활용할지를 계획해야 한다. 제시할 자료들을 시연해보고 학생들의 수준과 목표에 적합한지를 결정하고, 어떤 순서로 제시할 것인가를 정한다. 수업환경을 정비하고 학습자의 주의집중을 위해 내용의 소개,

학습주제와 관련성, 교수매체에 대한 정보제공, 용어에 대한 설명 등을 통하여 학습자의 동기를 유발한다.

⑤ 학습자 참여의 요구(require learners participation)

학습효과는 학습자가 학습과정에 능동적으로 참여할 때 효과적으로 이루어질 수 있다. 학습자의 반응을 이끌어 낼 수 있도록 학습자료 제공, 연습기회 제공, 학습자 반응에 대한 피드백 제공 등이 요구된다.

⑥ 평가와 수정(evaluation and revise)

교수활동이 끝나면 수업의 효과를 평가해야 한다. 평가는 학습자의 학습목표 달성 이외에도 사용한 교수매체와 교수방법, 교수–학습과정에 대한 평가도 실시하여야 한다. 교수–학습과정에 대한 평가는 전체 과정에 대하여 수시로 이루어지며 불만족 부분은 자료나 활용계획 등을 수정한다. 지금까지 설명한 ASSURE 모형을 도표로 정리하면 〈표 8–4〉와 같다.

표 8–4 ASSURE 모형 요약

구분	단계	교수매체 선정 및 활용 시 고려할 점
A	• 학습자 분석 (Analyze Learners)	• 일반적 특성, 학습유형 • 구체적 출발점 행동
S	• 목표 진술 (State Objectives)	• 학습자, 행동 • 학습조건, 평가기준
S	• 교수방법, 매체, 자료의 선정 (Select Methods, Media, and Materials)	• 수업방법 선정, 매체선정 • 자료의 선택
U	• 매체와 자료의 활용 (Utilize Media and Materials)	• 자료의 사전 검토, 환경정비 • 학습을 위한 사전 준비, 자료제시
R	• 학습자 참여의 요구 (Require Learners Participation)	• 연습과 과제
E	• 평가와 수정 (Evaluation and Revise)	• 수업목표 평가, 매체와 방법 평가 • 수정, 교수–학습과정의 평가

(2) 교수매체의 활용

교수매체의 효과적인 활용은 시연으로부터 시작된다. 제시할 자료를 지정된 장소에서 미리 시연해 봄으로써(검사와 사용) 학생들의 수준과 목표에 적합한지를 결정하고 자료 상태를 조사할 수 있다. 또한 자료 제시 방법과 수업을 전개할 주변 환경 역시 사전에 정비하고 학습자를 미리 준비시킬 필요가 있으며, 학습자에게 학습 매체에 대한 정보제공과 이를 통하여 참여를 최대화할 수 있도록 매체를 활용해야 한다.

6. 교육공학의 최근 동향과 미래 전망

1) 교육공학의 최근 동향

정보통신매체의 발달과 함께 교수-학습방법도 웹 기반 수업, 온라인 수업, 사이버 교육, 이러닝 등으로 발전하였고, 교실수업에서 인터넷 기반 교수-학습방법의 활용이 증가하였다. 2010년대 이후에는 학습자가 시간, 장소에 구애받지 않고 원하는 학습내용을 첨단 디바이스(devices)를 이용하여 언제 어디서든 학습이 가능하도록 학습 환경이 변모하고 있다. 특히 ICT의 활용 및 이러닝 환경이 구축되기 시작하면서 디지털 학습공간의 교육적 활용이 일반화되고 있다. 이에 따라 학습자들이 능동적·자기주도적으로 정보를 수집·조작하며 독창적 아이디어를 창출해 낼 수 있는 학습 역량을 길러주는 것이 중요해졌다. 교수-학습에서 교육공학의 활용은 교육공학 매체를 활용하여 주의력 향상, 학습동기를 유발하고 향상시키고 있으며 디지털교과서, 이러닝, 협동학습 등을 통하여 상호작용 의사소통의 촉진, 과제의 시청각화와 개인의 지적 능력을 공유할 수 있는 환경을 제공하고 있다. 또한 교육공학 매체는 즉각적인 피드백 제공과 추상적 개념의 시각화를 통하여 교수력을 신장시키고 있다. 이에 힘입어 최근의 교육방법은 전통적인 교사 중심의 학습에서 플립 러닝(flipped learning), 블랜디드 러닝(blended learning), 문제기반학습(problem-based-learning)과 같은 학습자 중심의 교육으로 변모하고 있다.

|그림 8-8| ZOOM을 이용한 학습장면

출처: google;cnn21.co.kr

2) 교육공학의 미래 전망

① 미래에는 지식과 정보를 언제 어디서나 공유할 수 있으며 자기주도적 학습이 가능해지고 멀티미디어 학습 환경으로 변화를 반영한 교수-학습 시스템의 구축과 ICT(Information and Communication Technology)를 활용한 수업의 확대에 따라 교육공학의 역할이 커질 것이다.

② 미래에는 사람-기기-사물이 통합되는 초연결 사회(hyper-connected society)로 기존의 지적 역량을 초월한 융합·창의적 역량 배양과 문제해결을 위한 통합적 지식을 생성하고 활용할 수 있는 수업설계가 교육공학의 중점 과제가 될 것이다.

③ 디지털 학습환경 조성에 따라 적시학습(just-in time learning), 증강학습(augmented reality learning) 등과 같은 새로운 교수-학습 방법도 교육의 실제에 도입되면서 융합적 학습으로 변화할 것이다.

④ 교육공학 분야에서 활용하는 디바이스들(devices: 컴퓨터, 스마트워치, 스마트폰 등)은 더욱 작아지고 기능은 강력해진 반면에 가격은 하락됨에 따라 학습자주도 맞춤형 학습(personalized learning), MOOKs, 교육 목적의

게임(Cunningham & Allen, 2010), 웨어러블 디바이스(wearable devices), 뇌-컴퓨터 인터페이스를 활용한 학습이 활발해질 것이다(Spector, 2016).

⑤ 성인교육과 기업교육에서는 이 러닝 학습이 활발하게 진행될 것이다. 특히 기업교육에서는 프로젝트 학습과 한두 가지 개념을 2~7분 내로 소비할 수 있는 짧은 학습 콘텐츠를 활용한 한 입 크기 교육(Micro learning, Bite-sized learning), TED Talks 등은 신세대들이 선호하는 학습방법이 될 것이다.

⑥ 교육공학의 대상이 저출산 고령화로 인구구조의 변화와 전체 연령층에 걸쳐 평생학습자를 대상으로 이루어지고, 그에 따라 원격교육과 평생학습이 확대될 것이며 사이버 대학이 더욱 활성화될 것이다.

⑦ 디지털 학습환경과 인공지능(AI)의 발달에 비례하여 인간소외(alienation)의 극복을 위한 인성교육이 더욱 중요하게 여겨지고 상호소통과 협동 작업이 절실하게 필요해질 것이다. 이를 위해서는 타인과 소통하고 협동하는 대인관계 능력이나 다른 사람과 더불어 살아가는 태도와 인간의 의미를 찾는 심성 개발 관련 교육의 요구는 오히려 점점 증대될 것이다.

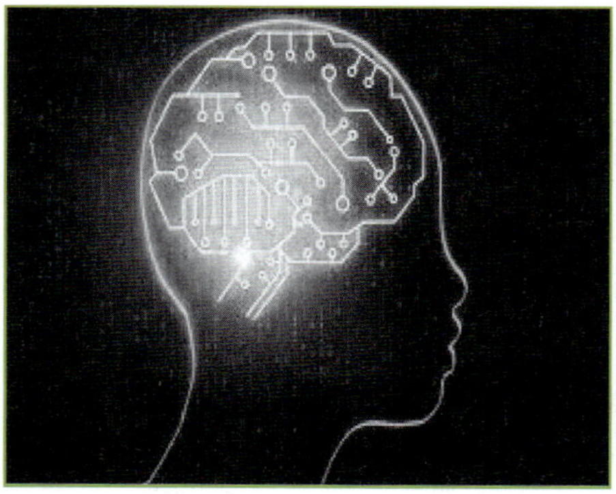

|그림 8-9| 뇌-컴퓨터 인터페이스

출처: google; neopluto –2021-08-13

|그림 8-10| 증강학습(AR)

출처: google; news.lgdisplay.co

학 습 과 제

1. 교육공학의 개념에 대해 설명하시오.
2. 교육공학의 다섯 가지 영역에 대해 설명하시오.
3. ADDIE 모형과 켈러 모형의 차이점에 대해 설명하시오.
4. 교수매체의 개념과 역할에 대해 설명하시오.
5. ASSURE 모형의 여섯 가지 단계에 대해 설명하시오.
6. 교육공학의 미래 전망에 대하여 설명하시오.

용 어 설 명

1. 미국교육공학회는 세계에서 가장 큰 규모의 교육공학회이며 미디어와 다양한 기술을 통한 학습과 교육을 향상하기 위해 연구, 실천하고 있다.
2. SECTIONS 모형(Bates, 1995)은 Students(학습자), Ease of Use and reliability(사용의 용이성과 신뢰성), Costs(비용), Teaching and Learning(교수-학습), Interactivity(상호작용성), Organization Issue(조직 내에서의 고려사항), Novelty(새로움), Speed(속도)의 첫 글자를 따서 이름 지은 모형이다.
3. 적시학습(just-in time learning)은 교육과정을 주제별로 분할, 세분화해 필요한 학습을 바로바로 학습, 소화할 수 있도록 만든 교육방법
4. 증강현실(augmented reality: AR)은 가상현실(VR)의 한 분야로 실제로 존재하는 환경에 가상의 사물이나 정보를 합성하여 마치 원래의 환경에 존재하는 사물처럼 보이도록 하는 컴퓨터 그래픽 기법이다.
5. 한 입 크기 교육, 즉 마이크로 러닝은 아주 작은(micro) + 학습(learning)이라는 뜻으로 한두 가지 개념을 2~7분 내로 소비할 수 있는 짧은 학습 콘텐츠를 말한다.

교육평가

CHAPTER 9

INTRODUCTION TO EDUCATION

교육활동은 수업에 대한 목표가 제시되고 그 목표에 부합하는 교육내용을 선정한 뒤 교수-학습의 과정을 거친다. 의도된 교육목표를 학습자들이 달성하였는가를 확인하기 위해 평가를 하게 되며, 평가의 결과에 따라 다음 수업 계획의 기초를 세우게 된다. 이러한 교육활동을 효과적으로 이끌어가기 위해서는 교육의 각 단계에서의 교육결과를 명확하게 평가할 필요가 있으며, 이러한 관점에서 핵심적 역할을 수행하는 교육학의 중요한 영역이 바로 교육평가이다.

1. 교육평가의 기초

1) 교육평가의 개념

교육평가라는 용어는 1930년부터 사용되었다. 타일러(Tyler, 1942)는 '교육과정 및 교수 프로그램에 의하여 교육목적이 어느 정도 달성되었는지를 판단하는 과정'을 교육평가라고 정의하였다. 교육의 목적이 인간의 행동을 계획적으로 변화시키는 것이라면, 교육평가의 목적은 교육이 인간의 행동을 계획적으로 변화시켰는지를 판단하는 행위라고 볼 수 있다. 여러 학자들의 정의를 종합해 보면, 교육평가는 교육목적의 달성도를 평가하는 과정으로 학생의 교육목적 달성도뿐 아니라 교사의 학습지도 방법 등을 평가하고 나아가 교육과정 자체, 사회공헌도까지 평가하는 것으로 교육목적에 대한 가치를 판단하는 행위라고 볼 수 있다.

교육평가를 하기 위한 기본전제는 다음과 같다.

첫째, 인간은 무한한 잠재능력을 계발할 수 있는 가능성이 있다는 것이다.

둘째, 교육평가의 대상과 자료는 무한하다는 것, 즉 어떠한 행위나 대상, 자료도 교육평가의 대상이 될 수 있다.

셋째, 평가는 일시적이 아닌 지속적으로 이루어져야 한다. 평가대상의 성장과 발달 등을 알기 위하여 연속적인 평가가 필요하다.

넷째, 평가는 종합적이어야 한다. 평가대상이 가지고 있는 모든 자료를 종합적으로 평가해야 한다. 지필검사, 관찰, 면접, 수행평가 등 다양한 평가방법으로 평가를 실시하여야 한다. 따라서 교육평가는 교수-학습의 과정에서 길러야 하는 행동이 무엇이며 얼마나 길러졌는지 관심을 가지고, 학습자의 지식, 이해, 기능, 태도, 흥미, 분석력, 종합력, 가치관 등이 교육의 목적에 따라 향상되었는지를 종합적·지속적으로 측정해야 한다(성태제, 2019).

2) 교육평가의 기능

교육평가는 학습 및 교수-학습의 과정에 도움을 주어 학습을 극대화하는 데 목적이 있다. 교육평가의 기능은 보는 시각에 따라 다양하다. 교육평가의 기능은 다음과 같다.

첫째, 교육활동 전개상의 교육과정이나 교육프로그램, 교재 등을 개선하고 발전시키는 기능을 들 수 있다. 교육활동의 결과를 분석하고, 그 결과를 확인하여 교육의 질적 개선에 도움을 주는 것은 교육평가의 중요한 기능 중 하나이다.

둘째, 학습자의 학업 성취도를 평가하는 기능이다. 학습자의 학업 성취도를 평가함으로써 교육의 목표가 어느 정도 달성되었는지 확인 가능하다. 이와 관련하여 더 중요한 점은 학업 성취도의 확인을 통하여 학습자의 학습 결손을 해결하고 다음의 학습을 성공적으로 수행할 수 있도록 한다는 것이다. 또한 학업 성취도 평가 자체가 학습자 행위에 대한 동기부여의 기능을 수행하여 학업에 긍정적인 영향을 줄 수 있다.

셋째, 개인 학습자의 진로지도와 관련된 자료를 수집할 수 있다. 학교에서의 학습자 진로지도는 필수적으로 이루어져야 하고, 이를 위해 교육평가의 자료는 매우 중요하다. 학습자의 학업능력, 흥미, 성격은 물론 학습자를 둘러싸고 있는 가정, 학교, 사회 환경에 대한 정확한 이해가 필수적이다.

넷째, 교육의 제반 문제를 이해하고 올바른 교육정책을 수립하는 데 도움을 줄 수 있다. 국가 단위나 지역 단위의 학업성취도 시험을 실시하거나, 국제 간 학력

비교연구 등에서 나타나는 결과를 통하여 학습자들의 학업 기초능력 및 기초 미달 학생들을 파악할 수 있다. 이러한 평가결과를 기초로 교육 전반에 대한 문제를 확인하고, 교육정책의 방향을 수립하게 된다(강기수 외, 2012).

3) 교육평가의 절차

교육평가는 교육활동의 과정과 밀접한 관계를 가지고 이루어지므로 평가활동은 타당하고 신뢰할 만한 평가의 결과를 얻어야 한다. 이를 위해서는 합리적이고 체계적인 평가의 절차를 따라야 한다. 일반적으로 교육평가의 절차는 평가목표의 설정–평가장면의 설정–평가도구의 선정 및 제작–평가실시와 결과 처리–평가결과의 해석 및 활용의 과정을 거친다.

(1) 평가목표의 설정

교육평가의 기준이 되는 것은 목표이다. 무엇을 평가할 것인지 설정하는 단계로 학생이 달성해야 할 목표가 곧 평가목표가 된다. 평가목표는 구체적으로 표현되어야 하며, 이는 곧 목표의 내용과 행동이 분명하게 진술되어야 함을 의미한다.

(2) 평가장면의 설정

평가목표를 설정하였다면 평가목표가 가장 잘 나타나는 평가장면을 선정해야 한다. 평가장면의 선정은 평가목표나 평가내용을 고려해야 하며, 학습결과가 구체적이고 정확하게 드러나야 한다. 일반적으로 인지적 영역은 주로 지필 검사를 이용하고, 정의적 영역에서는 관찰법이나 면접, 자기보고법, 투사법 등을 이용한다.

(3) 평가도구의 선정 및 제작

평가장면이 선정되면 평가의 목표나 내용을 가장 잘 반영할 수 있는 평가도구를 선정하거나 제작한다. 교육목표의 달성도를 측정한다는 것은 쉬운 일이 아니다.

타당하고 신뢰할 수 있는 평가결과를 얻기 위해서는 목표에 적절한 평가도구가 필요하다. 좋은 평가도구를 제작하기 위해서는 타당도, 신뢰도, 객관도, 실용도의 기준에 부합해야 한다.

(4) 평가의 실시 및 결과처리

평가목표에 적절한 평가도구가 선정되면 도구를 활용하여 평가를 실시한다. 평가는 시기나 횟수, 방법, 대상 등을 고려하여 실시하며, 수집한 자료는 기준에 따라 채점하고 필요한 통계분석을 실시한 후 결과를 기록한다.

(5) 평가결과의 해석 및 활용

평가결과의 교육적 활용을 위해서는 평가결과에 대한 타당하고 신뢰할 수 있는 해석이 이루어져야 한다. 평가는 그 결과를 활용하는 것이 목적이므로 평가결과를 가치기준에 따라 해석하여 올바르게 활용하여야 한다. 점수에 대한 올바른 이해를 위해서는 적절한 규준이나 준거의 설정이 필요하며, 활용 목적에 적합하게 사용해야 한다(김도진 외, 2019).

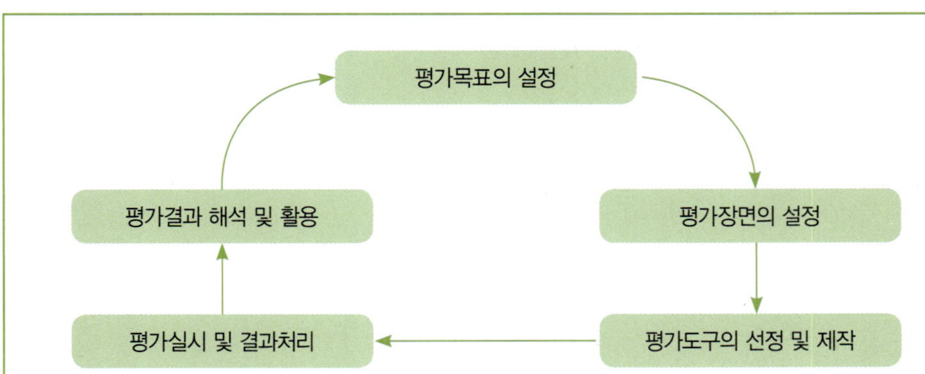

|그림 9-1| 교육평가의 절차

2. 교육평가의 유형

1) 평가의 목적에 따른 분류

평가 유형을 진단평가, 형성평가, 총합평가로 분류할 때, 분류 기준은 그 평가를 수행하는 목적에 따른 것이다. 각각의 평가에 따라 추구하는 목적이 다르고, 목적을 달성하기 위해서 평가가 이루어져야 하는 시점도 다르다. 진단평가, 형성평가, 총합평가는 일정 단위의 교육활동이 이루어지기 전·중·후가 평가가 이루어지는 시점이므로 평가가 이루어지는 시점에 따른 분류로도 볼 수 있다.

(1) 진단평가

교육활동에서 학습자에게 교수-학습을 투입하기 전 학습자의 특성을 파악하기 위한 평가를 진단평가라 한다. 진단평가는 학습이 시작되기 전에 학습자가 지닌 특성, 사전 학습 정도, 적성, 흥미, 동기 등의 초기 상태를 분석한다. 교사가 효과적인 학습지도를 하기 위해서는 학습자가 가지고 있는 학습에 대한 준비의 정도, 학습의 흥미나 동기, 학습자의 성격적 특성과 정서 등을 충분히 파악하는 것이 필요하다. 즉 진단평가는 학습자들의 현재의 수준과 상태를 파악하여 적절한 수업을 전개하기 위해 주로 실시한다.

학습에 있어서 평가의 궁극적 목적은 학습을 극대화하기 위함이다. 진단평가의 목적을 구체적으로 살펴보면 다음과 같다.

첫째, 어떤 교과나 학습을 위하여 반드시 선행되어야 할 것으로 판단되는 출발점 행동을 진단하여, 학습자들을 정확히 이해하고 그에 부합되는 적절한 교수방법을 적용하기 위해서이다. 학습자가 현재 소유하고 있는 지식과 기능을 고려하여 학습을 진행할 때 보다 높은 학습효과를 기대할 수 있다.

둘째, 학습자가 학습단원의 목표와 관련된 내용의 습득 여부를 파악함으로써 학습의 중복을 피할 수 있다. 이미 알고 있는 내용의 중복적인 학습은 학습자의 흥미를 잃게 할 수 있고 시간과 비용을 낭비하게 된다.

셋째, 진단평가는 학습자에 대한 정보를 체계적으로 입수함으로써 학습자의 입장에서 예상되는 학습장애나 학습곤란을 진단한다. 이러한 진단의 결과를 토대로 대책을 세우고 학습에 대한 준비를 할 수 있다.

진단평가에서 평가요인은 지적 행동과 정의적 행동으로 나눌 수 있다. 지적 행동은 학습에 대한 기본능력을 말하고, 정의적 행동은 학습자의 학습동기나 흥미, 성격, 태도 등의 정의적 행동 특성을 말한다. 진단평가는 먼저 전 학년의 성적표나 학생생활기록부를 토대로 학습자의 특성을 파악하고, 교수-학습을 투입하기 전에는 교사가 간단히 제작한 시험이나 문제 등을 활용하여 진단평가를 실시하는 것이 일반적이다.

(2) 형성평가

형성평가는 학습 개선의 방향을 형성하기 위한 평가로 볼 수 있다. 교수-학습이 진행되는 과정에서 주어진 교육목표를 달성하였는지 지속적으로 확인하는 과정으로, 효율적인 학습 개선이 이루어지기 위해서는 학생의 현재 학습 상태를 정확히 파악하고 이에 적절한 피드백을 제공하는 것이 중요하다. 즉 형성평가의 목적은 교수-학습의 과정에서 학습자들이 학습목표 관련 내용을 확인하여, 학습의 곤란을 교정하고 학습행동을 강화함으로써 학습방법과 교육과정 개선을 하기 위함이다.

형성평가의 기능은 다음과 같이 제시할 수 있다.

첫째, 학습의 개별화이다. 학습 과정에서 학생들은 자신의 학습 진행 상황을 모르는 경우가 많다. 형성평가는 학생들에게 현재의 학습 상황을 깨닫게 해주고, 자신의 학습 진행 정도를 알 수 있게 한다. 또한 교사는 형성평가를 실시할 때 개별 학생들의 학습 특성을 인식하고 이에 적합한 교수법을 활용하여 학생의 수준과 속도에 적합한 피드백을 제공하여야 한다.

둘째, 학습곤란을 진단하고 교정한다. 형성평가는 학생이 달성하고자 하는 학습목표의 성취 여부, 즉 학습의 결과보다 목표를 성취해 나가는 과정에 더 많은 관심을 둔다. 따라서 교사와 학생 모두 형성평가의 결과를 통하여 자신의 성취 도달 정도와 부진한 영역을 파악함으로써 자기평가가 가능하다. 학생은 학습곤란이나 결핍을 확인하고 이를 보완하기 위해 재학습의 기회와 학습전략을 세울 수 있고, 교사는 형성평가를 바탕으로 학생의 개인차에 부합하는 피드백 제공이 가능하다.

셋째, 학습자의 학습활동을 강화시킨다. 형성평가의 결과에서 높은 성취를 보인 학습자는 그 사실만으로 보상과 강화를 받게 된다. 그리고 이러한 경험을 반복하게 되면 학습에 대하여 자신감을 갖게 되고 긍정적인 자아 개념을 형성하게 된다. 반대로 형성평가의 결과가 만족스럽지 못한 학습자는 보충학습의 기회를 통하여 정상적 학습이 가능해지고 학습활동에 대한 새로운 의욕과 자신감을 가지게 된다.

넷째, 교수-학습 방법을 개선할 수 있다. 교수-학습 과정에서 진행되는 형성평가는 학습자들이 도달하여야 할 목표의 성취 여부를 파악하면서, 교사 본인의 교수방법의 효과성도 함께 평가할 수 있다. 형성평가를 통해 교사는 학습자들에게 피드백을 주게 되는데, 결과가 긍정적일 경우에는 학습 행동이 강화되고 학습 동기도 유발하지만, 결과가 부정적일 경우는 교정 및 보충학습의 기회와 함께 교사의 교수방법에 대한 피드백을 주는 역할도 하게 된다. 따라서 학습 과정 중의 형성평가는 교수-학습 방법을 수시로 개선할 수 있는 정보를 제공함으로써 학습의 효과를 극대화할 수 있다(강기수 외, 2012).

(3) 총합평가

총합평가는 교수-학습의 효과와 관련된 학습이 끝난 후에 교육목표의 달성 여부를 종합적으로 판단하는 평가를 말한다. 학교 현장에서는 총괄평가라고도 한다. 총합평가는 어떤 단위나 학습과제, 한 과목이 끝난 후 혹은 일련의 교수방법 등을 끝마친 다음에 하는 평가이다. 총합평가의 목적은 교수목표의 달성도를 측정하고, 성취 수준의 도달 여부를 확인하여 서열을 부여하는 것이다.

총합평가는 교수-학습이 끝난 상태에서 이루어지는 평가로 교수-학습 과정을 담당했던 교사보다 교과내용 전문가와 교육평가 전문가에 의해 제작된 표준화 검사로 실시하는 경우가 대부분이다. 예를 들어, 전국단위 학업성취도 검사 등을 들 수 있다.

총합평가의 기능은 다음과 같다.

첫째, 학습자의 성취 수준을 결정한다. 전체 과목이나 중요한 학습내용에 대한 교수효과의 정도를 파악하여, 그 결과에 의해 성적을 내고 서열을 결정하는 일을 한다.

둘째, 총합평가를 통한 결과는 학습자들의 미래의 학업성적을 예측하는 데 도움을 준다.

셋째, 총합평가는 집단 간의 성적을 비교할 수 있는 정보를 제공해 준다. 학습자 집단 간의 종합적인 학습 성과를 비교·분석함으로써, 학습 성과에 대한 정보를 수집할 수 있다.

넷째, 총합평가는 학습자의 자격을 인정하는 판단의 역할을 한다. 학습자가 지닌 기능, 능력, 지식이 요구하는 정도의 자격에 부합하는지를 판단할 경우 총합평가의 결과가 많은 도움을 준다.

표 9-1 진단평가, 형성평가. 총합평가의 비교(성태제, 2019)

구분	진단평가	형성평가	총합평가
시기	• 교수-학습 시작 전	• 교수-학습 진행도중	• 교수-학습완료 후
목적	• 적절한 교수 투입	• 교수-학습진행의 적절성	• 교육목표 달성 • 교육프로그램 선택 결정
평가 방법	• 비형식적 평가 • 형식적 평가	• 수시평가 • 비형식적, 형식적 평가	• 형식적 평가
평가 주체	• 교사 • 교육내용 전문가	• 교사	• 교육내용 전문가 • 교육평가 전문가
평가 기준	• 준거참조	• 준거참조	• 규준 혹은 준거참조
평가 문항	• 준거에 부합하는 문항	• 준거에 부합하는 문항	• 규준참조: 다양한 난이도 • 준거참조: 준거에 부합하는 문항

2) 평가의 기준에 따른 분류

평가의 기준에 따른 분류로는 규준참조평가와 준거참조평가를 들 수 있다. 규준참조평가는 학습자의 수행 수준을 다른 학습자들의 전형적인 수행 수준인 '규준'에 비추어 가치를 판단한 것이고, 준거참조평가는 본래 의도했던 목표를 '준거'로 하여 학습자의 수행 수준에 대한 가치를 판단하는 것이다.

(1) 규준참조평가

규준참조평가는 개인이 얻은 점수나 측정치를 비교 집단의 규준에 비추어 상대적인 서열에 의하여 판단하는 평가를 말한다. 규준이란 원점수의 상대적 위치를 설명하기 위한 기준으로 특정한 학습자의 수행 수준을 비교할 또래들의 전형적인 수행 수준을 의미한다. 달리 말하면 한 학습자의 학업성취도를 그가 속해 있는 집단의 결과에 비추어 상대적으로 어느 수준인지를 나타내는 평가방법이다.

규준참조평가는 상대평가라고도 부른다. 규준참조평가를 상대평가라고 하는 이유는 평가를 통하여 알게 되는 정보가 또래 집단 내에서 해당 학습자의 상대적 위치에 대한 정보이기 때문이다. 규준참조평가의 평가 기준은 집단 내 집단구성원의 검사결과의 분포도에 따라 설정되고 집단 내 상호 간의 상대적 비교를 통해서 평가된다.

규준평가의 장점은 개인의 상대적인 위치를 파악하여 우열을 가리기가 쉽고, 경쟁을 통한 학습 동기를 유발할 수 있다는 점이다. 그러나 장점 외에 단점도 다음과 같이 지적되고 있다.

첫째, 교수-학습이론에 부적절하다. 무엇을 얼마만큼 알고 있느냐에 관심을 두지 않기 때문에 무엇을 가르치고 배워야 하는가에 대한 기준이 모호하다. 또한 학습목표의 달성 정도에 따라 강화가 주어지지 않고 집단의 수준에 따라 평가결과가 달라지므로 학습 행동을 체계적으로 강화하기 어렵다.

둘째, 상대적 서열을 중시하기 때문에 진정한 의미의 학력평가가 불가능하다.

학습자의 성취도가 집단 내에서의 상대적 비교로 판정되기 때문에 학습내용을 완전히 이해한 학습자라도 집단 전체가 우수하면 학업성취도가 낮은 것으로 분석된다.

셋째, 학습자 간 과다한 경쟁심리가 조장되며, 경쟁을 교육의 당연한 윤리로 생각하고 협동심을 상실하게 할 수 있다. 이로 인해 인성교육이 방해받을 수 있다.

넷째, 높은 점수를 얻기 위한 경쟁이 강조되므로 충분한 시간이 소요되는 지적 탐구를 통한 문제 해결보다 암기 위주의 교육을 조장할 우려가 있다.

다섯째, 정신건강에 영향을 주는 지나친 검사불안과 이기심 등으로 인하여 정의적 행동특성에 부정적 영향을 미친다(성태제, 2019).

(2) 준거참조평가

준거참조평가는 준거에 비추어 학습자들이 무엇을 얼마만큼 알고 있느냐에 관심을 두는 평가로, 여기서 무엇은 학습자가 성취해야 하는 과제를 말한다. 즉 주어진 교수목표를 어느 정도 달성하였는지의 여부가 평가의 기준이 되며, 절대평가로도 불린다.

준거참조평가에서 가장 중요한 요소는 과제의 영역과 준거이다. 영역은 교육내용으로서 측정내용이 되고, 준거는 교육목표를 설정할 때 도달해야 할 최저기준이라 할 수 있다. 준거참조평가에서는 무엇을 평가할 것인지에 대한 영역을 구체적으로 명시하여야 하고, 이를 근거로 준거를 설정하는 것이 매우 중요하다.

일반적으로 자격증을 부여할 때 준거참조평가가 이용되는데, 의사 자격시험이나 간호사 자격시험을 예로 들 수 있다. 자격증을 부여할 때 상대적 서열보다는 어떤 일을 성공적으로 할 수 있다고 믿는 기준에 도달한 사람에게 자격을 부여한다. 여기에서의 준거는 피험자가 어떤 일을 수행할 수 있다고 대중이 확신하는 지식이나 기술의 수준으로 볼 수 있다. 학업성취도 검사에서의 준거는 교사나 교과내용 전문가가 해당 내용을 이해하였다고 가정하는 최저 학습목표로 볼 수 있다.

준거참조평가의 결과로 얻어진 점수는 그 점수자체가 중요한 의미를 갖는다. 점수가 높을 때는 설정한 교육목표에 거의 도달되었음을 알 수 있고, 점수가 낮을 때는 목표에 도달하지 못함을 알 수 있다. 준거참조평가의 장점은 다음과 같다.

첫째, 학습자가 성취하고 있는 부분과 성취하지 못한 부분이 무엇인지 바로 알 수 있다. 즉 학습자가 무엇을 알고 무엇을 모르는가에 대한 직접적인 정보를 제공한다.

둘째, 준거참조평가의 결과는 개인 내적 평가이므로 학습과정에서 개개인의 발달 정도가 중요하고, 학습을 통한 인간 발달의 가능성을 볼 수 있다. 평가의 결과, 설정된 목표가 달성되었을 때에는 학습자에게 성취감과 성공감을 갖게 해 준다.

셋째, 교육과정을 어떻게 개선하고, 무엇을 활용하여 교수-학습 활동을 효율화시킬 것인가를 결정하는 데 준거참조평가의 결과가 핵심적인 역할을 담당한다.

넷째, 준거참조평가는 불합리한 성공과 경쟁을 지양하고 합리적인 성취를 강조한다. 따라서 탐구정신과 협동정신을 함양할 수 있고, 학습자의 정신건강에 적합한 평가방법이다.

이론적으로는 준거참조평가가 우수하지만 학교현장에서는 잘 적용되지 않고 있다. 준거참조평가의 단점은 준거 설정에 어려움이 있고, 개인차의 변별이 어렵다는 점, 그리고 경쟁을 통한 학습 외적 동기유발이 부족하다는 점이다.

교육평가를 실시할 때에는 평가의 대상이나 목적에 따라 평가방법을 선택하게 된다. 개인과 개인을 비교하여 평가하는 규준참조평가는 행정적 기능을 강조하고, 개인의 학습결과를 준거에 따라 평가하는 준거참조평가는 교수적 기능을 강조한다. 이 두 가지 평가방법은 모두 단점과 장점을 지니고 있으므로, 효율적인 평가활동을 위해서는 필요와 목적에 따라 절충적으로 사용하는 것이 바람직하다.

3) 교육목표에 따른 분류

교육의 대상인 인간의 특성은 인지적 영역, 정의적 영역, 심동적 영역으로 분류된다. 교육목표의 분류 역시 세 가지 영역으로 나누고 있다. 각 영역에 따라 평가방법을 살펴보기로 한다.

(1) 인지적 영역

인지적 영역은 지식의 기능과 개발 및 지적 능력을 포함한다. 블룸(Bloom, 1956)은 인지적 능력을 지식, 이해, 적용, 분석, 종합, 평가로 구분하여 분류하였으며, 이 영역은 복잡성의 원리에 의해 위계적으로 구성되어 있다고 보았다. 인지적 영역의 평가목적은 교수-학습 과정 중에 배운 내용을 확인하는 데 있다. 인지적 영역을 평가하는 최초의 평가방법은 대화와 구술시험이었으나, 평가결과를 기록으로 남길 수 없다는 단점 때문에 논술형 지필검사가 실시되었다. 그러나 논술형 문항은 채점의 신뢰도 문제를 지니고 있어 채점의 객관성을 높일 수 있는 구조화된 형태의 문항을 사용하게 되었다. 구조화된 문항 유형은 단답형, 괄호형, 진위형, 선다형을 들 수 있다. 또한 교과내용이 다양해지면서 교과에 따라 실험이나 실습방법이 사용되기도 하였다.

(2) 정의적 영역

정의적 영역은 인간의 마음과 관련된 영역으로 가치관, 도덕성, 적성, 태도와 같은 정서적 측면을 의미한다. 크래쓰월 등(Krathwohl et al., 1964)은 정의적 행동을 개인이 내면화하는 정도에 따라 다섯 단계로 나누었다. 내면화는 위계적 순서에 따라 감수-반응-가치화-조직-인격화로 분류할 수 있다. 정의적 영역을 평가하기 위해서는 실제적이고 자연스러운 상황에서 사람들의 태도나 가치관 등과 관련된 행동이 어떻게 나타나는가를 평가하는 것이 가장 적절하다. 하지만 실제상황에서 정의적 행동을 평가하는 것은 불가능하므로, 인위적인 상황에서의 관찰이나 면접을 통하여 정의적 행동의 특성을 평가하는 것이 일반적이다. 이러한 방법도 힘들 경우는 질문지를 활용한 평가가 가능하다.

정의적 행동영역을 측정하는 방법은 평정법, 질문지법, 관찰법, 투사적 방법 등이 있다. 평정법은 질문지에 의하여 실시되는 방법이다. 측정대상에 판단의 연속적 개념을 부여하는 측정방법으로 정의적 특징을 여러 단계로 분류하여 해당되는 단계에 응답하는 질문형태다. 질문지법은 제시된 진술문에 응답자가 직접 기술하도록 하는 자가보고식 방법으로 타인이 관찰하기 어려운 개개인의 지각,

감정, 동기 등과 같은 정의적 특성을 측정할 수 있다.

관찰법은 정의적 행동을 측정하는 가장 오래된 방법으로 학습자의 발달에 관련된 정보를 평가할 수 있는 직접적인 방법이다. 대개 언어발달이 미숙한 유아나 아동을 대상으로 정보를 수집할 때 유용한 방법이다. 투사적 방법은 개인의 욕구, 특수한 지각, 해석 등이 밖으로 드러날 수 있도록 피험자에게 자극을 줌으로써 인간 내면의 특성을 표출하게 하여 그 표출된 행동을 분석하여 피험자 특성을 측정하는 방법이다(강기수 외, 2012; 성태제, 2019).

(3) 심동적 영역

심동적 영역은 신체적 활동이나 기능과 관련된 것으로 실제로 행위를 잘하게 하는 데 목적이 있다. 심동적 행동의 평가방법은 행동을 전개하는 과정과 행동의 결과에 대한 수행 정도를 평가해야 하므로 관찰법을 사용한다. 교과에서는 주로 체육, 음악과 같은 과목에 적용이 되는데, 한국무용을 가르치고 난 뒤 학습자가 한국무용을 잘하는지, 테니스 자세를 가르치고 난 뒤 올바른 동작으로 테니스를 치는지 등을 관찰에 의하여 평가하게 된다. 심동적 영역의 평가는 자연적 상황에서의 수행평가보다 인위적 상황에서의 수행평가가 대부분이고, 이것도 힘들 경우에는 지필검사로 대치하게 된다.

3. 평가도구의 조건

학생의 학업성취도를 파악하기 위해서는 다양한 평가도구를 사용한다. 평가도구는 평가의 목적과 내용을 잘 반영할 수 있는 평가도구를 제작하여야 한다. 이를 위해서는 평가도구에 대한 질을 검토하는 것이 중요하며, 이를 판단하는 기준으로 타당도, 신뢰도, 객관도, 실용도가 있다.

1) 타당도(validity)

타당도(validity)란 검사도구가 측정하고자 하는 것을 얼마나 충실히 측정하였는가를 의미한다. 즉 검사도구 목적의 적합성을 말한다. 타당도는 항상 무엇을 측정하는가와 타당한 정도를 언급한다. 여기서 타당하다의 뜻은 적합하다의 의미로, 무게를 재기 위해서는 저울이, 길이를 재기 위해서는 자를 사용하는 것이 타당하고, 인간의 적성을 측정하기 위해서는 적성검사를 사용하는 것이 타당하다. 모든 내용에 타당한 검사는 존재하지 않고, 타당도는 정도의 문제로 타당도가 있다 혹은 없다로 말하는 것이 아니라 낮다, 적절하다, 높다 등으로 표현해야 한다. 타당도의 종류에는 내용타당도, 구인타당도, 준거타당도 등이 있다.

(1) 내용타당도(content validity)

내용타당도는 논리적 사고의 분석과정으로 판단하는 주관적 타당도로 객관적 자료에 근거하지 않는다. 이는 교과내용 전문가 혹은 검사내용 전문가에 의하여 검사가 측정하고자 하는 속성을 제대로 측정하였는지 주관적으로 판단하며, 철저하고 계획적인 판단하에 규정된다. 내용타당도는 제작한 검사도구와 교육과정에 포함되어 있는 교육목표 간의 일치성을 평가하는 논리적이고 합리적인 과정이다. 주로 교수-학습 과정에서의 교육목표 성취 여부를 묻는 학업성취도 검사의 타당성 검증을 위하여 내용타당도가 많이 쓰인다.

내용타당도는 교과타당도와 교수타당도로 나눌 수 있다. 교과타당도는 검사가 교육과정에 있는 내용을 잘 포함하고 있는가를 말하고, 교수타당도는 교수-학습 중에 가르치고 배운 내용이 얼마나 포함되어 있는가를 말한다. 내용타당도는 전문가의 판단에 의해서 검사의 타당성을 입증받게 되므로 검사 목적에 부합 여부에 대해 검증이 가능하다는 장점이 있다. 그러나 수량화하기 힘들고 구체적이지 못하여 타당도의 정도를 표기할 수 없다는 단점도 존재한다.

(2) 구인타당도(construct validity)

구인타당도는 검사도구가 측정하려고 하는 심리적 특성에 대하여 조작적 정의를 내리고, 그 정의를 기준으로 특정 검사도구가 측정하고자 하는 심리적 특성인 구인을 얼마나 제대로 측정하고 있는지를 분석함으로써 검사도구의 타당성을 평가하는 방법이다. 여기서 구인이란 인간의 심리적 특성이나 행동양상을 설명하기 위하여 존재를 가정한 심리적 요인을 말한다. 예를 들어 자신감을 측정할 때, 자신감은 자발성, 도전성, 개방성, 자기효능감으로 구성되어 있다는 조작적 정의를 내리고 검사를 제작하여 실시한 뒤 그 검사도구가 이 같은 구인들을 측정하고 있다고 판단되면 그 검사는 구인타당도를 지니고 있다고 본다. 구인타당도는 응답자료에 의하여 계량적으로 검증되기 때문에 과학적이고 객관적이라 할 수 있다. 정신의학, 임상심리학, 체육학, 교육학 등 모든 분야에서 적용되는 추세이다.

(3) 준거타당도(criterion validity)

준거타당도는 검사도구의 측정결과와 현재나 미래의 특정 준거점수와의 관계를 토대로 검사도구의 타당성을 평가하는 방법이다. 즉 얼마나 정확하게 다른 준거와 관련이 있는지, 혹은 준거수행을 예측하는지에 관심을 둔다. 준거타당도를 얻기 위해서는 반드시 다른 준거가 있어야 한다. 준거타당도는 예측타당도와 공인타당도로 구분할 수 있다.

예측타당도는 검사점수가 얼마나 정확하게 미래의 준거점수를 예측하는가를 확인하는 것이므로 준거가 미래에 있다. 적성검사, 대학수학능력시험 등이 예측타당도가 중시된다. 즉 대학수학능력시험에서 높은 점수를 획득한 학생이 대학에서 높은 학점을 받았을 때 대학수학능력시험의 예측타당도는 높다고 할 수 있다.

공인타당도는 같은 시간에 다른 검사로부터 준거에 대한 정보를 획득하기 때문에 준거가 현재에 있다. 새로 제작한 검사도구에서 높은 점수를 받은 학생이 이미 타당성을 인정받은 다른 검사도구에서도 높은 점수를 받았다면 새로 제작한 검사도구의 공인타당도가 높다고 해석한다.

2) 신뢰도(reliability)

신뢰도(reliability)는 측정하려는 것을 얼마나 안정적으로 일관성 있게 측정하느냐를 말한다. 즉 검사도구가 정확하게 오차없이 측정한 정도를 의미하며, 측정 시 오차가 크면 신뢰도는 낮아진다. 예를 들어 무게를 측정하기 위해 저울을 사용하는 것은 목적에 타당하지만, 모든 저울이 정확하게 무게를 측정하는 것은 아니다. 무게를 측정할 때마다 다른 값이 나온다면 그 저울은 신뢰도가 낮은 것이다. 반대로 오차 없이 일관성 있게 측정이 된다면 신뢰도는 높다고 본다. 신뢰도는 재검사 신뢰도, 동형검사 신뢰도, 문항 내적 일관성 신뢰도로 구분할 수 있다.

(1) 재검사 신뢰도(retest reliability)

재검사 신뢰도는 하나의 측정도구를 동일한 피험자들에게 일정한 시간 간격을 두고 두 번을 실시한 후, 이들의 상관계수를 산출하는 방법이다. 이 방법은 추정방법이 간단하다는 장점이 있지만 검사를 실시하는 간격 설정에 따라 신뢰도 추정값이 달라진다는 단점이 있다. 검사의 간격은 검사를 두 번 시행하는 데 따른 기억효과를 배제하기 위함인데, 전후 검사의 실시간격이 짧으면 기억효과에 의하여 신뢰도가 과대추정되고, 너무 길면 과소추정될 가능성이 있다. 또한 검사를 두 번 시행할 경우 동일한 검사환경과 동일한 검사동기, 검사태도를 만들기 어렵다는 단점이 있다.

(2) 동형검사 신뢰도(equivalent-form reliability)

동형검사 신뢰도는 두 개의 비슷한 검사를 제작한 뒤, 동일 피험자에게 각각 다른 시기에 검사를 실시하여 얻은 점수 간의 상관관계를 산출하는 방법이다. 두 개의 비슷한 검사를 동형검사라고 부르며, 동형검사 간에는 문항 수, 문항의 내용, 문항 난이도와 변별도가 동일해야 한다.

동형검사는 연습효과나 기억효과, 망각의 영향을 최소화할 수 있고, 두 개의 동형검사를 동일 집단에 시행하기 때문에 검사 간격이 문제가 되지 않는다는 장점이 있다. 그러나 검사제작 전문가도 두 개의 동형검사를 제작하는 것이 쉽지 않다. 또한 재검사 신뢰도처럼 검사를 두 번 시행할 때 동일한 검사환경과 검사동기, 검사태도를 유지하기가 어렵다.

(3) 문항 내적 일관성 신뢰도(internal consistency reliability)

문항 내적 일관성 신뢰도는 검사를 두 번 하지 않고 검사의 신뢰도를 추정할 수 있는 방법이다. 문항 간의 일관성 정도를 말하며, 문항들이 측정하고자 하는 내용을 얼마나 일관성 있게 측정하였는가를 말한다. 문항 내적 일관성 신뢰도는 과학적이고 가장 낮은 계수를 제공하기 때문에 검사에 대한 가장 확실한 정보를 제공한다. 따라서 검사도구를 개발할 때에는 문항 내적 일관성 신뢰도를 사용하는 것이 바람직하다.

문항 내적 일관성 신뢰도 중 크론바흐 알파(Cronbach α)가 흔히 사용되고 있는 신뢰도 추정방법이다. 크론바흐 알파는 검사를 양분하지 않아도 되고, 재검사 신뢰도, 동형검사 신뢰도가 지니는 단점을 극복할 수 있다. 검사도구의 신뢰도를 과소추정하는 경향이 있지만, 일반적으로 검사도구의 질을 분석할 때에는 엄격성이 요구되므로 과대추정보다 과소추정되는 것이 더 바람직하다(성태제, 2019).

(4) 신뢰도에 영향을 주는 요인

검사도구의 신뢰도를 높이기 위해서는 신뢰도에 영향을 주는 요인을 알아야 한다.

첫째, 신뢰도에 영향을 주는 요인은 문항 수이다. 문항 수를 증가시킬 때는 양질의 문항이 필요하다. 적은 수의 문항보다 많은 수의 문항으로 검사를 실시할 때 측정의 오차를 줄일 수 있고 신뢰도가 높다. 문항 수가 많으면 피험자가 한두 개 문항에 대하여 실수를 하였다 할지라도 큰 문제가 발생하지 않는다.

둘째, 문항의 난이도는 적절하고 문항 변별도가 높을 때 검사의 신뢰도가 증가한다. 문항의 난이도가 너무 높거나 낮으면 피험자의 검사 불안과 부주의가 발생하게 되어 일관성 있는 응답을 하지 못하기 때문에 신뢰도가 저하된다. 문항 변별도는 문항이 피험자를 능력에 따라 구분할 수 있어야 하므로 문항 변별도가 높아야 신뢰도가 높아진다.

셋째, 검사시간이 충분하여야 한다. 충분한 시간이 부여될 때 응답의 안정성을 보장받을 수 있다. 신뢰도 측면에서는 속도검사가 아닌 역량검사가 바람직하다.

(5) 타당도와 신뢰도의 관계

타당도는 검사도구가 측정하고자 하는 것을 얼마나 충실히 측정하였는가를 의미하는 것으로, 검사목적에 따른 적합성을 말한다. 신뢰도는 측정하려는 것을 얼마나 안정적으로 일관성 있게 측정하였는가로, 검사도구의 일관성을 의미한다. 타당도와 신뢰도는 다른 개념이지만 연관지어 분석해야 한다. 검사도구에 의한 점수를 관찰점수라 하고, 관찰점수는 진점수와 오차점수로 구분된다. 진점수는 타당한 점수와 타당하지 않은 점수로 구성된다. 신뢰도는 진점수에 해당하는 부분이 되고, 전체점수, 즉 관철점수 중에서 타당한 점수가 타당도가 된다.

신뢰도와 타당도의 관계에서 신뢰도는 타당도를 위한 필요조건이지 충분조건은 아니다. 그러므로 신뢰도는 타당도의 중요한 선행요건이며 타당도를 높이기 위해서는 신뢰도가 높아야 한다. 반대로 신뢰도가 높다고 타당도가 높아지는 것은 아니다. 즉 신뢰도가 낮으면 타당도는 기대할 수 없다.

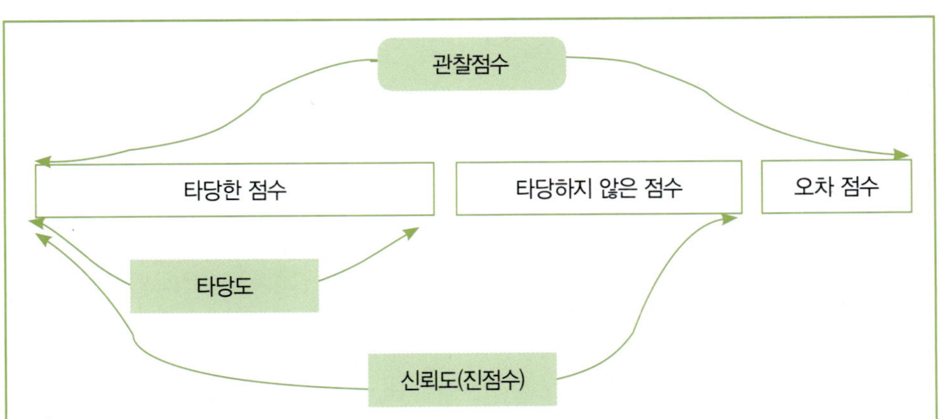

|그림 9-2| 타당도와 신뢰도의 관계

3) 객관도(objectivity)

객관도란 채점자의 신뢰도라 할 수 있는데, 채점자가 주관적 편견을 갖지 않고 객관적 입장에서 공정하게 채점하는 것을 말한다. 즉 채점자의 신뢰도라 할 수 있다. 타당도와 신뢰도가 측정도구의 문제라면 객관도는 채점자의 문제이다.

객관도는 채점자간 신뢰도와 채점자내 신뢰도로 구분할 수 있다. 채점자간 신뢰도는 동일한 대상에 대하여 한 채점자기 다른 채점자와 얼마나 유사하게 평가하였는지를 말하며, 채점자내 신뢰도는 한 채점자가 평가대상에 대하여 지속적으로 일관되게 평가였는지를 말한다. 교육현장에서는 예체능 분야, 논술형 시험 등에서 채점자간 신뢰도와 채점자내 신뢰도가 중요하게 작용한다.

채점의 공정성을 위해 채점자는 상호독립적이어야 하고 동일 대상을 평정하여야 한다. 채점자의 대상이 되는 피험자는 동일한 행위와 같은 문항에 응답하는 것이 기본전제이다. 예를 들어 올림픽에서 피겨 스케이팅 경기를 할 때, 모든 선수들은 정해진 규칙에 따라 경기를 펼치고, 심판≠은 동시에 선수를 관찰하여 각각 점수를 부여하게 된다.

채점자의 일관성을 말하는 채점자내 신뢰도가 전제되어야 채점자간 신뢰도가 높을 수 있다. 즉 채점자내 신뢰도가 낮다는 것은 채점자 개인의 채점기준이 일관성 없이 변화한다는 것을 말하므로 채점자간 신뢰도를 추정할 필요가 없어진다.

4) 실용도(practicability)

실용도란 어떤 검사도구를 사용할 때 드는 비용과 이익을 분석하여 평가도구의 유용성을 평가하는 방법이다. 즉 검사도구의 경제성을 말하는 것으로 적은 노력과 시간, 비용을 들여서 평가의 목적을 얼마나 달성할 수 있는지의 정도를 말한다.

검사도구가 실용성을 가지려면, 첫째, 검사는 실시하기 간편하고 채점은 쉽고 편리해야 한다.

둘째, 결과의 해석과 적용에 무리가 없어야 한다. 평가 결과의 적용성이 높은 검사를 우선적으로 선택하는 것이 바람직하다.

셋째, 검사의 시간과 비용이 적절한지 고려해야 한다. 검사에 필요한 시간은 신뢰할 수 있는 결과를 얻기 위해 필요한 시간만 할당하는 것이 타당하다.

검사도구가 타당도, 신뢰도가 검증되고 객관도를 유지하더라도, 시간과 노력, 특히 비용 면에서 적절하지 못하고 부담이 크다면 검사도구의 실용성을 보장할 수 없게 된다.

학 습 과 제

1. 교육평가의 개념에 대하여 설명하시오.
2. 진단평가, 형성평가, 총합평가를 비교하여 설명하시오.
3. 규준참조평가와 준거참조평가의 장점과 단점에 대하여 논하시오.
4. 타당도와 신뢰도의 개념에 대하여 설명하시오.
5. 타당도와 신뢰도의 관계에 대하여 설명하시오.

생활지도와 상담

CHAPTER

10

INTRODUCTION TO EDUCATION

1. 생활지도의 이해

1) 생활지도의 개념

학교교육은 크게 교과지도와 생활지도로 구분할 수 있다. 교과지도는 인류 역사와 더불어 축적되어 온 지식이나 기능 및 문화유산을 이해시키고 전수하는 것이다. 반면, 생활지도는 학생의 학업발달, 진로발달, 인성발달, 합리적 의사결정, 문제해결의 과정을 조력하는 교육활동이라고 할 수 있다(이지헌 외, 2018). 교육활동의 궁극적 목적이 학생 개인의 잠재능력을 최대한 실현시키는 데 있기 때문에 교육활동이 있는 곳에는 항상 교과지도와 생활지도가 함께 이루어지고 있다.

생활지도라는 말은 영어의 가이던스(guidance)라는 말로 학생들을 안내하고 이끌어 준다는 어원적 의미를 가지고 있다. 생활지도 운동은 20세기 초 미국의 보스턴 시에서 파슨스(Parsons)가 산업화 경향으로 발생한 직업분화현상과 경제공황이 가져다 준 실업에 적절히 대처하지 못하는 성인들을 도와주기 위해 조직적인 직업지도운동을 하면서 체계적으로 발전하였다. 학교에서의 생활지도는 파슨스가 직업지도에서 사용했던 여러 방법이나 기술을 학생들의 학업이나 진로에 관련된 문제나 일반적인 적응문제에도 적용할 수 있다는 것을 인식하게 되면서부터 활발하게

파슨스

「직업선택」
파슨스의 유작(1909)

파슨스(Frank Parsons, 1854~1908)는 직업지도의 아버지로 불린다.
1908년에 보스턴 직업사무소를 설립하였으며, 직업지도를 구축하는 데 주요한 단계를 제시하였다. 그는 직업을 선택하는 것은 직업에 대한 지식, 자신에 대한 지식, 그리고 이 두 가지의 연결 등 세 가지 요인에 관련이 있다고 이론화하였다. 생활지도(guidance)는 파슨스가 직업지도라는 뜻으로 vocational guidance란 용어를 쓴 데서 유래하였다.

출처: https://en.wikipedia.org/wiki/Frank_Parsons_(social_reformer)/[한국직업방송] 직업심리학의 개요, 직업상담 2014. 6. 4. 15:13/매일경제 2019. 05. 14.).

전개되었다. 우리나라는 1950년대 후반기에 이르러 학교현장을 중심으로 생활지도가 전개되기 시작되었다. 그러나 교육현장에서는 생활지도의 의미가 올바르게 적용되지 못하였으며, 전통적인 학생지도 방법인 훈육과 비슷한 의미로 인식되었다.

생활지도는 문제아나 부적응 학생만을 대상으로 하는 제한된 교육활동이 아니라, 전체 학생들의 생활을 대상으로 하는 인간중심 교육활동이다. 또한 생활지도는 어느 한 교과에 국한되어 있지 않을 뿐더러 생활지도라는 하나의 독립된 교과목을 가지고 있지도 않았다. 이는 생활지도는 교과목으로 구성되는 일반 교육과정과는 다른 방식으로 접근해야 한다는 것을 의미한다. 단, 진로지도는 '진로와 직업'이라는 교과가 존재할 뿐만 아니라 교과서를 학교에서 사용하여 수업을 진행한다는 것은 생활지도 영역에서 진로지도의 비중이 그만큼 높아졌음을 반영하는 것이다(성태제 외, 2020).

생활지도는 모든 교사가 담당해야 한다. 생활지도가 필요한 상황은 일반 교과 수업 중에 발생하거나 학교 교내·외의 모든 장소에서 발생하기 때문에 모든 교사들이 생활지도 활동을 분담해야 한다. 학생들은 성장기의 대부분을 학교에서 보낸다. 학교생활은 학생들의 지적 성장뿐만 아니라 신체적·정서적 발달에도 많은 영향을 미치게 된다. 특히, 오늘날의 학교현장에서는 지식정보사회가 요구하는 전문 인력 양성을 위해 교과교육을 중심으로 한 지식정보와 기술습득 중심으로 교육이 진행되고 있다. 이러한 지식 전달 위주 교육은 '학교폭력', '왕따 문제', '청소년 자살' 등의 부적응 문제를 야기하고 있다. 이러한 부적응 문제는 학생들이 학교나 가정생활에서 부딪치게 되는 많은 정서적 문제를 소홀하게 취급하거나 무관심한 상태로 방치하기 쉽다. 따라서 학교에서의 생활지도가 보다 적극적이고 체계적으로 이루어져야 할 필요성이 있다.

2) 생활지도의 영역

생활지도의 궁극적인 목표는 학생 개개인의 건전한 성장 발달을 돕는 것이다. 생활지도는 학생들이 학교생활을 성공적으로 이끌어 나가도록 도와주는 교과와 관련된 교육지도, 장래문제와 관련된 진로지도, 원만한 대인관계 유지를 위한 건강지도, 여가를 건전하게 활용할 수 있도록 도와주기 위한 여가 지도, 사회성 지도, 성교육 등을 포함한다. 생활지도는 학생 개인의 전인적 발달을 지향하고 있으므로 학교에서 수행하는 교육활동 전반에 관심을 가지게 된다.

(1) 교육지도

교육지도는 학생의 개성, 흥미, 능력에 따라 학교교육을 받는 데 필요한 사항들을 인식시키고 개발하도록 한다. 학교생활에 필수적인 교과과정에 대한 안내, 올바른 학습습관 및 학습태도에 관한 지도, 기초학력 부족에 대한 대책에 대해 지도·조언함으로써 학생 자신의 가능성을 발전시킬 수 있도록 한다.

(2) 진로지도

진로지도는 학생의 진로와 직업선택을 위한 적성, 흥미, 직업정보의 제공, 직업이 요구하는 태도, 지식, 기능을 개발함으로써 올바른 직업관을 가지도록 한다. 또한 학생들의 욕구와 흥미 및 소질과 개성을 파악함과 동시에 사회의 필요를 이해하도록 도우며, 진로 및 직업에 관련된 각종 정보를 수집하고 학생들에게 이를 제공한다. 그러므로 교사는 학생의 자기탐색과 발견 및 심리적 특성에 대한 이해와 직업세계에 대한 이해, 진로정보 자료 수집 및 활용에 대한 이해, 의사결정에 대한 이해와 더불어 취업기술을 배양할 수 있도록 한다.

(3) 건강지도

건강지도는 개인의 신체적 발달 유지와 증진을 위한 적절한 조언과 조력활동, 신체적 건강, 정신건강 교육, 공중위생(흡연, 음주, 약물 복용), 안전사고 대책지도 등에 대한 활동을 한다. 그리고 갈등을 처리하는 기술이나 스트레스에 대처하는 방법 등을 알려주고 영양부족이나 비만, 신체적 결함 등을 극복할 수 있도록 도와준다.

(4) 여가지도

여가지도는 사회나 학교에서 개인이 여가를 보람 있게 보낼 수 있도록 지도하고 조력하는 활동이다. 건전한 여가활동을 통해 자기 성장을 추진해 나가는 새로운 경험을 가질 수 있도록 개인적 또는 집단적 활동으로 지도한다. 여가활동에는 건전한 놀이, 취미활동, 음악 및 미술감상, 독서, 특별활동 등이 포함되며, 개인이 가치 있게 활용할 수 있는 것을 선택하고 그 활동을 통해 건전한 취미생활과 정신건강의 발달을 도모하도록 지도한다.

(5) 사회성 지도

사회성 지도는 민주시민으로서 갖추어야 할 자질로서 사회구성원으로서 반드시 가져야 할 사회의식과 이타성을 포함한다. 나아가 준법정신, 책임과 의무를 수행하는 대인관계의 유지 및 증진, 예의범절 준수, 봉사정신 발휘, 인성과 협동정신 함양 등에 중점을 둔다.

(6) 성교육

성교육은 여성과 남성의 심리적·신체적 특성 및 역할에 대한 이해를 바탕으로 건전한 이성 관계를 형성·유지·발전시켜 나가도록 지도하는 활동이다. 이는 성과 성적 현상 및 문화에 대한 건전한 태도 형성, 남녀 간의 예의범절을 포함한 올바른 성 역할 행동의 실천, 자신의 몸과 성에 대한 올바를 지식과 태도 습득 등이 이루어지도록 한다.

이상에서 열거한 생활지도의 영역은 학교현장에서 서로 독립되어 존재할 수 없다. 상당 부분이 서로 중복될 수 있지만, 생활지도에 대한 이해를 돕는 편의적인 분류라는 점을 이해해야 한다.

3) 생활지도의 원리

생활지도는 학생으로 하여금 자신의 능력과 흥미 및 소질을 스스로 이해하게 함으로써 주위 환경에 보다 잘 적응할 수 있도록 도와주는 의도적이고 조직적인 교육활동이다. 생활지도를 할 때 지도의 기본적인 관점은 무엇보다도 인간에 대한 이해가 선행되어야 한다. 훈육에 있어서는 일반적인 규제나 처벌을 중시하지만 생활지도에 있어서는 대상자를 단순한 학생으로 인식할 것이 아니라 인간으로서의 전반적인 이해를 중시해야 한다. 이러한 생활지도를 수행할 때 지켜야 할 원리는 다음과 같다.

- 생활지도는 모든 학생을 대상으로 해야 한다.
- 생활지도는 정확한 자료와 객관적인 근거를 바탕으로 행해져야 한다.
- 생활지도는 치료나 교정보다는 예방에 중점을 두어야 한다.
- 생활지도는 처벌보다는 지도가 선행되어야 한다.
- 생활지도는 학생의 자율성과 개성을 존중해야 한다.
- 생활지도는 학생의 전인교육 측면에서 행해져야 한다.

4) 생활지도의 활동

생활지도는 학생들의 전인적 발달을 위하여 교사나 학교행정가 및 학부모들이 전문적인 도움을 필요로 하는 문제를 해결할 수 있도록 돕는 활동이다. 생활지도의 활동에는 학생조사활동, 정보제공활동, 상담활동, 정치활동, 추후지도활동을 들 수 있다.

(1) 학생조사활동

학생조사활동은 학생에 대한 이해를 위한 기초자료를 수집하는 활동으로 정확하고 과학적인 학생 실태 파악을 목적으로 한다. 효율적인 지도를 위해서는 정확하고 가치 있는 자료를 될 수 있는 한 많이 수집하여 학생의 자기 이해를 도와주어야 한다. 학생조사활동으로 얻어진 자료는 생활지도의 전체적인 운영이나 교육

계획수립에 활용되어야 하며, 학생에 관한 정보와 자료의 수집활동은 생활지도 전담교사가 계획성 있게 체계적으로 수행해야 한다.

학생 이해를 위한 조사활동에서 여러 자료를 수집하는 데 주로 사용하는 방법에는 가정환경조사, 생활기록부, 면담, 관찰, 사회성 검사 등이 활용될 수 있으며, 지능이나 적성검사, 성격검사 등을 통하여 학생들의 개별 정보를 파악할 수 있다.

(2) 정보제공활동

정보제공활동은 학생에게 필요한 각종 정보를 수집·제공하여 학생의 자기성장과 적응을 도와주는 활동이다. 이러한 활동은 학생으로 하여금 자신의 문제를 해결하거나 장래계획을 세우는 데 필요한 주위 환경조건 및 그와 관련된 여러 사실을 객관적으로 이해하고 평가할 수 있도록 도와준다.

생활지도에 필요한 정보는 학교에서 자체적으로 조사할 수도 있고 각종 간행물이나 전문서적 또는 지역사회 자원 인사들을 통해 수집할 수도 있다. 정보활동에서 가장 중요한 것은 정보의 정확성과 참신성이므로 최신정보를 정확하게 수집하여 제공해야 한다. 특히 정보제공활동은 정규수업시간을 이용하거나 집단을 대상으로 수행할 수 있기 때문에 시간이 절약되고 생활지도교사가 학생들과 친해질 수 있는 계기를 마련할 수 있다. 또한 학생으로 하여금 상담의 필요성을 느끼게 한다. 학생들에게 제공하는 정보의 종류는 교육정보, 직업정보, 개인·사회적 정보로 구분할 수 있다.

교육정보는 학생의 학교생활에 관련된 전반적인 정보로, 교육과정, 특별활동, 과외활동, 교외 교육정보, 장학제도, 학교생활의 규칙 등이 포함된다. 이러한 교육정보를 통해 학생들은 자신에게 주어진 교육기회를 최대한 활용할 뿐만 아니라 교육과 관련된 선택과 결정을 합리적으로 할 수 있어 자신의 교육계획을 보다 현실적이고 객관성 있게 세울 수 있다.

직업정보는 직업환경 및 직업구조에 대한 일반적인 정보부터 입사조건, 작업조건, 취업준비방법, 보수조건과 같은 구체적인 정보까지 다양한 자료가 포함된다. 개인적, 사회적 정보는 자신과 타인에 대한 이해를 증진하기 위한 정보를 말한다. 여기에는 성격, 예절, 우정, 여가활동, 가족관계, 건강, 재정문제 등 사회에 잘 적응하는 데 필요한 정보들을 담고 있다. 이러한 정보는 원만한 인간관계와 정신적으로 건강한 삶을 유지해 나갈 수 있게 해 준다.

(3) 상담활동

상담활동은 생활지도의 가장 핵심적인 활동으로 도움을 필요로 하는 학생의 적응을 도와주는 활동이다. 상담에서 가장 중요한 기술인 경청, 이해, 공감을 토대로 학생들이 가지고 있는 문제를 자율적으로 해결할 수 있도록 조력함으로써 정신건강을 향상시키고 사회적 적응을 돕는다.

학교에서 진행하는 상담은 일반적으로 개인상담과 집단상담의 형태지만 대체로 상담자와 학생 간의 상호 인간관계에 의해서 이루어지는 학습지향적인 과정이라고 할 수 있다. 특히 학교상담은 전문적인 기술을 지닌 상담자가 내담자인 학생으로 하여금 자신이 직면한 현실을 보다 효과적으로 관계를 맺도록 도와주는 과정으로 이루어진다. 따라서 학교상담활동의 목적은 학생들의 행동변화 촉진, 적응능력 기술의 향상, 의사결정 능력의 배양, 대인관계 기술의 향상, 잠재능력계발(enlightenment)에 있다.

(4) 정치활동

정치활동은 학생들을 적재적소에 알맞게 배치하는 활동이다. 이는 학생이 자신의 진로를 정확하게 이해하고 현재의 자기 위치를 현명하게 선택할 수 있도록 도와주는 활동이다. 정치활동은 전공 계열이나 과목 선택, 구직 알선이나 진로선정에 관계되는 일에 이르기까지 모든 학년에 걸쳐서 학생이 필요로 하는 요구를 최대한 충족시키기 위해 노력하는 활동이다. 예를 들어 성격검사나 적성검사를 통해 자신의 특성을 정확하게 이해하여 진로를 현명하게 선택하도록 도와주고, 선택한 사항들을 잘 실행할 수 있는 계기를 만들어 준다.

정치활동은 급격하게 변화하는 사회 자체가 학생들로 하여금 학교생활 중에 계속적인 선택과 결정을 요구하기 때문에 오늘날 학교에서 더욱 중요한 활동으로 받아들여지고 있다(이병승 외, 2020).

(5) 추후지도활동

추후지도활동은 이미 생활지도를 받은 학생에 대한 사후지도에 해당한다. 생활지도의 결과가 잘 유지되고 있는지, 학생이 제대로 적응하고 있는지 또는 추가적인 상담이 필요한지를 확인하는 활동이다. 즉, 학생들의 조사활동, 정보제공활동, 상담활동, 정치활동의 종결과정으로 가정, 학교, 사회, 직업생활 등 추후 적응 상태를 점검하고 조력하는 활동이다.

특히, 관심을 가져야 할 학생일 경우 집중적이고 지속적인 추후지도활동이 필요하다. 일반학생에 대해서도 지속적인 정보와 지도가 요구되기도 하고, 상담교사와 긴밀한 관계를 유지할 필요가 있다.

2. 상담의 이해

1) 상담의 개념

상담(counseling)이란 용어는 라틴어의 'consulere'에서 유래되었으며, '고려하다', '조언받다'라는 의미가 있다. 상담은 심리치료와 유사한 활동으로 우리나라에서는 상담과 심리치료라는 용어가 혼용되는 경향이 있다. 일반적으로 심리치료는 병원과 같은 임상장면에서 비교적 심각한 심리적 문제나 정신질환을 지닌 사람을 치료하는 활동을 지칭한다. 반면, 상담은 학교나 기업과 같은 비임상장면(non-clinical phase)에서 비교적 심각성이 경미한 문제나 적응과제를 돕는 활동을 지칭한다.

일상적 의미로서의 상담은 충고, 조언, 정보제공, 위로 등의 활동을 가리키는 것으로 사용되고 있다. 전문적 상담에서는 상담자와 내담자 사이에 일어나는 역동적인 상호작용을 통해 내담자가 행복한 생활을 하는 데 방해가 되는 요소들을 감소시켜 행동변화를 일으키고, 보다 적극적으로 문제를 예방하여 내담자의 다양한 문제 상황에 대한 대처능력과 문제해결에 도움을 줌으로써 내담자가 보다 성숙되게 자신의 삶을 헤쳐 나가고 자신에게 책임감을 갖도록 조력하는 역할을 한다.

종합해 보면, 상담이란 내담자의 심리적 갈등이나 현실적인 문제들을 합리적이고 올바른 방법으로 대처하고 해결해 나갈 수 있도록 도와주고 조력해주는 과정이라고 정의할 수 있다. 그리고 내담자는 상담과정을 통하여 상담자와 진솔한 의사소통과 상호작용을 통해 현재 당면하고 있는 문제해결뿐만 아니라 고난을 극복하고 행복한 삶을 추구할 수 있는 성숙한 사람으로 변화와 성장을 향해 나아갈 수 있다는 긍정적인 자아개념을 확립할 수 있다.

2) 상담관계(rapport) 형성

상담은 상담자와 내담자 사이에 형성된 상담관계의 성립과 밀접한 관계가 있다. 상담관계가 성립되기 위해서는 가장 먼저 상담자와 내담자 상호 간에 인간적인 신뢰감이 형성되어야 한다. 즉, 상담자는 내담자의 자기지도능력을 믿어야 하며, 내담자는 상담자의 전문적 능력과 인격에 대한 신뢰감과 존경심을 가져야 한다. 상담자와 내담자 사이에 형성된 이러한 관계를 '래포(rapport)'라고 한다. 상담관계의 성립은 이러한 래포가 형성된 이후 비로소 가능해진다. 래포가 형성되어야 내담자는 자신의 문제를 솔직하게 있는 그대로 터놓고 말할 수 있으며, 상담자 또한 내담자의 자율적인 문제해결능력을 수용할 수 있다.

상담과정에서 상담의 성공 여부에 중요한 래포를 형성하기 위해서는 다음과 같은 점에 유의해야 한다(이병승 외, 2020 재인용).

첫째, 상담이 시작되면 우선 내담자가 긴장을 풀 수 있도록 우호적인 분위기를 만드는 것이 좋다. 가벼운 유머나 일상적인 화제 등을 먼저 꺼내거나 상담에 임하기까지의 망설임에 대해 격려해 준다.

둘째, 상담자는 수용적이고 허용적인 태도로 내담자의 이야기를 들어 준다.

내담자의 이야기를 비판하거나 거부, 비난하는 것이 아니라 내담자의 인간적인 특성과 가치를 인정해 주는 것이 필요하다. 즉, 내담자의 행동에서 긍정적인 측면과 부정적인 측면을 동시에 수용할 수 있는 포용적인 분위기를 형성해야 한다.

셋째, 상담자와 내담자는 서로 상대를 공감적으로 이해할 수 있어야 한다. 특히 상담자는 내담자의 문제에 포함된 감정이나 동기 및 갈등을 공감적으로 이해할 수 있어야 한다. 사회의 일반적인 윤리나 도덕과 같은 외적인 준거에 근거해서 내담자의 문제를 인식하고 이해하는 것이 아니라 내담자가 생각하고 느끼는 것처럼 생각하고 느낄 수 있도록 노력해야 한다.

넷째, 상담이 진행되는 과정에서 상담자와 내담자는 내적인 경험과 외적인 경험이 모순을 이루거나 대립하지 않도록 상호 의사소통을 보다 분명하고 진지하게 수행해야 한다. 상담과정에서 논쟁이나 의견 대립이 초래되어서는 안 되며, 내담자의 내면적 경험에 해당하는 심리적 세계와 외적 경험에 해당하는 인식과정이 서로 모순이 되지 않도록 대화를 이끌어야 한다. 이러한 의사소통 과정에서 내담자는 자신의 내·외적 경험을 통합시킬 수 있게 되어 문제해결의 실마리를 찾게 된다.

다섯째, 래포는 상담의 초기 단계에 형성하는 것이 좋으며, 형성된 래포가 계속 유지될 수 있도록 주의를 기울여야 한다.

3) 상담의 이론과 기법

상담의 목적은 내담자의 자기성장을 도와주는 것이다. 그러나 구체적으로 상담을 수행하는 방법이나 절차는 학자들 간의 견해가 다르다. 상담이론은 다양하게 발생하는 문제들을 이해하고 증상을 감소시키는 계획을 세우는 기본적인 틀을 제공한다. 따라서 상담자는 여러 상담이론을 이해하고 이를 현장에 적용할 수 있도록 노력해야 한다. 그리고 여러 문제의 복잡성을 고려할 때 어느 한 가지 이론이나 관점보다는 다양한 이론과 관점을 이해하고 접근할 필요가 있다. 하지만 현실적으로 수많은 상담이론을 이해하고 현장에 적용한다는 것은 쉽지가 않다.

따라서 현장에서 활용도가 높은 정신분석적 상담, 인간중심적 상담, 행동주의 상담 이론에 대해 살펴보고자 한다.

(1) 정신분석적 상담

정신분석적 상담은 프로이트(Freud)의 정신분석학에 기초한 것으로 인간 행동에 대한 결정론과 무의식의 개념을 수용하고 있다. 그는 인간의 모든 행동에는 동기가 있으며, 그 동기는 인간 정신세계의 무의식에 의해 크게 영향을 받는다고 보았다. 또한 현재 개인에게 나타나는 부적응의 원인을 어렸을 때의 경험으로 구성된 무의식적 동기나 욕구에서 찾으려는 입장을 취한다.

프로이트

지그문트 프로이트(Sigmund Freud, 1856~1939)는 오스트리아의 정신과 의사이자 정신분석학의 창시자이다.
프로이트는 무의식과 억압의 방어기제에 대한 이론, 그리고 환자와 정신분석자의 대화를 통하여 정신병리를 치료하는 정신분석적 임상치료 방식을 창안하였다. 리비도를 인간생활에서 주요한 동기 부여의 에너지로 새롭게 정의하였으, 감정전이의 이론과 꿈을 통해 '무의식적 욕구'를 관찰하는 등 치료 기법으로도 알려져 있다. 뇌성마비를 연구한 초기 신경병 학자이기도 하였다. 프로이트의 방법과 관념은 임상정신역학의 역사에서 중요한 위치를 차지하고 있다. 그의 생각은 인문과학과 사회과학에 계속 영향을 주고 있다.

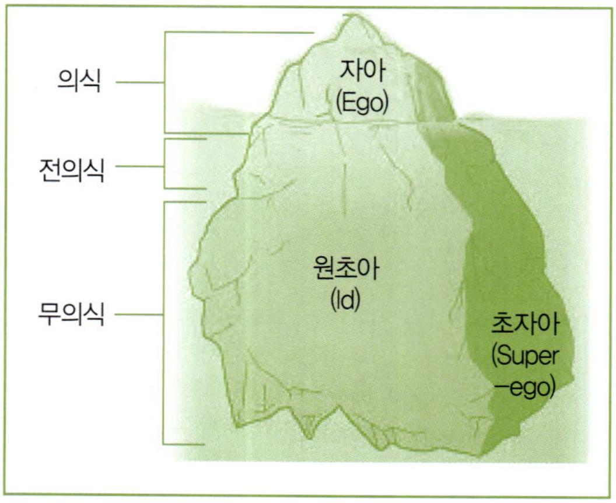

|그림 10-1| 프로이트의 성격의 삼원구조 이론

프로이트는 성격은 원초아(id), 자아(ego), 초자아 (superego)로 구성되며, 이들은 각기 쾌락의 원리, 현실의 원리, 도덕의 원리에 지배를 받는다고 하였다. 또한 의식은 무의식, 전의식, 의식 중 하나나 둘 또는 전체에 걸쳐 세 가지 성격 구조가 존재한다고 하였다. 욕구 충족 과정에서 자아가

이들 간의 갈등을 제대로 조정하지 못하게 되면 신경증적 불안, 현실적 불안, 도덕적 불안의 세 가지 유형 중 하나를 경험하게 된다고 보았다. 자아는 이러한 불안을 해소하기 위해 무의식 수준에서 비현실적인 방법인 자아 방어기제(defense mechanism)를 사용한다.

방어기제는 원초아의 충동과 이에 대립되는 초자아의 압력으로부터 자아를 보호하기 위한 전략이므로 불안을 유발하는 문제를 직접 해결하는 것이 아니라 감정이나 정서를 관리하기 위한 전략이다. 즉, 방어기제는 자아를 보호하고, 불안과 위협을 최소화하는 기능을 한다.

방어기제는 두 가지 특징이 있다. 첫째, 방어기제는 현실을 부인하거나 왜곡한다. 둘째, 방어기제는 무의식적으로 작동하기 때문에 당사자도 전혀 의식하지 못하는 자기기만적인 특징이 있다. 방어기제는 완전히 무의식적인 수준에서 작동한다. 따라서 다른 사람이 방어기제를 사용하고 있다고 지적하면 그 사실을 단호하게 부인하는 경향이 있다.

방어기제는 반드시 해로운 것이 아니다. 방어기제는 개인에게 도움을 줄 수도 있고, 해로울 수도 있다. 방어기제를 가끔 사용하는 것은 지극히 정상적이며 불안을 감소시켜 정상적인 생활을 영위하는 데 도움을 준다. 단, 방어기제를 과도하게 사용하면 불안을 유발하는 정확한 원인을 파악하기가 어렵다. 〈표 10-1〉은 대표적인 방어기제의 종류와 그에 대한 내용이다(신명희 외, 2018).

정신분석적 상담은 내담자로 하여금 자기통찰을 통해 스스로를 이해하고 불안의 원인을 깨닫게 하기 위해 자유연상, 꿈의 분석, 저항의 해석, 전이의 해석과 같은 기법을 사용한다. 이러한 상담기법은 자유연상이나 꿈을 통한 경험세계에도 내담자의 의식이 활동하기 때문에 무의식 세계를 차지하고 있는 본능적 욕구가 상징적으로 표현된다고 보았다. 따라서 현재의 문제행동은 무의식 속에 잠재된 어린 시절의 경험과 성적 에너지인 리비도(libido)에 의해 결정되기 때문에 무의식을 의식화하고, 무의식적인 충동을 조절할 수 있도록 자아를 강화하는 것이 상담의

표 10-1 방어기제의 종류와 내용

구분	내용
억압 (repression)	프로이트에 따르면 억압은 다른 모든 방어기제의 기저를 이루며, 수용하기 힘든 원초적 욕구나 불쾌한 경험이 의식에 떠오르지 못하도록 무의식 속에 눌러 두는 것을 뜻한다. 억압은 의식적인 경험을 무의식적인 것으로 전환하는 것으로 가장 일반적인 방어기제이며 불안의 원천이기도 하다. 예) 부모의 학대에 대한 분노를 억압하여 부모에 대한 이야기를 무의식적으로 꺼리는 경우
부인 (denial)	자신의 감각이나 사고 또는 감정을 심하게 왜곡하거나 인식하지 못함으로써 고통스러운 현실을 부정하는 것이다. 위협적인 현실에 대하여 눈을 감는 것이므로 거부라고 표현하기도 한다. 예) 애인이 교통사고로 사망했음에도 불구하고 그의 죽음을 인정하지 않은 채 여행을 떠난 것이라고 주장하는 경우
투사 (projection)	사회적으로 인정받을 수 없는 자신의 행동과 생각을 마치 다른 사람의 것인 양 생각하고 남을 탓하는 것이다. 예) 자기가 화가 난 것을 의식하지 못한 채 상대방이 자기에게 화를 낸다고 생각하는 경우
합리화 (rationalization)	자신의 행동에 대한 실제 이유를 숨기기 위하여 무의식적으로 자기를 정당화하는 설명을 만들어 낼 때 일어난다. 예) 여우가 먹음직스러운 포도를 발견하였으나 먹을 수 없는 상황에 처했을 때 "저 포도는 신 포도라서 안 먹는다."고 말하는 경우
동일시 (identification)	다른 사람의 특징을 자신의 것으로 여기면서 불안을 감소시키려고 하는 것 예) 좋아하는 연예인의 옷차림을 따라하는 경우

목표이다. 어린 시절의 경험을 재생하여 무의식에 억압된 감정을 해소하고, 지적 각성상태에 이르게 하여 기본 성격을 재구조화하려 한다(김성열 외, 2021).

정신분석적 상담은 내담자의 과거 경험의 어두운 면이 현재 갈등의 한 원인이 되어 내담자의 성장을 방해하고 있다는 것을 말하고 있다. 상담사는 프로이트가 제시했던 여러 개념과 상담기법을 이해하고 활용함으로써 내담자가 보이는 문제행동의 역동성을 깊이 이해할 수 있으며 상담과정에 깊이를 더할 수 있다(신명희 외, 2015). 정신분석적 상담은 인간의 전반적인 정신현상을 이해하는 데 도움을 주고 있을 뿐만 아니라 학생 개인에 대한 이해와 집단지도에 널리 이용되고 있다.

① 자유연상

자유연상(free association)은 내담자로 하여금 무엇이든지 자기 자신의 생각에 떠오르는 대로 말하도록 하는 방법이다. 상담자는 내담자를 긴 의자(couch)에 편안한 상태로 눕거나 앉게 한 후, 내담자의 느낌이나 생각을 자유롭게 이야기하도록 한다. 상담자는 내담자의 이야기를 경청하고 그 내용뿐만 아니라 목소리, 감정 등과 같은 다양한 반응을 자세히 관찰한다. 자유롭고 편안한 가운데 진술한 내담자의 이야기는 과거의 충격적 경험에 대한 재현을 도와주고 과거의 상황에서 느꼈던 여러 감정을 발산하도록 도와주어 자기이해와 자기통찰을 가능하게 한다.

② 꿈의 분석

꿈의 분석(analysis of dream)은 내담자의 무의식적 욕구를 찾아내고 내담자로 하여금 해결되지 않은 문제에 대한 통찰력을 얻게 한다. 내담자가 최근에 자주 꾸는 꿈의 내용을 이야기하게 한 후 그 내용을 분석하는 것이다. 수면 중에는 자아의 방어기제가 약화되기 때문에 억압된 욕망과 감정이 의식 표면에 떠오르게 된다는 꿈의 특성을 이용한다. 꿈에 나타난 무의식의 세계와 문제에 대한 통찰이 가능하도록 도와준다. 상담자는 꿈을 분석할 때 꿈의 내용이 아니라 꿈에 상징적으로 나타나 있는 동기상의 갈등(motive conflict)에 초점을 둔다.

③ 저항의 해석

저항(resistance)은 상담의 발전을 저해하고 내담자가 무의식적 요구를 표출하는 것을 방해한다. 상담진행과정에서 내담자는 자아를 보호하기 위한 무의식적 행동으로 상담자와 상담 자체에 대한 강한 거부감을 나타내게 되는데, 이것을 저항이라고 한다. 저항은 상담 약속시간을 어긴다거나 상담자를 미워한다거나 상담과정에서 침묵을 고집하는 등의 형태로 나타난다. 상담자는 내담자의 이러한 저항이 내담자의 내적 갈등의 표현임을 지적하고 이해시켜야 한다.

④ 전이의 해석

전이(transference)는 내담자가 과거에 중요한 타인에게 느꼈던 감정이나 생각을 무의식적으로 상담자에게 나타내는 것이다. 상담과정에서 내담자는 상담자를 아주 미워하거나 좋아하게 되는 것과 같은 강한 정서적 전이현상을 보인다. 예를 들어, 내담자는 상담자가 어린 시절 권위적인 자신의 아버지를 닮았다고 판단하는 경우 상담자에게 부정적인 감정을 가지게 된다. 이것은 내담자가 자신의 과거 인간관계에서 발생했던 긍정적·부정적인 감정상태를 그대로 상담자에게 나타내는 것이다. 이러한 전이에 대한 해석을 통해 내담자의 정서적 갈등을 해결하는 계기를 마련해 주게 된다. 한편, 상담자 역시 내담자에게 전이현상을 나타낼 수 있는데 이를 역전이(countertransference)라고 한다. 이는 내담자의 반응을 왜곡하여 받아들일 수 있기 때문에 최소화하여야 한다. 또한 상담자는 자신의 과거 경험이 현재 자신에게 미치는 영향에 대해 지속적으로 점검해야 할 필요가 있다.

(2) 인간중심적 상담

로저스(Rogers)에 의해 주창된 인간중심 상담이론은 비지시적 상담, 내담자중심 상담이론이라고도 한다. 인간중심적 상담이론에서는 인간은 자기자신을 바람직한 방향으로 성장·발전시킬 수 있는 잠재능력을 지니고 있는 존재로 보았으며, 자기 문제를 스스로 해결할 수 있다고 보았다. 상담자는 이러한 인간의 자아실현 의지를 믿기 때문에 내담자를 중심으로 상담을 펼쳐 나가게 된다.

인간은 합목적적이고, 건설적이며, 강점과 자원을 가진 선한 존재이기 때문에 내담자로 하여금 충분히 기능하는 인간으로 성장하도록 돕는 것이 상담의 목표이다. 인간은 전체로서의 개인이라 할 수 있으며, 각자 독특한 주관적 경험세계라 할 수 있는 현상학적(phenomenological) 세계를 갖고 있다. 이러한 현상학적 장에서 분화되어 발달한 것이 자아이다. 정신건강은 현실적 자아와 이상적 자아가 합치되는 것인데, 반대로 현실적 자아와 이상적 자아의 간극이 커지면 부적응이 심화된다. 자기 모습을 수용하고 받아들이기보다는 주변 환경에서 요구하는 모습을 이상화하고,

이를 좇아가는 과정에서 심리적인 문제들이 나타나는 것이다. 이 과정에서 내담자는 가치의 조건을 받아들이게 되고, 자신의 모습을 평가절하하게 된다.

인간중심 상담에서는 내담자가 부인하고 왜곡하고 있는 자아를 경험하도록 자기 탐색의 분위기를 만들어 주고, 자신의 주관적 경험을 드러내고 이를 신뢰하도록 도와준다. 또한 자기 모습대로 활기 있게 살아가는 것이 바람직하며, 이것이 자신의 잠재력을 실현하는 성장의 길이라는 점을 인식하도록 도와준다. 상담 과정에서 상담자가 해야 할 일은 무제한의 허용적인 분위기를 조성하여 내담자로 하여금 자신의 문제를 있는 그대로 자유롭게 이야기하도록 함으로써 자기통찰이 가능하도록 한다. 이를 위해 상담자는 내담자의 현재 상태를 중요하게 여기며, 내담자로 하여금 자신의 현재 느낌이나 감정 및 불안을 있는 그대로 솔직하게 표현하도록 격려해 주어 감정의 정화와 명료화를 경험할 수 있도록 한다. 이러한 과정을 거치는 동안 내담자는 자신의 문제에 대한 통찰력이 높아지게 되어 문제해결로 나아가게 된다.

인간중심 상담이론에서는 특별한 기법보다는 상담자와 내담자의 촉진적 관계를 중시한다. 인간 존재에 대한 무조건적 긍정적 존중, 진솔성, 신뢰, 공감적 이해와 같은 상담자의 태도를 내담자에게 전달함으로써 내담자의 성장을 촉진하며, 상담 관계에서 학습한 것을 실제 관계에서 적용하도록 돕는다.

① 무조건적인 긍정적 관심(수용) 또는 존중

수용(acceptance)은 내담자를 있는 그대로 무조건적으로 존중하고 받아 주는 것이다. 상담자가 자신의 주관적 견해나 선입견에 근거하여 내담자를 판단하지 않고, 내담자를 인간으로서 인정하고 존중하는 것이다. 내담자가 어떤 문제를 가지고 있든 간에 한 인간으로서 이해하려고 노력하는 마음 자세가 수용의 자세이다.

수용은 개개인이 삶의 모습이 과거와 현재 어떤 모습이든 간에 계속 성장하고 발달해 가려고 노력하려 한다는 점을 인정하고 인간 존재가 가진 존귀성을 인정하는 데서 출발한다. 이는 인간의 변화 가능성에 대한 믿음을 가지고 개인이 가진 고유한 가치들을 상담을 통해서 실현해 나갈 수 있다는 신념을 가지고 있어야 한다. 또한 내담자가 가진 긍정적인 측면을 상담을 통해서 자신이 발전시켜 나갈 수 있도록 가능한 조건들을 제공하려는 마음이 수용의 자세이다.

내담자는 수용적인 분위기에서 자신의 생각이나 느낌을 보다 자유롭게 표현할 수 있으며, 자신의 내면을 더 잘 탐색할 수 있다. 또한 무조건적인 긍정적 관심을 통해 내담자는 자신의 내면적 갈등과 혼란스러운 감정을 보다 잘 수용하고 통합할 수 있다.

② 일치성과 진실성

인간중심 상담에서 내담자의 변화를 위한 가장 중요한 조건으로 상담자와 내담자 간의 관계(rapport) 형성을 들 수 있다. 상담자와 내담자 간 신뢰관계는 특히 상담자가 자신의 긍정적 또는 부정적 감정을 솔직하게 인정하고 표현함으로써 가능하다. 일치성(genuineness)과 진실성(verity)은 내담자와의 만남 속에서 느껴지는 생각이나 감정을 가식 없이 기꺼이 드러내야 함을 의미한다. 내담자를 의식하여 상담자가 갖게 되는 부정적인 감정들을 감추거나 왜곡하는 것이 아니라, 상담 장면에서 경험하는 감정을 솔직하게 드러냄으로써 상담자의 일치성이 나타난다. 상담자의 내적 경험과 외적 행동을 일치하게 표현할 때 내담자 또한 자신의 감정들을 왜곡하지 않고 보여 줄 수 있고, 그것이 수용될 수 있음을 알게 된다.

상담자가 자신의 감정을 충동적으로 표현하는 것이 아닌 내담자를 이해하기 위한 노력과 함께 자신의 감정을 적절하게 표현하는 것이다. 상담자가 자기 자신에 대한 생각이나 느낌을 드러내는 것을 자기노출(self-exposure)이라고 한다. 반면, 일치성과 진실성은 내담자의 생각이나 느낌에 대한 상담자의 반응을 의미한다.

③ 공감적 이해

상담자는 동정이나 동일시가 아닌 객관적인 입장에서 내담자를 깊이 있게 이해해야 한다. 공감적 이해(empathetic understanding)는 상담자가 내담자의 감정에 빠져들지 않으면서 내담자의 감정이 마치 자신의 감정인 것처럼 느끼고 이해하도록 노력하는 것을 말한다. 또한 공감적 이해는 단순히 내담자의 생각이나 느낌을 정확히 이해하고 있음을 전달하는 것까지 포함된다. 타인의 시각에서 보면 이해하기 어려운 경험, 사고, 감정, 태도 등을 그 사람의 기준에서 바라보면 그 상황에서는 그럴 수 있다고 수용하게 된다.

상담이 일반적인 대화방식과 다른 것은 상담자의 주관적인 가치체계나 준거체제를 일단 유보한 후 내담자의 입장에서 그의 마음을 헤아려 보려 노력한다는 것이다(김성열 외 2021). 상담자는 내담자의 관점에서 마음을 읽고, 그 읽은 마음을 내담자에게 되돌려 전달해 줌으로써 이미 알고 있거나, 미처 깨닫지 못한 마음 상태를 알려 줄 수 있다. 그리고 이러한 공감적 이해를 통해 내담자의 문제해결에 치료적 변화가 나타날 수 있다.

내담자는 자신의 불안과 두려움을 이해해주는 상담자에게 자신의 억눌린 감정을 표현하며, 이를 통해 스스로 내면의 통합을 이룰 수 있다. 그리고 공감적 이해를 통해 내담자는 더욱 인간적이고 창조적이며, 자기표현에 능숙해짐으로써 앞으로 부딪치는 문제들에 대해 보다 적절하게 대처할 수 있게 된다.

(3) 행동주의 상담

행동주의 상담이론은 파블로프(Pavlov), 왓슨(Watson)의 고전적 조건화와 손다이크(Thorndike), 스키너(Skinner)의 조작적 조건화를 기반으로 한 행동주의 학습이론을 상담 장면에 활용하는 접근법이다. 행동주의 상담은 개인의 여러 가지 문제행동을 수정하거나 바람직한 행동을 새롭게 획득하게 하는 접근 방법이다. 행동주의 상담에서는 인간의 모든 행동이 조건화, 강화, 모방과 같은 학습과정을 통해 형성된다고 보았으며, 개인이 지닌 장애행동 역시 이러한 학습의 과정을 거쳐 획득된다고 보았다. 따라서 인간의 행동에 영향을 미치는 환경자극을 체계적으로 조절하고 재배열함으로써 환경자극과 행동 간의 새로운 기능적 관계를 형성하여 개인의 문제해결이나 자기성장을 도와줄 수 있다고 보았다.

행동주의 상담은 정신분석적 상담과 달리 내담자에게 현재 발생하는 문제가 현재 상황에서 비롯된다고 보았다. 따라서 과거보다는 현재 환경에 초점을 두고 문제를 야기하는 직접적인 원인을 찾고자 하며, 현재 행동에 영향을 미치는 현재의 요인을 변화시키고자 한다. 또한 행동주의 상담은 개인의 문제행동이 대부분 학습을 통해 유지되고 심화되며, 변화한다고 보았다. 따라서 내담자로 하여금 부적응적(maladaptive behavior) 행동을 새로운 적응적 행동으로 대치할 수 있도록 학습경험을 제공한다.

행동주의 상담은 특히 학교 학습 장면에서 학생들이 보이는 여러 종류의 행동장애를 치료하는 데 크게 효과를 얻고 있다. 즉, 학생들의 바람직하지 못한 행동을 고전적 조건형성을 이용한 상호제지법이나 체계적 둔감법(systematic desensitization) 또는 조작적 조건형성에 따른 행동수정법, 사회적 학습이론에 따른 사회적 관찰학습으로 치료한다.

① 상호제지법

한 개인에게 불쾌반응을 일으키는 자극을 쾌반응(pleasant reaction)을 일으키는 자극과 함께 짝지어 제시함으로써 불쾌반응을 감소시켜 나가는 방법이다. 예를 들어 엘리베이터와 같이 밀폐된 공간 안에서 공포감을 느끼는 아이에게 장난감, 인형 등의 유쾌 자극(pleasant stimulus)을 제시하여 밀폐된 공간에서의 공포감을 소거(elimination)시킬 수 있다.

② 체계적 둔감법

체계적 둔감법(systematic desensitization)은 부적응적 증상을 제거하는 대표적 기법으로, 특히 공포증과 같은 불안장애의 치료에 효과적인 것으로 알려져 있다. 체계적 둔감법은 혐오스러운 느낌이나 불안한 자극에 대한 위계목록을 작성한 다음 낮은 수준의 자극에서 높은 수준의 자극으로 상상을 유도함으로써 혐오나 불안에서 서서히 벗어나도록 유도한다. 불안과 공포증이 있는 내담자에게 그로 인한 부적응 행동이나 회피행동을 치료하는 데 효과가 있다.

③ 행동수정법

행동수정법(behavior modification)은 부적응적인 행동에 대해서는 강화물을 제거하고 새로운 적응적 행동에 대해서는 긍정적 강화를 주는 방법이다. 즉, 내담자가 원하는 방향 안에서 일어나는 다양한 반응만을 강화하고, 원하지 않는 방향의 행동에 대해 강화받지 못하도록 하여 결국 원하는 방향의 행동을 할 수 있도록 하는 방법이다. 예를 들어, 수업시간에 떠드는 학생에게 교사가 시선을 집중하는 것과 같은 행위를 더 이상 계속하지 않고 그냥 무시하는 방법을 채택하는 것이다. 그렇게 할 경우 점차적으로 수업시간에 떠드는 행동이 줄어들어 마침내 그 행동을 하지 않게 된다는 것이다. 이런 과정을 반복하면서 학생의 문제 행동은 서서히 줄어들고 수업 중 집중하는 시간이 길어진다. 행동수정법의 핵심은 체계적인 관찰, 철저한 통제, 수집 자료의 수량화, 반복 시행과 같은 과학적 방법을 강조하여 상담자와 내담자 모두가 볼 수 있고 객관적으로 측정할 수 있는 문제행동만을 다루게 된다. 행동수정은 문제행동을 교정하고 바람직한 행동을 습득하는 데 효과적인 기법이다.

④ 사회적 관찰학습

사회적 관찰학습(social observation learning)은 다른 사람의 행동을 보고 들으면서 그 행동을 따라하는 것으로 모델링(modeling)을 의미한다. 타인의 행동에 대한 관찰 및 모방에 의한 학습을 통해 내담자로 하여금 문제행동을 수정하거나 학습을 촉진시킬 수 있다. 특히 집단상담에서 주로 사용하는 방법으로 동료 집단 성원의 성공적인 행동을 관찰함으로써 자신의 태도를 바꾸거나 새로운 기술을 학습할 수 있다. 예를 들어 대인관계 기술이 부족한 학생에게 다른 학생이 친구에게 인사를 하고 웃는 모습으로 말을 건네는 모습을 관찰하게 하여 그와 비슷한 행동을 하도록 유도할 수 있다. 이때 모델링이 되는 사람은 호감을 주는 사람이어야 한다. 또한 내담자가 모방한 적응행동을 할 때 적절한 강화가 주어지면 더 효과적일 수 있다.

4) 학교상담 제도

(1) 학교상담

학교상담은 법과 제도의 틀 안에서 유지되어 왔으며, 그 과정은 다음과 같다. 1998년 '전문상담교사' 제도가 도입·실시되기 시작하면서 학교 현장에서 큰 변화를 겪게 된다. 정부에서는 1997년 말에 「초·중등교육법」을 개정하면서 '전문상담교사'라는 자격증을 신설하였다. '전문상담교사'는 현직 교사로서 소정의 교사 경력(3년 이상)이 있는 교사를 대상으로 교육대학원에서 1년(2학기) 동안 18(9개 과목)학점을 이수하여 자격을 취득하도록 규정하였다.

'전문상담교사' 제도는 2004년에 '전문상담순회교사'가 생기고 2006년에 '전문상담교사 2급'이 신설되면서 다시 변화를 겪었다. 전문상담순회교사는 전문상담교사 자격증 소지자 중에서 교과 수업을 하지 않고 순회상담만을 전담하고자 하는 교사들이며, 지역 교육청에 배치되어 해당 지역의 학교들을 순회하면서 상담활동을 한다. 한 명의 순회교사가 담당하는 학교 수는 약 40개로 매우 많은 편이다. 이러한 애로사항을 고려하여 전문상담순회교사 제도를 처음 실시한 2005년에는 원래 182개 지역 교육청에 308명의 순회교사를 배치할 계획이었으나 약 201명만 충원되었고 지금에 이르기까지 전담상담순회교사는 해당 교육청에서 다른 전문상담원들과 함께 학교폭력 예방사업을 비롯한 상담업무를 수행하고 있다. 2006년 이후에는 '전문상담교사 2급' 자격이 신설되면서 기존의 전문상담교사는 '1급'으로 재분류되었다. 1급과 달리 2급은 교사 자격증을 소지한 사람 중에서 소정의 교육을 이수한 사람이 자격을 취득하도록 규정되어 있다. 이로써 좀 더 넓은 범위에서 전문상담교사를 양성할 수 있게 되었다. 즉, 청소년학, 심리학, 상담학 등의 학과를 졸업한 학사학위 소지자로서 교사자격을 취득한 사람에게 2급 전문상담교사 자격을 주도록 규정되었기 때문이다.

(2) 학교상담 정책

학생들은 학업성적, 학교폭력, 집단 따돌림, 진학문제, 스마트폰 중독 등의 여러 가지 문제로 인해 심한 스트레스를 받고 있다. 이런 스트레스 요인들은 학교 부적응, 자퇴, 우울, 자살을 기도하거나 다른 심각한 문제를 나타내기도 한다. 교육당국은 이런 문제들을 경감시키기 위해 다양한 정책을 개발하고 있을 뿐만 아니라 지역사회의 전문적인 기관과의 연계를 통해 보다 통합적이고 포괄적인 서비스를 제공하여 그 효과를 증진시키고자 하는 다각적인 노력을 추진하고 있다. 현재 학교상담은 Wee 센터를 중심으로 지역 내 청소년상담복지센터, 청소년 쉼터, 정신보건센터 등 학교 밖의 전문상담기관 전문가들과 협조하면서 Wee 서비스 네트워크를 확대하고 있다. 그러나 아직 전문상담사 등의 인원이 부족하고, 진로지도사에 대한 전문성 훈련 또한 부족한 실정이다. 그리고 학교폭력 문제에 대해서는 아직 효과적인 정책이 나오지 못하고 있다.

최근 학교상담과 생활지도 영역에서 큰 역할을 담당하고 있는 Wee 프로젝트는 We(우리), Education(교육), Emotion(감성)을 상징하는 이니셜(initial)로 이루어진 의미를 지니고 있다. 뿐만 아니라 우리 사회의 다양한 안전망 시스템과 연계하여 통합적으로 운영되는 학생안전 통합시스템이라고 할 수 있다.

Wee 프로젝트는 세 단계 안정망으로 구성되어 있다. 1차 안전망은 단위학교의 Wee 클래스, 2차 안전망은 지역교육청의 Wee 센터, 3차 안전망은 광역시 및 도교육청의 Wee 스쿨로 구성된다. 각 안전망은 지역사회의 유관기관들과 긴밀한 협력을 통하여 학생들에게 원스톱(one-stop)의 전문적인 도움 서비스를 제공하고 있다.

표 10-2 Wee 센터와 Wee 스쿨의 역할

Wee 센터	학교에서 지도가 어려운 학생에 대한 맞춤형 서비스를 제공할 수 있도록 임상심리사, 사회복지사, 전문상담사 등의 전문인력을 투입하여, 상담 프로그램(학교적응, 가정문제해결, 정신건강, 약물 오남용, 학교폭력, 성관련 등)과 심리검사(지능, 정서, 성격, 진로, 학습 등)를 통해 학교적응 역량을 제고하도록 지원하고 있다.
Wee 스쿨	장기결석자, 학업중단 위기학생, 학업중단자 등 고위기군에 속한 학생을 대상으로 장기위탁교육 및 치유서비스를 제공하는 시설로서 심상교육, 심리치료, 학교적응력 및 사회적응력 향상 프로그램을 통한 학교복귀지원 서비스를 제공한다.

학 습 과 제

1. 생활지도의 개념과 상담의 개념을 비교 설명하시오.
2. 학생의 생활지도의 영역과 활동영역에 대해 설명하시오.
3. 정신분석적 상담과 인간중심적 상담에 대해 대해 설명하시오.
4. 행동주의적 상담의 치료방법에 대해 설명하시오.
5. Wee 센터와 Wee 스쿨의 차이점에 대해 대해 설명하시오.

평생교육

CHAPTER 11

INTRODUCTION TO EDUCATION

1. 평생교육의 개념과 필요성

1) 평생교육의 개념

랭그랑

평생교육이라는 용어는 랭그랑(Paul Lengrand, 1910~2003)이 1965년 유네스코 성인교육 발전을 위한 국제 위원회에서 평생교육(lifelong education)이란 연구 보고서를 제출하면서 등장하였다. 랭그랑은 평생교육을 '개인의 출생부터 죽을 때까지 생애에 걸친 교육과 개인 및 사회 전체의 교육의 통합'이라고 말하였다. 평생교육에 대한 학자들의 다양한 정의를 종합해 보면, 평생교육은 일생 동안 받는 모든 교육의 총체로 가정교육, 학교교육, 사회교육 등을 포함한다고 볼 수 있다. 즉 평생교육이란 인간의 삶의 질을 개선하고 교육권을 실질적으로 보장해 주기 위한 교육이념으로 유아교육, 청소년교육, 성인교육, 노인교육 등 발달단계에 따른 교육활동의 수직적 통합과 가정교육, 학교교육, 사회교육 등의 각기 다른 형식으로 전개되는 형식, 비형식, 무형식적 교육활동의 수평적 통합을 통하여 삶이 곧 교육인 학습사회를 건설하고자 하는 모든 형태의 교육활동을 말한다(성낙돈 외, 2015).

우리나라는 「평생교육법」 제2조에서 "평생교육이란 학교의 정규교육과정을 제외한 학력보완교육, 성인 기초·문자해득교육, 직업능력 향상교육, 인문교양교육, 문화예술교육, 시민참여교육 등을 포함하는 모든 형태의 조직적인 교육활동을 말한다"라고 규정하였다. 이상에서 제시된 내용을 살펴보면, 평생교육에 대한 일반적인 개념 정의에서는 학교교육을 포함하고 있으나, 법적·제도적 정의에서는 학교교육을 제외한 모든 형태의 조직적 교육활동을 의미한다.

평생교육과 관련된 유사 개념으로 사회교육, 계속교육, 성인교육, 순환교육 등이 있다. 사회교육은 평생교육에 앞서 근대교육에서 나타났으며, 일본에서는 사회교육이라는 용어를 주로 사용하였다. 우리나라 역시 사회교육이라는 용어를 사용하였으나, 「사회교육법」이 「평생교육법」으로 바뀌면서 평생교육이 사회교육을 대체하게 되었다. 계속교육은 성인을 대상으로 하며, 일정 단계의 학교교육을 마친 사람이 직업이나 사회생활을 하는 중에 받게 되는 보충교육을 말한다. 주로 영국이나 뉴질랜드, 오스트레일리아 등에서 이 용어를 사용하고 있다. 성인교육 역시 성인을 대상으로 하는 교육으로 1700년대 영국을 비롯해 유럽 각국의 성인 문맹교육에서 시작되었다. 현재는 성인들의 자기 충족 및 사회적 관계 증진, 자신의 학습욕구를 위한 보충교육과 직업, 취미, 건강, 자기실현 교육 등의 영역에 해당되는 체계적인 교육을 말한다.

순환교육은 산업사회에서의 생산적인 갱신을 위한 반복교육을 뜻한다. 즉 학교교육을 마치고 직업생활에 종사하는 성인들에게 적절한 시기를 선택하게 하여 계속적으로 재교육이 필요하다는 의미에서 나온 교육이다. 앞에서 살펴본 개념들을 평생교육과 비교해 보면 교육의 대상이나 범위, 목적 등에서 조금씩 차이를 보인다.

2) 평생교육의 필요성

사회가 급격히 변동함에 따라 사회변화에 대한 적응과 인간의 교육적 욕구 충족, 자기 계발 및 삶의 질 향상의 측면에서 평생교육이 요청되고 있다. 평생교육의 필요성을 구체적으로 살펴보면 다음과 같다(가영희 외, 2008; 김병희 외, 2014; 김종서 외, 2003).

(1) 정보통신 기술의 발달로 인한 정보의 폭발적 증가와 사회의 급격한 변화

현대사회는 지식과 기술의 발달이 급속히 이루어져 지식의 노후화가 일어나고 있다. 예전에는 지식의 증가가 완만하여 학교에서 배운 것을 오랫동안 활용할 수 있었으나, 이제 학교교육은 기초적 교육에 불과하게 되었다. 또한 과학문명의 발달과 기술의 진보는 사회변화의 주기도 짧게 만들었다. 초고속 인터넷의 활용은 수많은 정보를 서로 공유하고 전 세계를 하나로 만들었다. 미래의 교육은 시간과

장소에 구애받지 않고 학습할 수 있는 학습환경을 만들어야 하고, 학습자가 능동적이고 주체적인 삶을 살아갈 수 있도록 도와줄 수 있어야 한다. 따라서 새로운 지식과 정보를 계속 받아들이기 위해서는 지속적인 학습이 필요하다.

(2) 다양한 직업의 발생과 직업사회의 변화

사회구조의 급격한 변화는 직업 환경의 변화를 가져왔다. 다양한 직업들이 생겨났고 동시에 많은 직업들이 사라지고 있다. 오늘날 많은 직장인들은 일정 기간의 학교교육을 통해서 얻은 지식과 기술만으로는 자신의 직업에 대한 역할과 기능을 제대로 할 수 없으며, 평생직장의 개념은 이제 찾아볼 수 없게 되었다. 직업의 전문성을 유지하고 시대적 상황에 동떨어지지 않으려면 끊임없이 배우고 익혀야 한다. 이를 위해서 평생교육이 요청된다.

(3) 노인인구의 증가와 여가 시간의 증가

우리 사회의 노인인구는 다른 나라와 비교하여 엄청나게 빠른 속도로 증가하고 있다. 이미 우리나라는 고령사회를 넘어서 초고령사회로 진입하고 있다. 노인들의 평균연령이 높아짐에 따라 노후를 준비하는 교육과 노인들을 대상으로 하는 노인교육의 필요성도 대두되고 있다.

노년기의 학습에 대한 접근은 단순히 시간을 보내는 것이 아닌 자기만족을 실현할 수 있는 방향으로 설정되어야 한다. 더불어 주 5일제의 보편화와 근무시간의 단축, 생활수준 향상 등으로 인해 인간의 여가시간은 증대되고 있다. 이러한 여가시간의 활용 측면에서도 교양교육, 취미·오락을 위한 교육 등이 필요하다. 미래의 초고령 사회를 대비하고, 의미 있는 여가생활을 위해 삶의 질을 향상시킬 수 있는 평생교육이 요구된다.

(4) 학교교육의 획일화에 따른 필요성

학교는 국가의 중심적 교육기관으로 사회에 필요한 인재를 양성하였지만, 학교의 획일적인 모습은 학생들의 특성과 현대사회의 교육적 요구를 충족시킬 수 없게 되었다. 학교교육의 한계를 살펴보면 다음과 같다.

첫째, 학력과 학벌중심의 교육에서 오는 사회병폐를 가져왔다. 세계화의 시대에서는 단순한 학력보다는 적극적 사고와 창의적 생각으로 자신의 역할을 수행할 수 있는 미래지향적 지식인이 필요하다.

둘째, 학습자의 다양한 요구를 충족시킬 수 없다. 학생들은 기성세대와는 다른 환경과 생각, 감정을 가지고 있다. 학교는 이러한 새로운 세대에게 맞는 다양한 교육방식과 내용이 필요하지만 학교교육의 상황은 그렇지 못하다.

셋째, 입시중심의 지식위주 교육으로 전인교육과 개별화 교육을 할 수 없다. 교과위주의 교육과 암기 주입식 교육이 이루어져 인성교육이 이루어지기 힘든 실정이다.

이러한 측면에서 학생들의 잠재력을 계발하고 인성과 창의력을 높일 수 있는 평생교육이 요구되며, 누구든지 원하는 교육을 언제 어디서라도 자유롭게 받고, 차별 없이 인정받을 수 있는 평생교육체제를 창출하여야 할 것이다.

2. 평생교육의 특성

평생교육의 개념 속에 내재해 있는 특성들을 정리해 보면 다음과 같다(김종서 외, 2003; 차경수 외, 2012).

첫째, 평생교육은 인간이 태어나 죽음에 이르기까지 한 개인의 생존기간에 걸쳐서 이루어지는 교육을 수직적으로 통합한 것이다. 각 개인의 교육활동 목적은 다르겠지만 인간은 여러 가지 이유로 지속적으로 교육을 받게 된다.

둘째, 평생교육은 모든 기관과 모든 장소에서 이루어지는 교육을 수평적으로 통합한 것이다. 즉 학교나 도서관, 학교, 가정 직장, 대중매체 등 모든 장소와 기관이 평생교육에 포함되며, 이들을 효율적으로 통합하는 것이 평생교육의 성공을 결정한다.

셋째, 평생교육은 가능한 한 짧은 기간 내에 설정된 학습목표를 달성할 수 있다. 평생교육에 있어서 비용과 효과성에 직접 관련이 있는 것이 바로 학습기간이다. 평생교육이 학교교육과 다른 점은 습득한 학습내용, 즉 지식과 기술을 생활 현장에 바로 적용할 수 있고 그러한 기회를 가질 수 있다는 점이다.

넷째, 평생교육은 개인적 차원, 사회 공동체 차원에서 인간의 삶의 질의 향상을 목적으로 한다. 특히 삶의 질은 평생교육에서 중요한 특성 중 하나이다. 인간은 지속적으로 생활 속에서 행복과 만족을 찾으려고 하며, 평생교육은 그러한 측면에서 중요한 역할을 하게 된다.

다섯째, 평생교육의 교육과정은 연속적이고 필수적인 것보다 선택적이고 융통성이 풍부한 경향을 지닌다. 학교교육은 계획에 의해 연속적으로 실시되지만 평생교육은 주로 학습자의 요구에 기초하여 선택적, 자발적으로 실시되는 경우가 대다수이다.

여섯째, 평생교육은 국민의 평생에 걸친 교육기회의 균등화 및 확대에 노력한다. 일반적인 교육기회 균등의 의미는 학교교육을 지칭하는 것으로, 빈부 격차, 신분과 성별, 종교, 피부색의 차이에 관계없이 모든 국민은 학교교육을 받을 기회를 제공한다는 의미였다. 평생교육은 학교와 학교 외의 모든 교육을 통칭하여 일생 동안 평등한 교육의 기회를 가지며 또한 교육을 받을 수 있다는 것을 강조한다.

일곱째, 평생교육은 교육의 형태, 내용, 방법을 다양화하여 개인 및 사회의 필요에 대처하고, 누구나 쉽게 접근할 수 있다. 특히 과학 및 기술, 정보에 대한 계속 교육을 실시하여 취업 중인 사람에게는 지속적으로 필요한 능력을 취득하게 하여 취업의 계속성을 부여할 수 있다. 또한 학교교육의 획일성으로 인해 간과한 개인 적성에 관련한 보완체계로서, 수정의 기회를 제공할 수 있다. 오늘날 평생교육체제의 문제점이라 할 수 있는 학교교육과 학교 외 교육 간의 경계를 넘어서 각 개인이 원하는 형태의 교육을 받을 수 있는 평생교육체제의 확립이 필요하다.

이러한 평생교육의 특성을 기반으로 하여 한국에서의 평생교육은 다양한 학습의 장과 프로그램의 개발로 다양한 계층의 사람들이 이용할 수 있는 기회를 가져야 할 것이다. 국민의 지식에 대한 욕구와 글로벌 시대에 넘쳐나는 방대한 지식으로 인한 학습의 욕구는 더욱 증진되고 있으므로, 평생교육은 평생학습사회로의 기반을 더욱 더 구축해 나가야 한다.

3. 평생교육의 유형

1) 교육대상별 유형

(1) 취학 전 교육

인간은 태어나기 전부터 태교(胎敎)가 시작되고, 태어난 후 성장과정 중에는 가정교육이 매우 중요하다. 일반적으로 취학 전 교육은 유아기의 교육을 말한다. 핵가족화의 따른 교육 요구로서 어린이집이나 유치원처럼 유아교육을 담당하는 시설은 현대사회의 필수적 기관이다. 정부에서는 누리과정 제도를 도입하여 유치원과 어린이집의 구분 없이 동일한 내용을 배우게 하고, 부모의 소득 수준에 관계없이 모든 계층의 유아에게 유아학비와 보육료를 지원하고 있다. 우리나라는 유아의 무상교육은 물론 초·중·고 모두 무상교육을 실시하는 국가가 되었다. 이는 세계에서 가장 낮은 출산율로 인한 인구 감소 문제에 대처하기 위한 방안이기도 하다. 이러한 정책은 유아에게는 쾌적한 학습 환경, 안전하고 건강한 유치원 환경을 제공하고, 부모에게는 무상교육의 확대로 자녀의 양육에 대한 경제적·심리적 부담을 경감하기 위함이다. 궁극적으로 영유아의 삶의 질을 향상시키기 위해 균등한 교육기회를 제공하고 국가의 경쟁력을 높이기 위한 것이라 볼 수 있다.

(2) 청소년 교육

우리나라는 청소년을 관련법규에 따라 다르게 규정하고 있다. 「민법」은 19세

미만을 미성년으로 규정하며, 「형법」은 14세까지를 형사 미성년자로 규정한다. 「아동복지법」에서는 18세 미만을 요보호대상으로 보며, 「청소년기본법」은 9세 이상 24세 이하의 자로 규정하고 있다.

「청소년법」의 목적은 '청소년의 권리 및 책임과 가정, 사회, 국가 및 지방자치단체의 청소년에 대한 책임을 정하고 청소년 육성정책에 관한 기본적인 사항을 규정함'에 두었다. 청소년이 사회구성원으로서 정당한 대우와 권익을 보장받음과 아울러 스스로 생각하고 자유롭게 활동할 수 있도록 하며, 보다 나은 삶을 누리고 유해한 환경으로부터 보호될 수 있도록 함으로써 국가와 사회가 필요로 하는 민주시민으로 자랄 수 있도록 함을 이 법의 기본이념으로 하였다.

청소년 교육을 위해서는 먼저 청소년의 생리적 특성, 사회·문화적 특성을 이해하여야 하며, 이러한 이해를 토대로 급속한 사회·문화적 변화의 상황에 적응하고 대처하는 교육을 시행해야 한다. 청소년 교육의 책임을 학교교육에만 맡기는 것은 옳지 않다. 시간과 공간적으로 청소년 교육의 책임은 학교는 물론 사회 전체에 있으므로 청소년 교육과 평생교육은 분리하여 생각할 수 없다. 특히 청소년들의 비행과 일탈행위, 그에 대한 예방과 보호대책에 대해 관심을 가져야 한다. 기성세대는 청소년들이 학교 외의 생활에서 개인의 성장과 발전은 물론 자신들의 사회적·정서적 자아실현을 성취할 수 있도록 관심과 기회 제공에 노력해야 할 것이다. 여기서 주요한 관심 영역은 학교 외 청소년에 대한 문제이다.

미국이나 독일, 덴마크, 일본 등 세계 각국은 학교 외 청소년들에 대하여 정책적 배려를 아끼지 않고 있다. 반면 우리나라는 여전히 청소년 교육은 학교청소년을 주된 대상으로 하고 있으며, 학교 외 청소년은 학원과 직업훈련원 교육 이외에는 조직적 교육이 부족한 실정이다(김용현 외, 2015).

(3) 성인교육

성인은 자기가 속한 사회를 활발히 개선하는 역할과 삶의 질을 높이고 현명하고 정당한 사회를 만드는 역할이 기대된다. 즉 사회의 내적활동이나 외적 행동에 대한 어느 정도의 책임을 분담하는 것이 요구되는 시기이다. 성인이라고 해서 반드시 성숙한 것은 아니지만 성숙할 것이라는 가정하에 성인기는 정당한 위치를 차지하고 있다. 통상적으로 성인교육은 성인들이 지식, 태도, 가치, 기술 등을 계속적으로 습득할 수 있도록 체계화된 교육을 말한다. 여기서 성인이라는 학습자는 사회에서 성인으로 이미 일정한 역할을 담당하고 있다.

성인학습자들의 특성을 살펴보면 다음과 같다.

첫째, 성인은 자신의 성장과 발전에 있어서 자기주도적이며 다른 사람과 구별되는 각자의 경험과 지식을 축적해 왔다는 점이다. 성인학습에 있어 중요한 것은 학습자 개개인의 요구가 수용되는 방향으로 학습을 유도해야 한다는 것이다.

둘째, 아동에 대한 학습동기가 미래에 활용할 수 있는 지식을 습득하는 것이라면, 성인은 이미 설정된 행태규범과 역할을 지니고 그가 속한 사회에 어떻게 적절히 대처하느냐가 문제가 된다. 효과적인 교육은 성인들이 그가 속한 사회에서 부여된 역할을 충실히 수행할 수 있도록 도와주는 것이 되어야 한다. 즉 성인의 학습 동기는 심리적 성숙도에 달려 있는 것이 아니라 그가 직면한 직접적인 문제나 과업을 해결하는 데 있어 그가 처한 역할 기능이 관련되어야만 강화되는 것이다.

성인교육에 주로 이루어지는 내용은 일상생활에 필요한 성인 기초교육으로 읽기, 쓰기, 셈하기 등의 기본능력 습득을 위한 문해교육과 기초적 생활기술, 건강 유지관리를 위한 지식 및 기술, 안전한 생활환경을 유지하고 관리하는 지식과 기술 등 모두를 포함한다. 그 외에도 직업교육, 여가교육, 시민성 함양 교육 등이 평생교육의 중요한 영역으로 자리 잡고 있다(김국현, 2012).

(4) 여성교육

평생교육의 제창자인 랭그랑은 남성은 젊었을 때의 교육내용과 성인이 된 후의 활동내용이 서로 연관성이 있으나, 여성은 이러한 연속성의 예외가 된다고 하였다. 여성은 결혼 후 어머니로의 역할 전환, 이로 인한 경력 단절, 자녀 양육을 마치고 직업적 활동 여부에 관계없이 사회와 삶의 연결을 찾아야 하는 불연속성을 겪는다. 이러한 불연속성의 해결은 온전한 교육적 노력에 의해 가능하고 이를 위해 행정적·사회적 처리를 지지한다고 하였다.

우리나라의 경우 서구사회에 비해 제도적인 여성교육이 상당히 늦은 편으로 볼 수 있다. 여성은 가사노동자라는 인식으로 자녀를 양육하고 가정의 일을 혼자서 해야만 했던 시기의 병리현상, 자식을 학대하고 버리며 양육을 소홀히 하는 데서 오는 병리현상 등 시대마다 어머니, 즉 여성의 병리현상을 치유하기 위해 부모교육과 더불어 여성교육은 매우 중요하다. 그 외에도 여성이 완전한 개인으로 존재하기 위해 필요한 조건으로 시민적, 직업적, 심리적, 경제적 자립을 위하여 여성으로서의 의식함양과 능력개발 등 사회발전을 위한 여성의 변화도 중요한 부분이다. 이러한 부분과 관련하여 평생교육의 내용으로 여성의 직업교육, 출산과 육아, 사회에서의 성역할, 건강문제 등이 포함된다.

(5) 노인교육

우리나라는 아주 빠른 속도로 초고령사회에 진입하고 있으며, 사회 역시 아주 빠른 속도로 변화하고 있다. 따라서 종전의 학교교육으로는 당면한 노년기 생활을 영위하는 데 어려움을 느낄 수밖에 없다. 노인들은 현대사회의 생활양식에 적응해 나가기 위해서 계속적인 교육이 필요로 하므로 노인교육을 통해 노인들에게 현대사회의 흐름을 이해시키고 이에 동참할 수 있는 능력을 길러주어야 한다. 특히 노인들은 젊은 세대에 비하여 신속히 적응해 나갈 능력이 부족하기 때문에 더욱 노인교육이 필요하다. 증가하고 있는 노령인구를 우리 사회의 부담의 객체가 아닌 지속적으로 사회에 공헌할 수 있는 자립의 주체로서 수행이 가능하도록 정책의 개발이 필요한 시기이다.

노인교육의 가치는 사회통합, 능력개발, 삶의 질에서 찾아야 한다. 평생교육의 영역과 관련지어 생각해 보면, 사회통합은 시민교육을 통하여, 능력개발은 직업교육을 통하여, 삶의 질은 여가 문화와 관련한 교육적 접근이 필요하다. 일차적으로 노인의 사회참여를 강화하고, 이러한 활동이 장기적으로 정착할 수 있도록 인적 자원 개발 측면의 평생학습적 접근이 필요하다. 아울러 노인의 경제활동과 봉사활동 참여 자체가 평생학습의 기초가 되어 일자리와 봉사활동을 통한 학습이 이루어질 수 있도록 정책을 마련해야 할 것이다(김용현 외, 2015).

(6) 다문화교육

국내·외 사회 환경의 변화와 함께 우리 사회는 다문화사회로 진입하고 있다. 다문화사회의 구성원은 결혼이주여성 및 외국인 근로자, 새터민 등 다양하다. 우리 사회의 구성원인 이주민들이 급증함에 따라서 정부는 이들의 국내 적응 지원과 다문화 사회 실현을 위한 다양한 교육사업 및 다문화 정책사업을 추진해 나가고 있다.

여성가족부는 다문화가족 방문교육을 비롯하여 복지, 상담, 언어교육을 실시하고 있으며, 다문화 이해교육 강사를 양성하여 맞춤지원을 하고 있다. 다문화가정의 자녀를 위한 다양한 교육서비스를 제공하고, 결혼이주여성의 모국어 능력을 활용한 이중언어 교육 강사 양성 및 배치사업을 통해 결혼이주여성의 자립능력 신장을 지원하고 있다. 그 외에 교육부에서는 다문화 학생 공교육 진입과 적응을 지원하고, 법무부에서는 이주민 초기 정착을 지원하고 있다.

2) 교육기능별 유형

(1) 직업교육(직업훈련교육)

한국직업사전의 정의에 따르면 직업은 개인이 계속적으로 수행하는 경제 및 사회활동의 종류로 정의된다. 직업교육의 광의적 의미로는 취업을 하기 위해 준비하거나 혹은 직무의 유지와 개선을 위한 형식적·비형식적 교육을 뜻하며, 협의적 의미로는 학사학위 미만의 학력을 요구하는 직업에 종사할 수 있도록 청소년 및 성인을 교육하는 형식·비형식 교육의 일부로 정의하고 있다(이무근, 2003).

직업교육은 노동시장에서 필요한 인력을 양성하고, 모든 학습자들에게 직업

선택의 기회를 넓혀주는 기능을 수행한다. 우리나라는 학교교육으로 고등학교부터 직업교육이 실시되고, 그 외에 각종 산업체, 노동단체, 사회사업단체나 학교의 부설기관 등을 통하여 직업교육이 실시되고 있다. 고용노동부에서는 1999년부터 직업능력개발훈련이라는 용어를 사용하면서 근로자의 직업능력 개발을 중시하는 훈련으로의 전환과 함께 직업훈련사업의 진입장벽을 해소하여 누구나 정부의 지원을 받을 수 있도록 하였으며 2020년 1월에는 국민내일배움카드제를 시행하여 그동안 분리 운영된 실업자, 재직자의 내일배움카드를 하나로 통합하여 실업자, 재직자, 특수형태근로종사자, 자영업자(일정 소득 이하) 등 취업 여부나 직종에 관계없이 직업훈련이 필요한 이들에게 폭넓게 직업능력개발훈련을 받을 수 있도록 하였다. 현대는 일생동안 여러 개의 직업을 가지는 것이 일반적인 추세이다. 따라서 직업 전환을 위한 직무기술훈련, 즉 직업교육 역시 평생교육의 중요한 영역으로 볼 수 있다.

(2) 문해교육

문해교육은 통상적으로 모국어를 읽고, 쓰고, 이해하는 등의 기본적인 능력을 기르기 위한 교육이다. 이것은 사회생활에 적응하고 지식과 기술을 전수하기 위한 기초적인 교육으로 학교교육에서 기본적으로 이루어져야 하는 교육이다. 그러나 학교교육을 받을 기회가 없었던 사람들은 기초적인 능력을 습득하지 못해 변화하는 사회에 적응하지 못하고, 과학기술 문명의 혜택도 누리지 못하고 있다. 이러한 이유로 문해교육은 평생교육의 한 부분으로서 계속적으로 행해져야 할 교육이라 할 수 있다.

유네스코 정의에 의한 문해의 개념과 수준을 살펴보면 다음과 같다. 문해는 기초문해와 기능문해, 의식향상문해의 세 가지 수준이 있다. 기초문해의 개념은 자기의 모국어로 초등학교 4학년까지의 교육과정을 이수한 능력을 말한다. 기능 문해는 기초문해 수준에 해당하는 읽고 쓰는 것을 넘어서서 개인으로 하여금 사회적·시민적 및 경제적 역할의 수행을 준비하는 수준으로 이해하는 것을 말한다. 의식향상 문해는 개인이 그가 속한 집단이나 지역사회에서 효과적인 능력을 발휘하여 모든 활동에 참여할 수 있도록 하는 데 필요한 필수적인 지식과 기술을 습득하는 것을 말하여, 습득한 능력을 자신과 지역사회의 발전을 위해 계속적으로 활용할 수 있는 것이라고 하였다.

우리나라는 「평생교육법」 제39조에 "국가 및 지방자치단체는 성인의 사회생활에 필요한 문자해득 능력 등 기초능력을 높이기 위하여 노력하여야 한다."라고 규정하고 필요한 재정을 지원할 수 있는 근거를 마련하였다. 또한 문해프로그램을 이수한 자에 대한 학력도 인정할 수 있도록 하였다. 앞으로 문해교육에 대한 국가적·사회적 지원뿐 아니라 학력 인정 등 현재보다 포괄적이면서 적극적인 관심과 지원이 이루어질 것으로 기대되고 있다(김용현 외, 2015).

(3) 지역사회교육

지역사회교육은 지역개발 교육과 지역사회학교를 포함한다. 이는 사람들이 거주하는 공간을 포함한 주민 단위의 평생교육을 말한다. 지역개발교육은 지역주민이 그 지역의 개발을 위해 교육자가 되는 훈련에 중점을 두는 교육으로, 문해교육을 포함하여 지역환경의 조건 변화와 요구에 부응하는 교육이 시행된다. 예를 들어 건강과 인력투자, 마을공장의 관리기술 등 고급 수준으로 교육이 진행된다.

지역사회학교는 지역사회의 종합적인 생활향상과 주민을 위한 집단적인 사회교육 활동을 말한다. 본래 학교교육의 목적을 지역사회의 요구에 근접시키려는 시도에서 출발한 넓은 의미의 지역사회 지향적 교육이라는 의미를 가지고 있다. 학교는 지역사회에서 주민을 위해 설정된 모든 사회교육활동을 조정하는 역할과 학교 밖의 청소년이나 성인을 위한 평생교육 프로그램도 실시한다. 따라서 지역사회 교육은 지역사회와 학교와의 상호의존적인 관계를 형성하여 지역사회의 모든 물적·인적 자원을 최대한 활용하고자 한다.

(4) 인문교양 및 문화예술교육

인문교육이란 인간이 살아가는 데 갖추어야 할 필요한 교육으로 인간의 사상과 문화를 대상으로 학문을 가르치는 교육이다. 즉 이러한 학문을 통하여 인간의 소통,

인간 삶의 목적이나 표현 등에 대한 소양을 기르는 교육이라 볼 수 있다. 평생교육의 일부분이라 할 수 있는 인문교육은 현대인으로서 지정의(知情意)를 고양하고 다양한 성품이 개발되도록 도움을 주고 있으며, 직업교육과는 다른 성격을 가지고 있다.

문화예술이란 문학, 미술, 음악, 무용, 연극, 영화, 연예, 국악, 건축 등을 일컫는다. 문화예술 교육을 통해서 문화예술의 바른 이해와 상상력과 창의력을 촉진하고 이를 통한 인간의 삶의 의미, 목적, 아름다움을 표현하고 이해할 수 있다. 이를 지원하고 돕는 것이 평생교육의 역할이다.

4. 평생교육의 학습체제와 평생교육기관

1) 평생교육의 학습체제

평생교육은 열린 교육체제를 추구한다. 열린 교육체제란 누구나 언제 어디서나 원하는 교육을 받을 수 있는 체제를 의미한다. 즉 열린 교육체제는 평생학습을 통해 교육시기, 교육장소, 교육대상, 교육내용, 교육방법의 다양성과 개방성, 상대성을 전제로 자유롭게 배움을 주고받을 수 있는 학습사회를 실현하고자 한다(김용현 외, 2015). 이를 위해 평생교육에서 운용하는 대표적인 학습체제에 대하여 살펴보기로 한다.

(1) 학점은행제

학점은행제는 평생학습체제를 실현하기 위한 제도 중 하나로 학교에서뿐만 아니라 학교 밖에서 이루어지는 다양한 형태의 학습 등을 학점으로 인정하고, 누적된 학점이 일정한 기준을 충족하게 되면 학위취득이 가능하도록 하는 제도이다. 1998년 공포된 「학력인정 등에 관한 법률」에 의거하여 한국교육개발원 학점은행센터에서 운영되어 왔으며, 현재는 국가평생교육진흥원에 의하여 학습자별 학점 인정 여부에 대한 확인을 거쳐 학점 인정이 이루어지고 있다.

학점은행제는 대학에 입학하지 않아도 대학학점을 취득할 수 있으며, 대학 중퇴자도 기존 대학의 학점을 인정받으면서 학점은행제로 지속적으로 교육을 받을 수 있다. 이러한 점은 기존의 대학제도에 비하여 유연하고 개방적이라 할 수 있다. 또한 국가기술자격과 이와 유사한 국가자격 및 국가의 공인을 받은 민간자격의 취득 역시 학점으로 인정해 주고 있다. 따라서 학점은행제는 정규 대학 및 대학, 시간제 등록제, 원격대학, 전문대학의 심화과정, 독학학위제, 문하생 학력인정제, 국가자격제도 등 많은 제도와 기관들로 연계되어 있다.

학점은행제의 목적은 공식 및 비공식 기관에서 운영되고 있는 다양한 강좌와 자격과정들이 인정받을 수 있는 환경을 제공함으로써 평생학습사회를 실현하는 데 있다. 학점은행제는 20여 년의 길지 않은 역사에도 불구하고, 다양한 경험을 인정하여 성인의 평생학습 참여를 촉진하고 고등교육기회의 확대를 통하여 평생학습사회 구현 및 사회적 가치 증대에 기여하고 있다.

(2) 독학학위제

독학학위제는 국민들의 고등교육에 대한 수요를 해결하기 위한 제도로서, 사회적·경제적으로 힘든 환경에 처한 사람들에게 대안적인 고등교육의 기회를 보장하기 위한 프로그램이다. 즉 학습자가 개별학습을 한 후, 그 결과를 시험을 통하여 확인하고, 합하면 학사학위까지 취득할 수 있는 제도이다. 독학자에게 학위 취득의 기회를 부여하여 평생교육의 이념을 구현하고 개인의 자아실현과 국가사회의 발전에도 기여함을 목적으로 한다.

이 제도는 대학에 정기적으로 출석하지 않고 시험검정에 의하여 대학 학위를 취득할 수 있으며, 재정적으로 곤란하거나 시간적인 제약을 가지고 있는 사람들이 학업을 계속하고자 할 때 용이하다.

(3) 평생학습계좌제

국민의 평생교육과 관련하여 개별적으로 취득한 학력, 학위, 자격 등 인증된 학습경험과 학교 외 교육 등에서 얻은 학습경험을 학습계좌에 종합적으로 누적 기록하여 관리하고, 이를 객관적으로 인증받기 위한 제도를 평생학습계좌제라 부른다. 이것은 학생의 종합생활기록부처럼 모든 평생교육 참여자들의 학습기록을 누적 기록하는 것으로, 이를 통하여 개인 학습경험의 종합적 관리와 국민의 생애 설계 및 능력 개발을 지원하고 평생교육을 효율적으로 실시할 수 있다.

평생학습계좌제를 통하여 학습자 개인의 학습경험을 성찰하고, 학습자 스스로 체계적인 학습 설계와 관리를 할 수 있는 역량과 환경을 조성할 수 있다. 또한 개인의 다양한 학습경험을 평생학습계좌에 등록하게 되면, 학력취득이나 사회참여, 취업자료 등 개인의 평생학습 이수 결과를 사회적으로 활용할 수 있다. 현재 평생학습계좌제의 학습계좌 개설자 수는 2020년 기준 약 423,000여 명에 달하고 있다. 이러한 평생학습계좌제가 효과적으로 운용되기 위해서는 각 관련기관의 합리적 업무 연계 및 국가적 차원의 다양한 지원체제가 필요할 것이다.

2) 평생교육기관

「평생교육법」에 의한 평생교육기관은 학교형태, 학교부설, 사내대학형태, 원격형태, 사업장 부설, 시민사회단체 부설, 언론기관 부설, 지식·인력개발사업 관련 등으로 규정하고 있다. 평생교육기관은 지역 주민들의 학습 욕구를 충족시키기 위하여 평생교육 프로그램을 운영하는 기관이다. 이러한 기관들은 주민들의 교육적 욕구와 여가·문화 활동 등 학습활동이 이루어지는 형태에 따라서 학습 환경의 차이가 있을 수 있다.

평생교육에서는 학습자의 다면적 학습요구를 수용하기 위하여 도서관이나 박물관, 문화센터, 청소년 교육시설, 사회체육시설 등의 다양한 시설을 연계체제로 구축하여 평생교육의 지원체제를 목표로 하고 있으며, 각종 평생교육 프로그램을 지역사회 중심으로 네트워크화하여 지역사회 중심의 평생교육 체제로 체계화하고 있다. 국가적 차원에서는 시설 간의 유기적인 연계 협력체제의 구축과 평생교육 관련 지도자 육성, 평생교육 프로그램 및 교재의 개발, 평생학습 정보 제공 등이 평생교육의 중요한 과업으로 볼 수 있다.

평생교육기관에 따른 구분과 관계 법령, 유형은 〈표 11-1〉과 같다. 그 외 「학원의 설립, 운영 및 과외교습에 관한 법률」에 의한 학원 중 평생직업교육을 실시하는 학원, 「도서관(학술 정보관) 및 독서진흥법」, 「박물관 및 미술진흥법」, 「근로자 직업훈련 촉진법」 등에 의한 학원으로 도서관, 박물관, 미술관, 직업훈련원 등이 있다. 이러한 시설은 「평생교육법」 외 다른 법령에 의한 평생교육기관으로 분류할 수 있다.

표 11-1 평생교육기관 분류

시설 구분	관계 법령	유형
학교부설 평생교육시설	평생교육법 제30조	각종 학교, 대학교, 대학부설 평생교육원
학교형태 평생교육시설	평생교육법 제31조	각종 학교, 기술전문학교, 방송통신고
사내대학형태 평생교육시설	평생교육법 제32조	사내대학
원격대학형태 평생교육시설	평생교육법 제33조	원격대학
사업장 부설 평생교육시설	평생교육법 제35조	산업체, 백화점(문화센터)
시민사회단체 부설 평생교육시설	평생교육법 제36조	법인, 주무관청 등록, 회원 30인 이상 시민단체
언론기관 부설 평생교육시설	평생교육법 제37조	신문 및 방송 등의 언론기관
지식 · 인력개발사업 관련 평생교육시설	평생교육법 제38조	산업교육기관, 학교실습기관

학 습 과 제

1. 평생교육의 개념에 대하여 설명하시오.
2. 평생교육의 필요성에 대하여 설명하시오.
3. 평생교육의 특성에 대하여 설명하시오.
4. 평생교육의 기능별 유형에 대하여 설명하시오.
5. 평생교육의 학습체제에 대하여 설명하시오.

인성교육

CHAPTER 12

INTRODUCTION TO EDUCATION

1. 인성교육의 개념과 목적

1) 인성교육의 개념

인성이란 단어를 한 마디로 정의하기란 쉬운 일이 아니다. 인성은 포괄적이고 추상적인 의미를 내포하고 있기 때문에 학문이나 학자에 따라 다양하게 정의되고 있다. 인성의 개념은 인간의 본성, 성품, 성격, 인간됨 등으로 다양하게 정의될 수 있지만, 대부분의 개념에는 인간으로서 갖추어야 할 자질 혹은 품성의 의미가 내포되어 있다. 교육은 인간을 바람직한 방향으로 이끌어 주는 것으로, 도덕성을 전제로 하고 있다. 이는 단순히 행위의 규범을 전달하는 것을 의미하는 것이 아니라 교사와 학생 간의 인격적인 관계를 통하여 바람직한 가치를 내면화할 수 있도록 돕고, 옳고 그름을 판단할 수 있는 사고력을 키우는 것을 의미한다. 즉 인성교육은 인간으로 지녀야 할 바람직한 품성을 갖추고, 올바른 삶의 태도를 길러 타인과의 관계 속에서 소통하고 사회에 적응할 수 있도록 도와주는 것이다(정일환 외, 2018).

국립특수교육원(2009)의 정의에 의하면, 인성이란 각 개인이 가지는 사고와 태도 및 행동성을 말하는 것으로, 다른 사람과 구분되는 지속적이고 일관된 독특한 심리 및 행동양식이다. 인성은 내적 동기나 욕구의 표현을 조절하거나 제한하는 내·외적 통제를 나타내는데, 이것은 개인과 환경 간에 안정적인 관계를 유지하기 위해서이다. 달리 표현하면, 인성은 일상생활을 유지하기 위한 개인의 특색 있는 일련의 습관이라 할 수 있다.

인성은 선천적으로 가지고 태어나는 각 개인의 고유한 특성, 그리고 환경과의 상호작용과 교육을 통해 변화될 수 있는 후천적인 특성을 모두 포함한다. 또한 인성의 개념에는 인간이 가지는 태도와 행동양식뿐만 아니라 여러 상황에서 합리적인 근거를 토대로 옳고 그름을 판단할 수 있는 가치판단의 의미도 포함된다. 지금까지의 인성의 개념을 종합해 보면, 인성은 한 개인이 가지고 있는 내·외적 특성, 습관, 가치 판단까지 포함하는 포괄적인 개념으로 볼 수 있다. 인성교육은 학생들에게 올바른 인성을 갖게 하고, 그들의 현재 상태를 더 나은 방향으로 변화시키는 것을 목적으로 하므로 가치지향적인 특징을 가지고 있다. 즉 인성교육은 옳고 그름에 대한 명확한 기준을 가질 수 있도록 올바른 덕목을 설정하고 학생들에게 그것을 실천할 수 있는 기회를 제공하여 바람직한 행동과 가치를 판단할 수 있는 사고능력과 선을 지향하는 마음가짐을 가질 수 있도록 이끌어 주어야 한다(정일환 외, 2018).

2) 인성교육의 필요성

우리나라의 인성교육은 1990년대 중·후반 주지주의 교육으로 인한 사회문제의 심각성에 대한 반성에서 시작되었다. 현대화에 따른 개인주의 가치관의 증가 및 가치관 혼란, 도덕성 부재 등의 문제 해결을 위해 도덕교육, 태도교육의 필요성으로 인성교육은 시작되었다(서민철, 2012).

인간이 인간답다는 것은 인간만이 가지는 본질적인 측면이 있다는 것이며, 이는 인간이 선험적(a priori)으로 바람직한 가치를 추구한다는 것이다. 따라서 인성교육은 인간이 지녀야 할 바람직한 품성을 내면화하고 이해하며 실천해 갈 수 있도록 도와주는 가치교육, 즉 인격교육을 목적으로 해야 한다. 인성교육의 핵심은 올바른 인격의 형성에 있으며, 올바른 인격은 도덕적으로 옳고 그름이 무엇인지를 알고 느끼며, 그것을 실천하려는 강한 의지의 습관화에 있다. 이러한 인격은 개인적 생활을 통해서만 나타나는 것이 아니라 다른 사람과의 관계와 공동체 속에서 나타나며, 인간에게 요구되는 근본적 성품으로 볼 수 있다(이택휘·유병열, 2000).

좋은 인성을 내면화하기 위한 인격교육은 전인적 인간의 영역을 포함하는 통합적 교육을 통해 이루어질 수 있으며, 도덕적 추론능력의 발달, 도덕성에 대한 지적 이해능력이 실천에 옮겨질 수 있도록 구체화될 때 학생들의 좋은 인성함양에 도움을 줄 수 있다. 이를 실천하기 위해 학교와 지역사회에서는 학생들이 구체적인 도덕적 상황에 참여할 수 있도록 기회를 주고, 공동체의 구성원들과 함께 대화와 토론을 통해 가치를 명료화할 수 있는 환경을 제공해야 한다. 또한 장기적인 안목의 차원에서 인격교육을 활성화할 수 있는 인성교육 프로그램을 개발하여 학교생활과 지역사회활동을 통해 덕목을 경험하고 실천할 수 있도록 해야 한다.

3) 인성교육진흥법

(1) 인성교육진흥법의 개요

2011년 학교폭력으로 인한 자살 사건으로 사회는 엄청난 충격을 받게 되고, 이로 인해 학교에서의 인성교육 및 사회적 인성교육이 강조되었다. 학교와 가정, 사회 공동체 등의 인성교육 기능을 강화하는 법적·행정적 등 제도적 토대를 요청하는 공감대가 형성되었고, 2015년 「인성교육진흥법」이 공포되었다. 「인성교육진흥법」은 인성교육을 의무화한 법으로, 건전하고 올바른 인성을 갖춘 시민을 육성하여 국가 사회 발전에 이바지함을 목적으로 하고 있다.

「인성교육진흥법」에서는 인성교육의 기본방향을 '가정과 학교, 사회에서 모두 장려되고, 인간의 전인적 발달을 고려해 장기적 차원에서 계획되어야 하며, 다양한 사회적 기반을 활용해 전국적으로 시행되어야 한다.'는 세 가지로 규정하고 있다. 「인성교육진흥법」에 따라 인성교육 종합계획을 5년마다 수립하도록 하고 있는데, 가장 최근에 수립된 제2차 인성교육 종합계획(2020)의 수립 방향을 살펴보면 다음과 같다.

첫째, 인성교육의 개념 및 관련 정책과의 관계를 재정립하여 인성교육의 필요성 및 의미 등 정책적 인식을 제고한다. 둘째, 명확한 추진체계 역할 분담을 통해 불필요한 업무를 최소화하고 교과 교육과 인성교육의 연계에 집중함으로써 교육의 효과성을 제고한다. 셋째, 추진 성과에 대한 평가의 신뢰도, 현장 적합성 등을 전반적으로 개선하고, 평가 결과의 환류를 통해 발전하는 인성교육을 구현한다. 이를 실천하기 위한 각 기관들의 추진체계는 [그림 12-1]과 같다.

제2차 인성교육 종합계획 추진 체계

구분	내용
비전	미래 사회를 주도할 인성역량을 갖춘 민주시민 육성
목표	•책임 있는 사회참여를 위한 시민적 인성의 함양 •타인, 공동체, 자연을 존중·배려하는 도덕적 인성의 함양
과제	•학교 교육과정 내 인성교육의 안착 •인성교육 친화적 학교 환경 조성 •가정·지역사회와 함께하는 인성교육 •제도 및 평가환류 개선

교육부	시도교육청	지역사회의 협력
국가 수준 제도정비 국가 단위 네트워크 운영	지역 수준 계획 수립 지역 단위 네트워크 운영	

학교
학교 교육과정과 연계하여 학교 수준 인성교육 계획을 수립하고 국가, 지자체, 지역사회의 지원을 적극 활용하여, 교과, 창의적 체험활동을 통해 정규 교육과정 중심으로 인성교육 실시

|그림 12-1| 인성교육 추진체계

출처: 교육부(2020). 제2차 인성교육 종합계획.

(2) 인성교육진흥법의 내용

「인성교육진흥법」(법률 제17472호)에 따른 인성교육의 정의와 내용을 살펴보면 다음과 같다.

첫째, '인성교육'이란 자신의 내면을 바르고 건전하게 가꾸고 타인, 공동체, 자연과 더불어 살아가는 데 필요한 인간다운 성품과 역량을 기르는 것을 목적으로 하는 교육을 말한다.

둘째, '핵심 가치·덕목'이란 인성교육의 목표가 되는 것으로 예(禮), 효(孝), 정직,

책임, 존중, 배려, 소통, 협동 등의 마음가짐이나 사람됨과 관련되는 핵심적인 가치 또는 덕목이다. 셋째, '핵심 역량'이란 핵심 가치·덕목을 적극적이고 능동적으로 실천 또는 실행하는 데 필요한 지식과 공감·소통하는 의사소통 능력이나 갈등해결 능력 등이 통합된 능력을 말한다.

「인성교육진흥법」에서 규정하고 있는 자신의 내면을 바르고 건전하게 가꾸는 것은 인간의 내재적 본성과 깨달음의 중요성 등 개인적 차원을 함축한 표현으로 볼 수 있다. 이것은 인간이 자기완성을 올바로 깨닫고 주체적으로 자기완성을 향해 나아갈 수 있는 존재로 보는 것이다. 타인, 공동체, 자연과 더불어 살아가는 데 필요한 인간다운 성품과 역량을 기르는 것은 후천적 교육의 중요성 등을 사회적 차원에서 함축하는 표현으로 볼 수 있다. 즉 인성교육은 학교교육 및 학교 밖 교육에서 인성 가치와 덕목을 내면화하고, 의사소통 능력·갈등해결 능력을 익히게 함으로써 핵심 가치와 덕목을 갖춘 민주시민을 양성하는 교육이라 할 수 있다. 「인성교육진흥법」에서의 핵심 가치·덕목을 구체적으로 설명하면 〈표 12-1〉과 같다(정일환 외, 2018).

표 12-1 인성교육의 핵심 가치·덕목

덕목	의미
예	예의를 표현하는 절차와 방법을 알고 다른 사람에게 공손하고 친절한 행동을 하는 것
효	부모님과 웃어른을 공경하며 화목하게 지내기 위해서는 어떻게 해야 하는지 알고 실천하는 것
정직	거짓이 없는 진실한 삶이란 무엇이며, 어떻게 하면 정직한 삶을 살 수 있는지 알고 실천하는 것
책임	맡은 역할에 최선을 다하며, 자신의 행위에 책임을 지는 것이 왜 중요한지 알고 실천하는 것
존중	자신에 대한 자긍심을 가지고 타인의 개성과 다양성을 인정하며 존중하는 것
배려	주변 사람들에게 관심과 애정을 가지고 서로 공감대를 형성의 중요함을 알고 실천하는 것
소통	생각이나 뜻이 서로 통하는 소통의 중요성을 알고 소통능력을 기르고 실천하는 것
협동	여러 사람이 함께 생활하면서 힘과 뜻을 모으며 조화롭게 살아가는 것의 중요성을 알고 실천하는 것

2. 학교와 인성교육

1) 학교의 기능과 문제점

우리는 앞서 교육의 사회적 기능에 대하여 살펴본 바가 있다. 교육은 문화유산의 전수 기능, 사회통합의 기능, 사회구성원의 선발과 충원의 기능, 사회이동 촉진의 기능, 사회개혁의 기능 등을 수행하며, 이러한 교육은 대체로 학교에서 이루어진다. 듀이는 학교가 본질적으로 지녀야 하는 기능으로 다음의 세 가지를 제시하였다.

첫째, 학교는 학생에게 이해할 수 있는 정도의 경험이나 지식의 범위에서 기본적인 사회활동을 선택한 후에, 그것을 어려움의 순서대로 세운다. 교육활동을 가르치는 과정에서 더욱 복잡한 사태에 대한 통찰력을 기를 수 있도록 환경을 단순하게 조직하여 제공하도록 한다.

둘째, 학교는 학생의 심리 상태에 영향을 미치는 현재의 환경에서 그들에게 유익하지 못한 부분을 제거함으로써 나쁜 감정과 습관을 제거할 수 있는 순수한 행동의 매체를 마련하는 곳이다.

셋째, 학교는 사회 환경의 여러 요소와 균형을 유지하고 각 개인으로 하여금 타고난 사회집단의 제한에서 벗어나, 보다 넓은 환경과 생동적인 관련을 맺도록 광범위한 환경과의 접촉을 마련하는 곳이다.

듀이는 학교가 특수한 경험을 제공하는 '특수한 환경(special environment)'이라 보고, 학교는 조직적인 교육을 제공하고, 학생의 환경을 조정하며, 학생의 생활을 확충하는 데 중점을 둔다고 보았다. 학교는 하나의 사회적 체제로서 구성원들에게 공동의 선을 실현할 수 있도록 교육과정을 조직하고, 과거로부터 내려오는 행동양식이나 가치관, 사회규범 등을 전달함으로써 사회적 통합에 기여한다. 결국 학교는 개인이 사회에 잘 적응할 수 있도록 도와주고, 사회통합과 발전에 기여하며, 사회 속에서 존재하는 갈등을 중재하고, 전체 사회의 기능을 원활하게 수행할 수 있도록 도와준다(차경수 외, 2006).

현대사회의 학교는 현실사회와 밀접한 관련을 맺으며, 나름의 기능을 충실히 수행하기도 하지만 역기능을 수행하기도 한다. 학교교육은 삶의 질을 향상시키기 위하여 이루어지는 생의 과정임에도 불구하고, 교육내용이 획일적이고 단편적인 지식과 기능 위주로 이루어져 변화하는 경제적, 사회적, 문화적 상황은 물론 개인적 요구에도 효율적으로 대처하지 못하고 있다.

그 외에도 학교 내의 의사전달 형태, 평가제도, 학교의 대형화, 과도한 수험경쟁, 교사와 학생 간의 상호작용 부족 등 현대의 학교가 지니는 문제점은 학생들의 정신건강을 해치고 건전한 자아정체감 및 조화로운 인간 발달을 저해하고 있다. 즉 학교교육이 거의 지적인 교육에 치우쳐 학생들의 전인적인 성장과 발달을 방해하고 있다. 이로 인해 건전하고 창의적인 인성을 발달시키지 못하고 올바른 가치관과 도덕관 또한 확립시키지 못하고 있다. 다시 말해서 학교교육의 본래의 기능인 전인교육을 소홀히 하고 있는 것이다.

학교의 성격과 기능은 시대와 상황에 따라 강조점이 달라질 수 있다. 그러나 학교는 지식 기술의 전달 및 지적 능력의 향상이라는 성격과 이상적 인간과 사회를 추구하기 위해 인격적, 도덕적, 사회적 가치를 실현하는 성격도 함께 지니고 있다는 것을 항상 염두에 두어야 한다.

2) 학교 인성교육의 목표

학교의 일차적인 교육목적은 청소년들에게 건전한 자아정체감과 인성을 함양할 수 있는 기회를 마련하고, 이를 통해 사회적응과 진로에 대한 방향을 설정해 주는 것이다. 학교는 도덕적으로 온전한 인격을 기르는 인성교육의 장이며, 이를 통해 사회통합과 발전을 도모한다. 인성교육은 사회를 구성하는 개인들에게 건전한 도덕적 신념체계를 갖게 하고, 이를 중심으로 인격적 통합을 이룰 수 있도록 도와주는 것이다.

학교에서의 인성교육은 도덕적 행위를 결정하는 규율 준수에 대한 의식을 갖게 하고, 주어진 환경과 다른 사람과의 조화를 고려하여 적절히 통제할 수 있는 능력을 갖게 하며, 공동체에 대한 연대의식과 공통의 도덕감 및 가치관을 형성할 수 있도록 한다(황종관, 2001).

학교의 문제점을 극복하기 위해 바람직한 품성의 인간을 기르는 것을 인성교육의 목표로 설정하고 인성교육을 통해 다음과 같은 특성을 지니고자 하였다(한국교육학회, 1998).

첫째, 인성교육을 통하여 자기 자신을 바르고 정확하게 이해하도록 한다. 자기 자신을 올바르게 이해하는 사람은 가장 합리적이고 현실적인 행동을 선택하고 실행할 수 있기 때문이다.

둘째, 인성교육을 통하여 자기 자신을 존중하고 수용하는 자세를 기른다. 자신의 가치와 장점을 인식하면서 동시에 자신의 부족함도 인식할 줄 아는 사람이 되어야 한다. 자기 존중이 없으면 자신을 비하하거나 학대하게 되고 반사회적인 행동을 할 수도 있다.

셋째, 인성교육을 통하여 자기 자신의 일시적인 감정이나 행동을 통제하고 조절할 수 있는 능력을 길러야 한다. 바람직한 인성의 소유자는 자신의 본능과 감정을 사회적으로 용납되는, 생산적이고 창의적인 방식으로 승화시켜 표현한다.

넷째, 인성교육을 통하여 올바른 현실감각으로 자신의 환경을 이해하며, 현실에 기초한 사고를 하도록 한다. 이상이나 기대를 지나치게 앞세운 나머지 현실을 무시하고 행동하는 것은 타인과의 원만한 인간관계를 방해한다.

다섯째, 인성교육을 통하여 자기 자신뿐만 아니라 타인에 대한 공감적 이해와 존중의 자세를 지니도록 한다. 상대방의 입장을 이해하고 한편으로는 자신을 잃지 않으며, 솔직하게 자신을 표현하고 타인에 대해서는 공감적 자세를 갖도록 한다.

인성교육의 목표는 결국 인간이 사회 속에서 인간다운 인간으로 삶을 영위할 수 있도록 도와주는 것이다. 즉 인간다운 삶을 살아가기 위해 필요한 지식, 태도, 가치

등을 습득하도록 도와주는 것이며, 이러한 것을 습득해 가는 과정 속에서 바람직한 인성을 기를 수 있을 것으로 기대한다. 인성교육은 지식과 인성이 별도의 영역으로 존재하는 것이 아닌 서로 연계되어 통합적으로 이루어져야 하며, 그렇게 될 때 학생들의 인격이 바르게 형성될 수 있을 것이다.

3) 학교폭력과 인성교육

청소년 학교폭력은 학교 내외에서 학생을 대상으로 발생하는 모든 폭력 행위를 의미하며, 이러한 폭력 행위에 의하여 발생하는 신체적, 정신적, 재산상의 피해도 포함된다. 오늘날 학교폭력의 특징은 단순한 탈선의 차원을 넘어 심각한 범죄에 이르고 있으며, 청소년들은 가치관의 혼란으로 폭력 행위에 대한 죄의식조차도 느끼지 못하고 있다(이재욱, 2012).

최근 일어나는 학교폭력은 과거 학교폭력과는 다른 양상을 보이고 있다. 과거의 학교폭력이 소수의 문제 학생에 의해 학교 밖에서 일어난 물리적·일회적 폭력이었다면, 최근의 학교폭력은 다수에 학생들에 의해 학교 안에서 일어나는 반복적이고 정서적 폭력의 특징을 보이고 있다(김규태 외, 2019).

학교폭력은 학생 개인뿐만 아니라 가정과 사회에도 지울 수 없는 상처를 남기게 된다. 정부는 2012년 '학교폭력근절 종합대책'으로 학교폭력 예방을 위해 복수 담임제, 학교폭력 은폐교사 중징계, 단체활동을 통한 인성함양을 위해 체육 수업 시간 50% 늘리는 방안 등을 제시하였다. 그러나 이러한 대책만으로 만성적인 학교폭력을 근절하기 힘들다고 판단한 정부는 후속 조치로 창의·인성교육을 중심으로 하는 학교폭력근절 대책을 확대·추진하고 있다. 학교폭력은 학생들 간의 사소한 갈등이 야기되어 나타나기도 하는데, 이러한 갈등을 해결하기 위해서 타인과 협력하는 태도, 자신의 분노를 조절할 수 있는 능력 등 갈등을 효율적으로 해결할 수 있는 윤리교육이나 인성교육이 필요하다. 이는 교육을 통한 의식의 변화와 함께 학생들의 내재적 품성과 올바른 인격을 형성할 수 있는 인성교육의 활성화를 통해 접근될 수 있다.

학교폭력 예방교육과 인성교육을 연계시킴으로써 학교폭력의 발생을 줄이고, 학생들의 협동성, 결속감을 증대시키기 위해 교과 외 활동을 강화하는 것이 필요하다. 또한 다양한 매체의 활용과 체험할동을 통한 인성교육을 실시하는 것이 효과적일 것이다. 이를 위해서는 학교, 교사, 학생과 학부모, 지역사회 관계자들의 긴밀한 협조가 이루어져야 한다. 무엇보다 우선시 되어야 할 것은 교사 스스로가 인성교육의 중요성을 지각하고 도덕의식을 고취하여 이를 실천하고자 하는 의지가 가장 중요하다.

그러나 현재 학교에서 진행되는 인성교육은 문제 학생 위주의 형식적이고 계도적 차원에서 이루어지고 있어 실질적으로 학생들의 인성과 행동변화에 바람직한 결과를 가져오지 못하고 있다. 학생들의 바람직한 변화를 이끌어 내려면 인성교육의 방법과 내용이 학생들의 관심과 흥미에 부합해야 한다. 또한 현대사회의 변화와 관련하여 그들이 경험하는 세계와도 일치하는 방향이어야 한다. 미래사회의 가치와 문화가 다양성과 개방성을 전제로 한다면, 전통적인 가치관이 요구하는 획일적인 가치체계의 습득을 통한 인성교육은 실효성을 거둘 수 없다. 즉 시대를 고려하지 않는 인성교육은 학생들과의 원활한 소통이나 학교폭력의 예방, 폭력을 통해 야기되는 문제를 효과적으로 해결하는 데 어려움이 있을 것이다.

학교는 청소년들의 현재 삶의 대부분을 차지하는 생활 장소이며, 도덕적 행위를 실천하여 인성과 인격을 형성하고 수정할 수 있는 곳이다. 학교폭력을 근절하기 위해 많은 노력을 하고 있으나 학교폭력은 끊임없이 일어나고 있으며 학교와 가정, 사회에 위협을 주고 있다. 따라서 학교교육은 단편적 지식 전수보다는 성숙한 인격을 형성하는 인성교육에 주력해야 할 것이다(정일환 외, 2018).

3. 국가 수준의 인성교육 실천 과제[1)]

1) 학교 교육과정에서의 실천 과제

(1) 국가수준 교육과정에 기초한 인성교육

인성교육이 일회성 행사가 아닌 정규 교육과정 내에서 이루어질 수 있도록 학교 교육과정과 인성에 관한 교육계획의 연계성을 강화한다.

① 인성교육 관련 국가수준 교육과정을 체계화하고 내실화한다.

- 차기 초·중등 교육과정 개정 시 학생의 발달단계와 사회 변화를 고려하여 인성교육과 관련한 성취기준 및 내용요소를 정비한다.
- 누리과정의 목적을 유아가 놀이를 통해 심신의 건강과 조화로운 발달을 이루고 바른 인성과 민주 시민의 기초를 형성하는 것으로 설정한다.

② 시·도 교육과정 편성·운영 지침에 인성교육의 관점을 반영한다.

- 학교급별·교과별 교육목표 및 성취기준, 시도별 정책 중점사항을 토대로 인성교육에 관한 사항을 교육과정 편성·운영 지침에 포함한다.
- 2019 개정 누리과정에 따라 놀이를 통한 실천 위주의 인성교육에 관한 사항을 유치원 교육과정 편성운영 지침에 포함한다.

③ 학교 교육과정과 연계한 인성교육계획을 수립·실시한다.

- 전체 학교교육의 흐름 안에서 인성교육이 이루어지도록 인성에 관한 교육계획을 학교교육 계획과 연계하여 수립한다.
- 특히, 학교생활이 제한되는 비대면 환경에서도 도덕 사회 등 관련 교과 내에서 인성교육이 이루어지도록 각 교과의 특성과 목표에 부합하는 방식으로 인성

1) 교육부(2020). 제2차 인성교육 종합계획

교육을 실시한다.

- 신체 운동·건강, 의사소통, 사회관계, 예술경험, 자연탐구 등 5개 영역을 통합적으로 실천하는 유아·놀이 중심 교육과정을 운영한다.

(2) 학교·교원의 인성교육 역량 강화

교원의 연수 부담은 완화하고 자발적인 역량을 강화하고 지원한다.

① 교원의 자발적인 인성교육 역량을 강화하고 지원한다.

② 인성교육 프로그램 개발 및 인증제를 운영한다.

- 인성 가치 덕목을 함양하는 다양한 주제의 프로그램을 개발하고 기존 프로그램 확산을 위한 보급 체계화를 추진한다.
- 인증 프로그램의 현장 적합성 제고 및 학교 기관 비영리 법인 등 민간의 적극적인 참여 유도를 위해 인증제 운영을 개선한다.

③ 예비교원의 인성교육 지도 역량을 강화한다.

- 예비교원의 인성교육 지도 역량을 강화하기 위한 관련 과목을 필수로 개설하여 운영한다.

(3) 주제별 인성교육 활성화 및 체계화

교육과정 편성 시 반영할 수 있도록 매년 인성교육 시행계획을 통해 학교가 인성교육 지원사업의 내용, 신청 방벙 등을 알기 쉽게 사전에 안내한다.

① 체육교육 활성화를 통한 건강한 인성을 함양한다.

- 학교 스포츠클럽 활동 내실화 및 리그 활성화를 통해 학생의 자존감, 인내력, 자기 통제력과 협동, 존중, 배려 등의 인성을 함양한다.

② 예술교육을 통한 감성 및 정서를 함양한다.

- 예술교과 및 동아리 지원 등을 통한 1학생 1예술활동 활성화 및 학교예술강사

지원사업을 통해 심미적 감성 역량, 공동체 역량, 자기관리 역량 등 학생의 정의적 역량을 강화한다.

③ 삶의 질을 높이는 인문소양교육 및 전통문화교육을 활성화한다.

- 교육과정과 연계한 인문교육 활성화 및 관련 교사-학생 동아리 지원을 통해 내면적 가치의 중요성을 배우는 인문소양교육을 활성화한다.
- 도서관·박물관 인문교육 및 탐방 프로그램, 인문 멘토링 및 전통문화 순회 강좌를 운영한다.

④ 소통과 갈등해결을 위한 미디어 리터러시 교육

- 미디어 정보에 대한 비판적 이해와 미디어를 활용한 사회참여와 실천을 돕는 미디어 리터러시 교육을 활성화한다.

⑤ 학교폭력 예방교육을 통한 학생의 건전한 인성을 함양한다.

- 교육과정과 연계한 어울림 프로그램, 언어폭력 예방 활동, 또래 상담 활동 등을 통해 공감, 의사소통 등 공동체 역량을 함양한다.

⑥ 심성 순화 및 준법의식 향상을 위한 법 교육을 실시한다.

- 학생 발달 단계를 고려한 법 기반 인성교육 콘텐츠 보급 및 체험 프로그램, 토론·체험 중심 법 교육 프로그램을 운영한다.

⑦ 자연과 더불어 살기 위한 환경교육을 활성화한다.

- 환경체험·탐방, 환경 분야 진로체험 등 교과 및 창의적 체험활동과 연계한 다양한 자연환경 체험 프로그램을 확산한다.

⑧ 정서적 안정과 감수성 함양을 위한 산림교육을 실시한다.

- 숲 체험을 통해 학생들의 스트레스를 치유하고, 정서적 안정과 창의성을 제고하는 산림교육·치유 프로그램을 운영한다.

⑨ 생명의 소중함을 배우는 동물보호교육을 실시한다.

- 연령별 맞춤형 교육영상 제작 및 활동 중심의 지도자료 보급을 통해 동물 존중에 대한 인식을 제고한다.

⑩ 청소년의 지역사회 참여를 통해 인성을 함양한다.

- 자원봉사 활동 및 문화 활동 등 청소년의 지역사회 참여를 독려한다.

2) 학교 환경과 인성교육 과제

(1) 민주적 학교 문화 조성

학생이 주도적으로 교육활동에 참여하는 기회를 통해 책임·소통을 경험하고 학부모의 학교 참여를 통해 가정과 함께하는 인성교육을 실현한다.

① 학생이 기획하고 실천하는 학생자치를 확산한다.

- 학교 교육 운영에 학생이 참여할 수 있도록 수평적인 의사소통 문화 조성 및 학생 참여 법제화를 추진한다.
- 학생이 주도적으로 참여하는 학교공간 혁신을 통해 민주적 의사 결정 및 의사소통 능력을 향상하여 학생의 민주시민 역량을 강화한다.

② 학부모회 설치 및 운영에 관한 법적·제도적 기반을 마련한다.

- 학부모가 학교 운영의 주체로 참여할 수 있도록 학부모회 설치 및 학부모의 교육활동 참여 권리의 법적 근거를 마련하여 추진한다.
- 학부모회실 설치 확대, 학부모회 활동 예산 편성 등 시도별 특색과 여건을 고려하여 학부모회 활동을 지원한다.

(2) 소통, 배려, 존중하는 학교생활

학생 상호 간, 학생–교원 간 존중하고 배려하는 학교 문화를 조성하고, 다양성에 대한 인식 제고를 통해 공동체 의식을 함양한다.

① 공동체 활동 및 또래활동을 통해 비폭력 상호이해와 존중문화를 확산하고 학생 주도적 언어문화 인식 제고 및 언어폭력 예방을 활성화한다.

- 어울림 프로그램 및 또래활동 프로그램 활용 및 또래 상담 등의 학생 관계 개선 활동을 통해 학교폭력 예방을 내실화한다.
- 학생 언어문화 개선 교육주간을 통해 온·오프라인상에서의 바른 언어 사용 및 언어폭력 예방 활동을 추진한다.
- 청소년이 스스로 바른 언어생활을 실천할 수 있도록 학교, 민간, 방송사 등이 협력하는 언어문화 개선 운동을 추진한다.

② 학생 주도의 자율적 사이버폭력 예방활동 활성화를 통해 폭력 인지 감수성 향상 및 단위학교 사이버 폭력 예방 역량을 강화한다.

- 학생 주도의 캠페인, 공모전, 학예활동, 홍보활동 등을 통한 사이버폭력 예방 관련 인식을 제고한다.
- 건전한 스마트폰 사용, 인터넷 문화 조성을 위한 사회 운동 및 캠페인, 인터넷 언어 사용 모니터링 등을 실시한다.

③ 장애학생·다문화학생 인권보호 및 존중문화를 조성한다.

- 통합교육 환경 조성과 장애인권 감수성 향상을 위해 장애이해 특별방송 제작·송출 및 교육자료 개발·보급 등 장애이해교육을 강화한다.
- 다문화 감수성 제고를 위해 또래 상담자 및 또래상담 지도교사 양성에 이주 배경 아동·청소년의 심리·사회적 문제 이해 등의 내용을 포함한다.

④ 교사·학생 상호 간 소통에 바탕을 둔 교육활동 존중 문화를 조성한다.

- 교육활동 침해 예방교육 실시 및 원격 콘텐츠를 개발하고 운영한다.

3) 가정·지역사회와 인성교육 과제

(1) 가정에서의 인성교육 지원

학교에서의 교육이 가정에서 이어질 수 있도록 자녀 지도 방법 등 학부모 교육을 활성화하고 가족 친화적인 사회 환경을 조성한다.

① 학부모의 자녀 인성교육 역량을 강화한다.

- 학부모ON누리(www.parents.go.kr)의 인성교육 관련 온라인 학부모 교육의 활성화를 통하여 자녀 인성교육에 대한 학부모 역량을 제고한다.
- 조손가정, 한부모가정 등 학부모교육 참여가 어려운 소외계층을 위해 찾아가는 학부모교육 및 자녀교육을 지원한다.
- 예절교육, 인성교육, 사회성 교육이 가정에서 이루어질 수 있도록 식사예절과 올바른 대화법을 학습하는 '밥상머리교육'을 지속적으로 추진한다.
- 가정에서 자녀의 올바른 인터넷 사용 지도를 돕기 위한 실천형 교육으로 '밥상머리 인터넷 윤리교육'을 실시한다.

② 가족 친화적 사회 환경을 조성한다.

- 일과 가족의 조화를 위한 지원제도를 활성화하고, 민간의 가족친화 경영 역량 강화를 위한 교육을 실시한다.
- 정부부처, 지자체는 직장교육을 통해 부모-자녀 간 의사소통 등 부모역할 교육을 실시하여 민간으로 부모교육의 확산을 선도한다.
- 다양한 가족에 대한 사회적 편견 개선을 위해 대중매체의 차별과 편견을 모니터링하고 인식 제고를 위한 공감·소통의 장을 마련한다.

가정에서의 인성교육 실천과제로 자녀의 인성을 바람직하게 키우기 위한 부모의 역할과 밥상머리교육에 대하여 좀 더 자세히 살펴보기로 한다. 인성교육은 가정에서부터 비롯되므로 자녀의 인성을 바람직하게 키우기 위해 부모의 역할은 매우 중요하다. 자녀의 인성교육을 위한 부모의 역할을 살펴보면 다음과 같다(김이영 외, 2016).

첫째, 자녀에게 간섭이 아니라 관심으로 대하는 것이 중요하다. 자녀가 주체적으로 생활하고 선택하며, 선택에 대한 책임감을 길러주는 것이 자녀를 존중하는 것이다. 간섭과 관심을 구별하고 선을 지켜서 적절한 관심을 표현하는 것이 중요하다.

둘째, 공감하는 능력을 길러주는 것이 중요하다. 또래들과 어울리면서 다양한 상황에서 갈등을 경험하고, 그 갈등을 해결하기 위해 상대방의 입장에서 생각하는 과정에서 공감능력이 향상된다. 따라서 다양한 체험들과 그 체험 속에서 갈등을 경험할 수 있는 기회를 제공해 주어야 한다.

셋째, 자녀와 소통하는 부모가 되어야 한다. 현대 사회는 모두가 바쁜 일상을 보내고 있어 부모와 자식 간의 대화가 마련되기 쉽지 않으며, 급변하는 시대의 흐름으로 세대 간 공감대 형성이 어렵다. 부모는 자녀의 말을 먼저 경청하고, 자녀의 이야기에 공감해 주는 것이 소통의 시작이 된다.

넷째, 부모와 자녀 간의 유대를 강화하기 위하여 다양한 가족행사를 함께 계획하고 결정하며 참여하는 것은 매우 중요한 일이다. 이러한 가족문화를 경험하는 과정에서 민주적인 가족문화를 형성할 수 있을 것이다.

부모는 자녀가 늘 바라보는 대상이므로 항상 말과 행동의 바른 본보기를 보여주는 것이 말로 하는 충고보다 훨씬 더 효과적일 것이다. 인성교육의 한 방법으로 밥상머리교육은 가족이 함께 모여 식사를 하면서 대화를 통해 가족 사랑과 인성을 키우는 것이다. 최근 학교폭력 문제가 사회 문제로 대두되면서 현대를 살아가는 가족이 함께 시간을 보낼 수 있는 식사시간을 재조명한 밥상머리교육에 관심이 쏠리고 있다. 이현아(2014)는 밥상머리교육의 조건에 대해 다음과 같이 말하고 있다.

첫째, 밥상머리교육은 '가족시간 확보'에서 시작된다. 일상생활에서 부모들은 일이 중심이 되고, 자녀들은 학업을 중심으로 생활하게 된다. 이러한 상황에서 각자의 시간을 배분하여 가족 식사 시간을 확보하는 것은 쉬운 일이 아니다. 가족 구성원들의 생활구조를 전환하여 가족이 함께 식사를 할 수 있는 시간을 마련하려는 노력이 필요하다.

둘째, 식사를 함께하는 그 자체, '식사공유'이다. 가족을 다른 말로 '식구(食口)'라고 표현하는 것은 함께 밥을 먹는 관계이기 때문이다. 음식을 공유하는 것은 사람 간의 유대감을 강화시킨다는 점에서 아주 중요하다. 또한 식사는 규칙적이고 반복되는 일상이라는 점에서 효과적인 교육의 장이 될 수 있다.

|그림 12-2| 밥상머리교육

출처: https://blog.naver.com/regin223/

셋째, '대화와 소통'이다. 가족과 식사를 하면서 서로의 일과에 대하여 대화를 나누고 감정을 공유하는 소통의 시간을 보낼 때, 가족의 구성원으로서 소속감, 친밀감, 유대감을 느낄 수 있다.

넷째, '가족의 사랑과 인성'이다. 밥상머리교육의 궁극적인 목적은 가족 식사를 통하여 가족 간의 사랑을 느끼고 그 안에서 인성을 배우는 것이다. 이러한 면에서 가족이 함께 둘러앉아 식사를 하는 것은 가족이 사랑을 나누고 인성을 키우는 교육의 장이 된다.

(2) 지역사회 참여 활성화

교육-일반 지자체의 협력을 통해 인성교육을 위한 지역 단위 네트워크를 강화하고, 민간기관·기업의 교육 참여를 통한 인성교육 지원체계를 조성한다.

① 학교와 가정, 지역사회가 참여하는 인성친화적 교육환경을 조성하기 위해 '시·도 인성교육진흥 협의회' 등 지원체계를 구축·운영한다.

② 민간의 사회적 공헌, 마을의 교육 참여를 통한 인성교육 환경을 조성한다.

- 대학, 기관·기업의 교육 참여, 사회봉사 및 재능기부 등을 통해 사회적 책임에 기반을 둔 인성교육 지원체계를 조성한다.
- 농어촌 마을·권역에 구축된 현장체험 학습시설 및 교육프로그램을 활용한

인성교육을 활성화한다.

4) 기대효과

학교, 가정, 지역사회의 인성교육 실천 과제를 통해 다음과 같은 효과를 기대할 수 있다.

첫째, 학교에서는 추진체계의 정비를 통해 중복되거나 불필요한 업무를 감축하여 학교·교원이 교육에 집중함으로써 학교 인성교육의 내실화를 실현할 수 있다.

둘째, 학교 교육과정 내의 교과연계를 통해 인성교육을 교육과정 내에 안착시킴으로써, 일회성 행사가 아닌 모든 학생을 위한 인성교육을 실현할 수 있다.

셋째, 가정에서는 학부모 교육의 활성화를 통해 소통하고 존중하는 가족문화를 구축하여 가정의 인성교육 기능을 회복할 수 있다.

넷째, 다양한 청소년 활동 활성화를 지원하여 지역사회에 참여할 수 있는 기회 확대를 통한 지역사회의 인성교육 기능을 회복할 수 있다.

학습과제

1. 인성교육의 개념에 대하여 설명하시오.
2. 인성교육진흥법에 대하여 설명하시오.
3. 학교인성교육의 목표에 대하여 설명하시오.
4. 학교폭력과 인성교육의 관계에 대하여 설명하시오.
5. 가정에서의 인성교육 지원방안에 대하여 설명하시오.

교육행정과 조직

CHAPTER 13

INTRODUCTION TO EDUCATION

1. 교육행정의 이해

1) 교육행정의 개념

교육행정은 다양한 개념을 내포하고 있지만 핵심은 교수-학습활동이 제대로 이루어지도록 지원함으로써 교육목적의 달성을 돕는 것이다. 교육이 제대로 이루어지기 위해서는 많은 준비와 조건들이 필요하다. 학교를 짓고, 교실을 만들며, 자격을 갖춘 교원을 배치하고, 적절한 교재와 교구를 제공하면서 정해진 목표, 속도, 단계에 따라 교육이 이루어지도록 조건을 조성하는 것이 필요하다(성태제 외, 2020). 이처럼 교수-학습활동이 교육목표의 달성을 향해 원활히 진행될 수 있도록 인적, 물적, 재정적으로 지원하고 조건을 마련하는 서비스 활동이 바로 교육행정이다.

교육행정은 교육의 목적을 효과적으로 실현하기 위해 중앙정부 수준, 시·도 교육청 수준, 단위학교 수준 등에서 국가의 법령이나 지방자치단체의 각종 조례 등에 기반을 두고 교육의 목적이나 내용, 방법 등 교육활동을 구성하는 요소들의 범위를 정하고, 교수-학습에 필요한 인적 자원과 경제적 자원, 물적 조건 등 여러 조건을 형성하고 개선해 나가는 활동이다.

교육행정에 대한 개념을 광의의 교육행정과 협의의 교육행정으로 구분해 보면 다음과 같다(남궁용건 외, 2008). 먼저, 광의의 교육행정은 사회적·공동적 교육활동의 목표를 설정한 후 그 목표달성에 필요한 제반 조건을 정비하는 동시에 지도·감독하는 것을 말한다. 즉, 교육활동을 효과적으로 달성하기 위하여 교육활동의 목표를 설정하고 그 목표 달성에 필요한 인적·물적 조건을 정비·조직하고 지휘·통제하는 협동적 집단행위로서의 봉사활동을 교육행정으로 본다.

협의의 교육행정은 국가나 지방 자치단체가 교육활동에 관한 목표를 수립하고 그 목표 달성을 위한 인적·물적 조건을 정비하고 합법적, 효율적, 협동적으로 집행하고 평가하는 일련의 봉사활동 과정 또는 설정된 교육목적을 달성하기 위하여 자원을 동원하고 지휘·통제하는 수단적 과정으로 본다.

학교행정은 교육행정의 하위 개념으로서 학교단위의 교육행정을 말한다. 즉, 학교행정은 학교행정가가 국가나 지역사회의 교육적 필요를 기초로 교육목표를 설정하고 그 목표 달성을 위하여 자원의 제공, 교육적 풍토의 조성, 교육 성과평가, 교사의 갈등 해소, 학부모·상부기관 및 지역사회와의 관계유지, 집행계획의 수립 등을 통하여 교사의 교육활동을 조정·지도·지원하는 활동을 말한다.

학교행정, 학교경영, 학교관리 등의 개념은 엄밀히 구별하기는 어렵지만 차이점이 있다. 학교행정이 학교교육을 주된 대상으로 하여 이루어지는 행정이라고 한다면 학교경영은 교육경영의 하위 개념으로 파악해 볼 수 있다. 그러므로 학교경영은 학교행정과의 관계에서 상대적 우위를 가지고 있으며 교육목표 달성의 효율성을 극대화시키기 위해 학교행정가의 자율적·창의적 관점에서 교육을 운영하는 것을 말한다.

학교관리는 위임된 법규아래서 교장이 교육목적을 달성하기 위하여 객관적·체계적으로 학교를 관리하는 것을 말한다. 학교경영에서는 주로 교육정책, 교육과정, 학습지도, 교사의 활동 등에 대한 교직 자체의 전문성에 관한 것을 다루지만, 학교관리에서는 주로 인사, 재정, 시설 등 일상적인 업무를 다룬다.

교육행정의 개념은 교육과 행정의 관계 설정에 따라 다양하게 정의될 수 있다. 일반적으로 교육행정의 개념은 법규해석적 정의, 조건 정비적 정의, 정책실현설, 행정행위설로 구분해 볼 수 있다(이형행, 2011).

(1) 법규해석적 정의

법규해석적 정의는 공권설적 관점으로, 교육행정은 교육정책을 실현하는 수단으로 법규에 따라 교육업무를 지도·감독하는 것이다. 즉, 국가통치권 중 입법·사법을 제외한 국가 행정작용 중 교육에 관한 행정이라고 보는 입장이다.

이러한 견해는 교육행정을 교육을 대상으로 하는 법적·행정적 작용으로 보기 때문에 교육행정의 특수성과 전문성을 무시하고, 교육운영을 중앙집권적이며 관료적인 통제하에 두어 교육활동의 자주성과 자율성을 침해할 수 있다(윤정일 외, 2016). 즉, 교육행정은 그 자체가 중앙집권적이고 관료통제적일 뿐만 아니라 교육은 통제적인 틀 속에서 획일적으로 이루어진다고 할 수 있다.

(2) 조건 정비적 정의

조건 정비적 정의는 기능설적인 관점으로, 교육행정은 교육목표를 효율적으로 달성하기 위해 필요한 인적 및 물적인 제반 조건을 정비·확립하는 수단적·봉사적 활동이라고 보는 견해이다. 즉, 교육행정을 교육을 위한 행정으로서 교육목표를 효율적으로 달성하기 위한 일련의 봉사활동이며 행정의 수단성을 강조하는 민주적 교육행정으로 정의할 수 있다.

특히, 교육조직에서의 교육행정은 교수와 학습의 증진을 핵심 목적으로 하지만 교육행정은 수업의 목표를 달성하기 위한 수단이지 목적은 아니라는 것이다. 즉, 학교조직에서의 집단적 협동 행위를 위하여 효과적으로 지원하는 것을 본질로 하는 작용이라 하였다. 이 정의에 따르면 교육행정은 교육의 실제적 필요에 의해 기능적으로 수행되는 활동이며 행정은 목적이 아닌 수단일 뿐이다. 즉, 교육행정은 가르치는 교사와 배우는 학생을 돕기 위해 있는 것이며, 교육행정가는 교수-학습활동을 돕는 봉사자라고 본다.

(3) 정책실현설

정책실현설은 교육행정을 공권력을 가진 국가기관이 교육정책을 수립하고 집행하는 과정으로 보는 입장이다. 이 정의에서는 교육목표가 국가권력에 의해 지지된 이념이기 때문에 그것을 달성하기 위해 공권력을 사용하는 것이 불가피하다고 본다. 정책의 수립과 집행을 함께 고려하는 입장이어서 정치 또는 입법이 정책을 결정하고 행정은 거기서 결정된 정책을 집행한다는 정치·행정 이원론을 부정한다. 공권력을 행정의 성립 요소로 본다는 점에서 사기업 행정과 차이가 있고, 교육정책의 결정과 집행에 초점을 둔다는 점에서 수단적·봉사적 작용으로 보는 관점과도 구별된다.

(4) 행정행위설

행정행위설은 교육행정을 교육조직의 공동목표를 달성하기 위한 합리적 협동행위로 보는 관점이다. 여기서 조직은 공동의 목표를 가지고 있으며 목표달성을 위한 체계적인 활동이 일정 기간 지속적으로 전개되는 인간들의 집합체이고, 합리적 협동행위는 조직목표 달성을 위하여 노력, 시간, 비용을 최소로 들여서 최대의 효과를 내도록 두 사람 이상이 힘을 합하고 조정하는 작용이다. 행정행위설은 행정 대상의 특수성보다는 공통점을 강조하는 입장을 가지며, 그동안 교육행정이 지나치게 교육만을 강조하고, 행정으로서의 성격을 간과해 왔다는 비판적 시각을 보인다.

이와 같은 교육행정에 관한 다양한 시각들을 비교해 보면, 법규 해석적 관점은 '교육에 관한 행정'이며, 조건 정비적 관점은 '교육을 위한 행정'으로 구분해 볼 수 있다(이신동 외, 2020). 법규해석적 정의는 교육에 관한 행정과 중앙집권적, 관료통제적, 강제적 요소에 초점을 둔다면, 조건정비적 정의는 교육을 위한 행정과 지방분권적·자율적 특성을 강조한다고 볼 수 있다. 법규해석적 정의와 행정행위설은 교육행정을 일반행정의 한 유형으로 본다는 공통점이 있으나, 법규해석적 정의가 권력적 강제성을 강조하는 반면에 행정행위설은 합리적 협동행위를 강조한다는 점에서 차이가 있다. 그리고 행정행위설은 교육조직의 목적 달성을 전제로 한다는 점에서 조건정비적 정의와 공존 가능한 관점이라고 볼 수 있다. 이러한 개념적 이해를 통해 기존의 개념 규정을 미래지향적 관점에서 재정립하여 교육행정을 올바르게 이해할 수 있는 계기를 마련할 수 있다.

2) 교육행정의 원리

교육행정의 원리는 교육행정의 과정과 실제에서 마땅히 따라야 할 합당한 규범적 가치와 원리를 말하며, 교육행정을 규율한다. 교육행정의 원리는 교육행정의 이념적 지향과 실제적 운영 지침의 준거가 될 수 있기 때문에 법규상의 원리와 운영상의 원리로 구분해 볼 수 있다(박세훈 외, 2012).

(1) 법규상의 원리

법규상의 원리는 「헌법」과 「교육기본법」을 바탕으로 합법성, 형평성, 자주성, 전문성, 적도집권의 원리로 구분할 수 있다.

첫째, 합법성의 원리는 가장 오래된 개념으로 행정과정이 법률 적합성을 지녀야 하고 합법적이어야 한다는 것으로 법치행정의 원리라고도 한다. 이는 교육행정의 모든 활동이 합법적으로 제정된 법령, 규칙, 조례에 따라야 하는 법률 적합성을 가져야 함을 의미한다. 하지만 합법성이 지나치게 강조되면 행정의 합목적성, 전문성, 기술성 등이 경시되고, 법규 만능으로 인하여 형식적이며 경직된 행정을 초래할 수 있다(유평수 외, 2014).

둘째, 형평성의 원리는 모든 사람에게 교육기회를 균등하게 제공한다는 의미로서 민주주의의 원리 또는 기회균등의 원리라고도 볼 수 있다. 「헌법」 제31조에 "모든 국민은 능력에 따라 균등하게 교육받을 권리를 가진다."와 「교육기본법」 제4조와 제17조 2항에서 "모든 국민은 성별, 종교, 신념, 사회적 신분, 경제적 지위 또는 신체적 조건 등의 이유로 교육에 있어서 차별을 받지 아니한다."의 규정에 따른 교육의 기회균등은 교육정책을 집행하는 주된 지침이 되고 있다.

셋째, 자주성의 원리는 「헌법」 제31조 및 「교육기본법」 제5조에 의거하여 교육이 본래의 목적을 추구하기 위하여 일반 행정에서 분리·독립되어야 하며, 특정 정치와 종교로부터 중립성을 유지해야 한다는 것이다. 교육행정의 자주성은 교육행정의 조직, 인사, 재정 등의 측면에서도 이루어지고 있다. 이러한 교육 자주성의 원리에는 학문의 자유, 대학의 자유, 사학의 자주성, 학교의 자주적 경영 등의 원칙도 포함된다(국가법령정보센터, 2019).

넷째, 전문성의 원리는 교육행정이 교육을 위한 행정이라는 입장에서 교육 행정가는 교육활동의 본질을 잘 이해하고 교육에 관한 고도의 식견과 전문성을 갖춘 전문가여야 함을 의미한다. 교육행정에 요구되는 전문성은 업무의 독자성 내재는 특수성, 고도의 지성을 바탕으로 한 지적·기술적 수월성이다. 교육활동은 전문적 활동이기 때문에 교육행정가는 교육에 대한 전문적 지식과 기술을 구비하고 있어야 한다.

다섯째, 적도집권의 원리(principle of optimum centralization)는 행정의 중앙집권을 지양하고 지방에 위임 또는 분산시켜 중앙집권과 지방분권의 적절한 조화를 이루어야 함을 의미하는 것으로 지방분권의 원리라고도 한다. 따라서 중앙교육행정기관인 교육부는 교육의 기본정책 수립과 기타 전문적·기술적 지도 조언과 재정보조를 지원하고, 시·도 교육청은 민의에 따라 지방의 특색에 맞는 교육행정을 책임지고 발전시켜 나가야 한다.

(2) 운영상의 원리

운영상의 원리는 교육행정을 실제 운영하는 데 적용되는 원리로 민주성, 효율성, 타당성, 적응성, 안정성의 원리로 구분할 수 있다.

첫째, 민주성의 원리는 교육정책을 수립하거나 집행하는 데 국민의 의사를 행정에 반영하여 국민을 위한 행정을 해야 함을 의미한다. 즉, 교육은 모든 국민을 대상으로 하고 있기에 교육행정을 수행하는 과정에서 소수에 의한 독단과 편견을 배제하고 가능한 한 다수의 참여가 보장되어야 한다. 이러한 민주성의 원리에 따라 교육행정조직, 교원제도, 교육시설, 교육내용의 민주화가 이루어져야 한다.

둘째, 효율성의 원리는 최소의 노력과 경비로 최대의 효과를 내도록 하는 경제성의 원리를 말한다. 교육활동에 있어서도 최소한의 노력, 시간, 비용을 투입하여 최대한의 교육목표 달성을 하는 것이 교육행정의 주요 임무인 것이다. 교육행정에 있어서 효율성의 원리는 단기적 평가보다 장기적 평가에 의한 효율과 단순한 경제적 효율보다는 사회적 효율을 더욱 강조하여야 한다.

셋째, 타당성의 원리는 교육행정활동이 교육목표 달성에 이바지하는 타당한 활동이어야 한다는 것으로 합목적성의 원리라고도 한다. 즉, 교육행정은 그 자체가 목적이 아니라 교육목표 달성을 위한 수단적 봉사활동이 되어야 한다는 것이다. 교육행정은 항상 올바른 목표를 세우고 그 목표 달성에 필요한 충분한 조건을 정비·확립해야 한다는 것이 합목적성의 원리와 밀접한 연관이 있다.

넷째, 적응성의 원리는 사회변화에 발맞추어 교육정책과 교육활동이 빠르고 조화롭게 대처해 나가는 것을 말한다. 학교는 사회조직의 하나로 순응하고 협력하는 한편, 지역사회를 선도하는 역할을 수행할 수 있도록 제 기능을 다하여야 한다. 교육행정에는 사회의 변화를 예견하고 이에 능동적으로 대처해 나갈 수 있는 능력이 필요하다.

다섯째, 안정성의 원리는 국민적 합의를 거쳐 수립·시행되는 교육정책이나 프로그램은 장기적인 안목에서 계속성과 일관성을 유지해야 한다는 것이다. 교육활동의 급격한 변화로 인한 혼란과 부작용을 최대한 줄여서 안정성이 확보되어야 함을 의미한다. 교육활동에 대하여 지속성과 안정성을 주기 위해서는 전통을 계승하고, 좋은 전통은 강화·발전시키려는 좋은 의미의 보수주의가 필요하다.

2. 교육행정 이론의 발달

교육행정의 역사에 대한 이해와 학문적 성격을 규명하기 위하여 교육행정 이론의 역사적 변천을 살펴볼 필요가 있다. 교육행정은 상대적으로 학문으로서의 역사가 짧고 그 정체성이 모호한 것이 사실이다. 그러나 교육에서 강조하는 인간에 대한 관점이 어떻게 변화되어 왔는지를 알 수 있을 뿐만 아니라 교육조직 현상을 이해하는 중요한 길잡이가 되기도 한다. 또한 교육의 목적을 효율적으로 수행하기 위해 앞으로 교육행정이 어떤 역할을 해야 할지에 대한 동기를 찾는 데도 도움이 된다.

교육행정 이론은 크게 조직의 구조와 과업을 중시하는 고전적 이론, 조직의 구성원을 강조하는 인간관계론, 개념을 조직하고 실증적 자료로 이론적 가설을 검증하여 일반화하려는 행동과학론, 이론 및 조직 구성원과 환경의 역동적인 상호작용을 강조하는 체제이론, 교육현상에 대한 새로운 패러다임인 대안적 이론 등으로 구분할 수 있다(박세훈 외, 2012). 여기서는 고전적 이론, 인간관계론, 행동과학론, 체제이론에 대해 살펴보고자 한다.

1) 고전적 이론

20세기 초 세계는 제국주의 전쟁과 노동자들의 파업으로 심각한 위기 상황에 빠져 있었다. 이러한 사회적·시대적 상황에서 일반 행정이나 기업경영의 주요 관심사는 가능성을 현실화할 수 있는 효율적인 조직체계와 절차, 그리고 합리적인 관리 기술의 개발에 있었다. 그러한 시대적 열망에 부응하여 발달한 이론이 고전적 이론이다. 이 이론은 인간관리 철학에 기초하여 조직 및 인간 관리의 과학화, 합리화, 능률화를 추구하였으며, 그 대표적인 이론으로는 과학적 관리론, 관료제론 등이 있다. 교육행정에서도 고전적 이론의 영향을 받아 현대 학교제도와 교육행정의 기틀을 다지는 계기가 되었다.

(1) 과학적 관리론(scientific management theory)

과학적 관리의 대표학자인 테일러(Taylor)는 미국의 경제공황을 극복하기 위해 효율성과 생산성을 높이는 데에 초점을 맞추어 관리의 표준화, 과학화, 합리화를 추진하였다. 테일러는 생산 공정에서 개개의 작업을 요소동작으로 분리하고, 각 요소 동작의 형태, 순서, 소요시간을 시간연구와 동작연구로 표준화함으로써 1일 작업량을 설정하고, 과업내용과 도구 등을 표준화하여 최선의 과업수행 방법을 선정했으며, 표준화된 직무내용과 작업절차에 따라 성공적으로 직무를 수행하는 데 필요한 자격을 명시하였다.

테일러

프레데릭 윈슬로 테일러(Frederick Winslow Taylor, 1856~1915)는 미국의 기계공학자, 경영학자, 산업공학자, 골프 선수, 테니스 선수이다. 과학적 관리법을 창안하여, 공장개혁과 경영합리화에 큰 공적을 남겼다. 과학적 관리법은 테일러가 19세기 말부터 연구하고 발표한 이론으로, 1929년 세계대공황 이전까지 전 세계적으로 주목을 받은 조직이론이자 생산관리이론이다. 과학적 관리법 또는 창안자인 테일러의 이름을 본떠 테일러리즘(Taylorism)이라고도 불린다. 이 이론의 핵심목표는 경제적 효율성, 특히 노동생산성 증진에 있다.

그는 인간을 효율적인 기계와 같이 프로그램화하면 최고의 생산성을 높일 수 있으며, 노동자는 경제적 요인, 즉 임금에 의해 직무동기가 조절된다고 가정하였다(주삼환 외, 2015). 이 이론에 의하면 관리에 있어서 전통적이고 관습적인 방법, 인간의 감정이나 직관에 의한 방법을 배제하고 진정한 과학적 원리를 적용해야 한다는 것이다(Taylor, 1911).

과학적 관리론은 경영합리화 운동으로 최소의 노동과 비용으로 최대의 효과를 낼 수 있는 기술과 지식을 체계화하는 기초를 확립하였다. 특히, 시간과 동작 연구(time and motion study)를 통해 인간의 생산 활동을 정확히 측정하고 분석하여 그에 입각한 관리가 가능함을 입증했다. 그리고 절약과 능률을 위한 최선의 방법과 수단 및 도구의 발견과 활용을 강조하여 행정학 발전에 크게 기여하였다.

그러나 생산과정에서 인간적인 국면을 완전해 배제한 채 인간을 기계처럼 취급함으로써 노동자를 기계의 부품으로 여기는 부작용을 낳았다는 비판을 받고 있다. 즉, 작업의 습관, 성질, 전통이나 인간의 개성, 잠재력 등은 전혀 고려하지 않음은 물론 조직의 공동목표를 달성하기 위하여 필수적인 동기요인, 심리·정서적 요인, 인간상호 간의 상호작용 요인 등을 무시함으로써 인간의 자발적인 생산성을 저해시켰다고 할 수 있다.

과학적 관리론은 많은 비판에도 불구하고 현대 조직운영의 많은 부분에 영향을 미치고 있다. 특히, 당시의 학교는 비능률적 기관의 전형으로 사회적 비난을 받고 있었기 때문에 과학적 관리론이 교육행정에 미친 영향은 지대한 것이었다. 대표적인 학자로 보빗(Bobbitt), 스폴딩(Spaulding)을 들 수 있다.

보빗은 학교에서도 학생과 교육방법을 표준화하고 교사의 자격, 교육, 훈련에 과학적 관리의 원리를 적용해야 한다고 주장하였다. 또 교육시설의 최대 활용, 교직원 수의 최소화 및 능률의 최대화, 교육에서의 낭비 제거, 행정기능 분리를 통한 교수활동의 효과성 제고 등을 강조하였다. 스폴딩은 교육행정가가 기업경영의 원리에 따라 업무를 수행할 것을 주장하였고, 교육행정에 적용되는 과학적 관리의 본질을 성과의 측정과 비교, 성과 달성의 조건, 수단, 시간에 대한 비교분석, 좋은 성과를 가져오는 수단의 채택과 활용으로 설명하였다(김윤태, 2001).

교육행정가들은 과학적 원리를 교육에 도입하기 위해 적극적으로 노력하였다. 즉, 학급 편성방법, 시험제도, 교수방법, 학교조직 등이 목적 달성을 제대로 하고 있는가에 대한 반성과 함께 최대한 효율적인 방식으로의 개편을 시도하였다. 그러나 교육행정가들에 대해 기업관리인과 같은 관점에서 접근하는 것에 대한 교육계 내부의 비판이 제기되기도 하였다.

과학적 관리론이 공교육과 대량교육을 통해 교육기회를 신장시키고 학교조직의 관리를 보다 과학화하여 능률성을 높이는 데는 기여하였지만, 교육목표와 교육내용 등이 규격화되고 획일화되어 개성과 다양성을 잃게 되었다. 결국 과학적 관리론에 입각한 20세기 산업사회의 교육은 '공장제 모델'이라는 비판을 받게 되었다(주삼환 외, 2009).

(2) 관료제론(bureaucracy)

관료제를 특정한 조직의 형태 혹은 구조에 관한 이론으로 체계화한 사람은 막스 베버(Weber, 1947)이다. 베버가 주창한 관료제론은 학교는 물론 기업·정부 조직을 막론하고 현대의 거의 모든 조직의 구조 설정에 기초가 되는 이론이다. 베버는 특정한 명령이 구성원들에 의해 준수될 가능성인 권위가 정당화되는 방법에 따라 전통적(traditional) 권위, 카리스마적(charismatic) 권위, 합리적·합법적(rational-legal) 권위로 구분하면서, 합리적·합법적 권위를 관료제의 조직에서 필요한 이상적인 권위로 보았다.

베버

막스 베버(Max Weber, 1864~1920)는 독일의 법률가, 정치가, 정치학자, 경제학자, 사회학자로, 사회학 성립에 막대한 영향을 끼친 인물이며 그의 논문 《프로테스탄트 윤리와 자본주의 정신》으로 유명하다. 사회학과 공공정책학 분야에서 근대적인 연구토대를 마련한 학자다. 베버는 정치, 경제, 사회, 역사, 종교 등 학문과 문화 일반에 대해 박식하고도 깊이 있는 조예를 가진 학자였으며, 19세기 후반기의 서구 사회 과학의 발전에 크게 공헌하였을 뿐만 아니라 오늘날에도 철학이나 사회학 등에서 큰 영향을 미치고 있다(서울대학교 철학사상연구소).

권위의 유형에 대해 베버는 합법성의 종류에 따라 다음의 세 가지로 제시하고 있다(김지은, 2013).

첫째, 전통적 권위는 오래전부터 일정한 전통에 의하여 권위가 부여되었기 때문에 고귀하다고 믿게 되는 것을 말한다. 신분, 전통, 관습 등 전통의 신성성에 근거한 권위가 이에 속한다.

둘째, 카리스마적(charisma) 권위는 어떤 인물이 지니는 초인적 인격성의 신앙에 근거를 두는 권위를 말한다. 카리스마적 지도자는 추종자들에게 신비한 권력의 소유자로 간주되기 때문에 추종자들은 그의 권력에 정당성을 부여하게 된다.

셋째, 합법적 권위는 규범과 법칙의 우월성에 기초를 둔 공식적인 신념에 기초한 권위이다. 지도자는 법적으로 규정된 절차에 의해 임명·선출되며, 추종자는 지도자의 임명·선출의 법적 절차의 정당성을 통해 그 권위를 받아들인다.

대부분의 현대 조직은 원칙적으로 관료제이며 주요 특징으로 분업과 전문화, 몰인정성, 권위의 위계, 규정과 규칙, 경력 지향성을 가지고 있다. 이러한 관료제 모형의 특징을 구체적으로 살펴보면 다음과 같다.

첫째, 분업과 전문화(division of labor and specialization)는 조직의 목표달성에 요구되는 정상적인 활동은 개인적으로 성취하기에는 너무 복잡한 과업이므로 분업을 통해서 능률을 향상시킬 수 있다. 분업은 전문화를 불러일으키는데, 이 전문화는 피고용인을 상당한 지식을 가지고 자신이 맡은 책무를 수행하는 전문가로 만들기 때문에 효율성이 향상된다.

둘째, 몰인정성(impersonal orientation)은 관료제 조직의 구성원들은 감정에 의한 의사결정이 아닌 객관적 사실에 입각한 공정한 결정을 한다. 몰인정성은 구성원들을 차별 없이 균등하게 대우하고, 합리성을 강화시킨다.

셋째, 권위의 위계(hierarchy of authority)는 직위의 구조는 수직적으로 편성되고 하위직은 상위직의 통제와 감독하에 놓여 있다. 계층은 현대 조직의 가장 보편적인 특징이다. 거의 예외 없이 대규모 조직은 잘 설정된 상위 및 하위 체계를 발전시키고 있다.

넷째, 규정과 규칙(rule and regulation)은 모든 관료제는 의도적으로 확립된 일관성 있는 추상적 규칙 체제인 규칙과 규정 체제를 가지고 있다. 규칙 체제는 각 직위에 부여된 권한과 의무를 포함하고 있으며, 위계에 있는 활동을 조정하는 데 도움을 준다. 규정과 규칙은 조직구성원들의 업무 수행 행동에 안정성과 통일성을 확보한다.

다섯째, 경력지향성(career orientation)은 관료적 조직에서 피고용인의 채용은 전문적인 자격을 토대로 이루어지기 때문에 구성원은 자신의 일을 하나의 경력으로 생각한다. 경력지향성은 특정한 기능을 가진 구성원을 임의로 해고하거나 고의로 승진에서 누락되지 않도록 해야 한다는 것이다. 상급자가 감정에 치우치지 않은 결정을 하도록 장려함으로써 구성원들을 보호한다.

관료제의 특징은 조직이 최고의 능률을 달성하는 데 기여하지만, 실제로는 이러한 특징이 상호 결합할 때 역기능으로 작용할 가능성이 존재한다. 조직구조로서의 관료제는 중립적인 개념이지만 역기능이 드러난 조직의 병폐로서의 관료제, 고발 대상으로서의 거대한 현대 정부를 가리킬 때의 관료제는 부정적 의미를 나타내기도 한다.

학교조직과 교육행정 조직도 관료제를 기초로 하고 있다. 교사 선발에 연고주의가 배제되는 것이나 학교의 행정 업무가 교무부, 연구부 등으로 전문화되어 있는 것, 학교장을 정점으로 권위의 위계가 존재하는 것 등이 그 예이다. 그러나 학교조직은 기업이나 정부의 관료제와는 다른 특성을 가지고 있다. 학교의 조직구조는 두 가지의 특성, 즉 법적·제도적 측면에서는 관료제적 속성을 가지면서도 교수-학습을 중심으로 한 교사의 전문성 측면에서는 느슨한 조직(loose coupling)으로서의 속성을 갖는 것으로 이해되고 있다(Hoy & Miskel, 2013).

2) 인간관계론

하버드대학교 경영대학원 교수였던 메이요(George Elton Mayo, 1880~1949)를 중심으로 하여 딕슨(William)과 뢰슬리스버그(Roethlisberger) 등에 의해 체계화되고 이론화된 인간관계론(human relations theory)은 과학적 관리론에 대한 반성에서 시작하여 조직 운영에 사회심리학적 관점을 도입하면서 시작되었다. 과학적 관리론의 기계적 인간관에 대한 비판과 함께 이전에는 생각하지 못했던 비공식 조직의 존재와 중요성을 인식하는 등 생산을 향상시키는 방법에 대해 고전이론의 접근과는 정반대의 방식을 제안했으며, 그 핵심은 인간에 대한 관심과 배려였다. 즉, 과학적 관리론이나 관료제론이 합리적이고 효율적인 과업수행에 초점을 둔 구조 중심주의적인 접근이라면 인간관계론은 인간 중심의 관계적 접근이라고 할 수 있다.

메이요

메이요(G. Elton Mayo, 1880~1949)는 미국의 하버드대학교 교수이다. 1927년부터 약 5년간 뢰슬리스버거(F. J. Roethlisberger) 등과 함께 웨스턴 전기회사의 호손공장에서 '호손 연구'(Hawthorn research)를 통하여 산업사회학을 확립하는 데 공헌하였다.
메이요의 학문상 공헌은 인간관계론 이론을 정립한 데 있으며 주요 저서로 『*The Human Problems of an Industrial Civilization*』(1933), 『*The Social Problems of an Industrial Civilization*』(1945), 『*The Political Problems of an Industrial Civilization*』(1947)이 있다.

|그림 13-1| 호손공장(Hawthorne Works)의 조명등 실험

출처: https://theproof.tistory.com/13

인간관계론의 관점에 기초하여 이후 기업 내에서는 각종 제안제도, 상담제도, 감수성 훈련 등 다양한 개선방안이 도출되었다. 인간관계론은 오늘날 기업의 생산성이 구성원의 팀워크는 물론 태도, 감정 같은 인간적 요인에 의해 좌우되며, 공식 조직과 비공식 조직의 균형이 필요하다는 인식을 갖도록 하는 데 공헌하였다. 그리고 근래에는 인적 자원론을 통해 미개발되고 낭비되는 인적 자원을 최대한 개발하여 조직의 목적 달성에 기여하고자 하는 방향으로 전환하고 있다(Lunenburg & Ornstein, 2012).

교육행정에서는 인간관계론이 민주적 행정의 원리를 제시하는 계기를 제공하였다. 특히, 듀이(Dewey)를 중심으로 한 진보주의 교육운동과 결합되면서 교육행정가는 교직원의 사기 고양, 학생과 교원의 상호 신뢰감 등을 강조하면서 민주적인 교육행정이 크게 부각되었다. 또한 교육정책 결정은 구성원의 광범위한 참여를 통해 이루어져야 한다는 공감대가 형성되었다. 따라서 민주적 교육행정에서는 인간 관계론적 관점이 크게 각광받을 수밖에 없었다.

그러나 인간관계론에 대해서는 경영자와 노동자 간 갈등문제 등 조직 운영의 주된 문제점을 간과하였고, 지나치게 인간의 가치만을 강조함으로써 조직의 생산성 위축을 가져왔다는 비판이 있다. 교육행정 부분에서는 다수결의 의미하는 정치적 민주가 항상 최선일 수 없다는 측면과 함께 민주화 개념이 모호한 가운데 지나치게 단순화되거나 오도되는 경우가 많았다. 또 인관관계의 지나친 강조에 따라 교직원의 무능을 묵인하거나 장학활동을 소홀히 하는 부작용을 초래하기도 하였다(주삼환 외, 2009).

3) 행동과학론

행동과학론(behavioral science theory)은 인간의 행동을 변화시킬 수 있다는 신념하에 학제적 접근을 통해 인간 행동의 일반 법칙을 체계적으로 규명하려는 과학의 한 분야이다. 사회과학자들에 의해 행동과학적 접근이 이루어졌고, 사회학, 심리학, 정치학, 행정학, 경영학 등의 이론을 바탕으로 개인과 조직의 문제를 복합적으로 연구하였다(윤정일 외, 2016).

행동과학적 접근을 시도한 대표적 학자로는 버나드(Barnard)와 사이먼(Simon)을 들 수 있다. 버나드는 공식 조직과 비공식 조직의 존재를 인정하면서 양자의 균형 조직 목적과 개인 목적의 균형을 통해 성공적인 조직이 될 수 있다고 보았다. 사이먼은 경제학·심리학·사회학적 관점을 통합하여 조직 내에서의 인간 행동을 규명하고자 시도하였다.

행동과학적 접근은 공식적 조직과 비공식적 조직에 대한 인식에 균형을 갖게 하였다. 즉, 행동과학은 인간 행동에 관한 전문적 지식의 발달, 인간 행동 연구를 위한 연구방법의 발달, 조직행위에 있어서 인간들이 추구하고자 하는 예리한 통찰력을 제공하는 데 많은 영향을 미쳤다.

1950년대와 1960년대에 걸쳐 조직의 구조와 조직 내 개인을 동시에 강조하면서 조직구성원의 행동을 분석하고자 한 이론적 경향을 교육행정의 이론화 운동(theory movement) 또는 새로운 운동(new movement)이라고 한다(이신동 외, 2020). 이 운동은 실제적 처방 중심의 교육행정학을 다른 사회과학처럼 이론중심의 학문으로 발전시키기 위한 노력이었다. 이론화 운동은 결국 교육행정을 조직의 구조를 강조하는 관점과 조직의 개인을 강조하는 관점을 종합하기 위한 시도였다.

 버나드	체스터 어빙 버나드(Chester Irving Barnard, 1886~1961)는 미국의 경영인이자 행정학자이며 경영이론과 조직이론 분야에서 선구자적인 이론을 수립한 인물이다. 그는 기념비적 저술 『경영자의 역할(*The Functions of the Executive*)』에서 조직이 무엇인지, 그리고 그 조직에서 경영자가 수행해야 할 역할이 무엇인지를 이론화하였다. 이 책은 미국 대학교 내 경영 이론, 산업사회학 교재로 폭넓게 채택되었다(위키백과).
 사이먼	허버트 사이먼(Herbert A. Simon, 1916~ 2001)은 1916년 미국 위스콘신 주 밀워키에서 태어난 사회과학자이다. 1936년 시카고대학교 정치학과를 졸업했다. 버나드의 사회심리학적 접근법에서 시작된 행태론을 행정 현상에 적용시켜 행정행태론을 완성시켰다.

4) 체제이론

과업 또는 능률을 강조하는 고전적 이론이나 조직 구성원의 사회심리적 측면을 중시하는 인간관계론, 그리고 양자 간의 상호작용을 도모한 행동과학이론은 궁극적으로 조직의 내부에서 이루어지는 변인에만 초점을 두어 조직 외부의 역동적이고 변화하는 환경과의 관계를 전혀 고려하지 않고 폐쇄체제(closed system)로 파악하였다. 그러나 교육행정체제가 변화하는 주변 환경과의 상호작용 없이는 그 기능을 수행할 수 없어 조직 내부, 조직 내의 상호작용은 물론 이들과 조직 외부의 변인과의 상호작용을 고려한 이론이 체제이론이다(김의석 외, 2008).

일반적으로 체제란 상호작용하는 요소들의 복합체 또는 경계선에 의해 둘러싸인 상호 관련된 복합체로 설명할 수 있는데 이는 단순한 부분들의 총합 이상을 의미한다. 체제는 그를 둘러싸고 있는 환경과 상호작용하는 방법에 따라 폐쇄체제와 개방체제(open system)로 구분된다. 폐쇄체제가 조직의 내부에서 이루어지는 변인만을 고려한 것이라면, 개방체제는 생물학적 개체나 사회 내의 수많은 조직들이 외부 환경과의 동태적인 상호작용을 계속하게 되는 것을 의미한다. 개방체제는 투입과 산출을 가지고 있으며 주위 환경과의 역동적인 관계를 유지하면서 환경으로부터 에너지를 받아들여서 산출로 변화시켜 다시 환경으로 내보낸다. 폐쇄체제는 체제의 구성요소만 있을 뿐 자폐적이어서 환경과의 상호작용이 없다.

카우프만(Kaufman, 1978)은 체제를 필요에 의하여 요구되는 결과 또는 산출을 달성하기 위하여 함께 작용하는 동시에 독립적으로 작용하는 부분의 총체로 보았다. 이처럼 체제는 어떤 목적을 달성하기 위하여 상호작용하는 부분요소 간의 통합체라고 할 수 있다. 체제는 투입(input), 과정(throughput, process), 산출(output)의 연속이나 피드백(feedback)을 통한 순환과정을 이루고, 경계(boundary)에 의하여 다른 체제와 구별되고, 그 주변에는 환경이 있어 체제에 영향을 미치고 있다. 체제를 구성하는 하위요소의 관계를 도식화하면 [그림 13-2]와 같다.

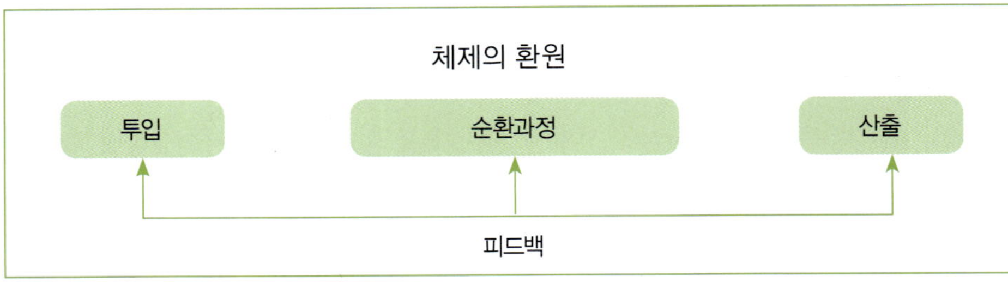

|그림 13-2| 체제이론의 기본 모형

상호작용 과정에 외부 환경으로부터 다양한 형태의 투입을 받아들이게 되며, 이러한 투입은 다시 체제의 전환과정을 통하여 외부 환경에 산출의 형태로 되돌아가게 된다. 투입은 상호작용하는 요소들이 체제의 목적을 달성할 수 있도록 체제의 밖에서 안으로 들어가는 모든 요소를 말한다. 이는 체제에 투입되는 자원과 정보 등 체제의 유지나 산출을 가능하게 하는 요소이다. 산출은 체제가 환경이나 다른 체제로 내보내는 자원이나 정보로서 체제가 의도적, 무의도적으로 생산해 내는 모든 것을 말한다. 이는 체제에 투입된 것이나 체제가 처리한 것을 체제가 내부의 작용을 통해 변화시켜 내보내는 것들이다.

과정은 체제가 목표달성을 위해 여러 자원과 정보를 활용하여 산출로 전환시키고 가치를 창조하는 과정을 말한다. 과정은 구제적인 내용이 알려지지 않는 상태에서 투입과 산출의 변환과정을 기술하는 도구로 사용된다. 또한 과정 내의 구조, 방법, 절차 등을 기술하고 평하는 개념으로 사용된다.

그리고 환경은 체제와 일정한 접촉을 유지하고 체제 내부에 영향을 주는 경계 밖의 주변 조건이나 상태를 말한다. 이는 체제의 투입과 산출에 직·간접적인 관계성을 지니고 있으며, 피드백(feedback)을 통해 체제와 영향을 주고받는 인접 체제이다. 투입-과정-산출 사이에는 내적·외적 피드백이 이루어지며, 내적 피드백은 체제 내부에서, 외적 피드백은 체제와 환경 사이에서 이루어지게 된다.

교육행정에 있어서 교육체제의 투입요소는 학생, 교사, 시설, 재정, 교육내용 및 매체, 교육관련 법규 등을 들 수 있다. 이러한 요소들은 수업활동, 장학지도,

행·재정 운영 등의 전환과정을 거쳐 산출로 변환된다. 교육체제의 산출로는 학생의 학업성취도를 포함하여 인지적·정의적 영역에서의 변화, 졸업생 등을 들 수 있다. 그리고 환경은 교육체제에 영향을 주는 모든 외적 요인이 되며, 여기에는 학부모, 지역사회, 정치, 경제, 사회, 문화, 과학기술체제 등이 포함된다. 교육목적을 효율적으로 달성하기 위해서 교육행정에서의 체제이론 혹은 체제접근은 상호작용하는 체제 각 요소에 대한 효율적인 관리를 통하여 교육산출의 극대화를 추구하게 된다.

이상과 같이 고전이론으로 분류되는 과학적 관리론 및 관료제론, 조직의 구성원을 강조하는 인간관계론, 개념을 조작하고 실증적 자료로 이론적 가설을 검증하여 일반화하려는 행동과학론, 이론 및 조직구성원과 환경의 역동적인 상호작용을 강조하는 체제이론에 대해 살펴보았다. 이러한 교육행정이론은 교육조직 내에서 인간 행위의 규칙성을 체계적으로 기술하고 설명해 주는 근거를 제공해 주고자 하였다.

3. 교육조직의 구조

1) 조직의 개념 및 원리

(1) 조직의 개념

인간은 사회생활을 하기 위해서는 조직을 떠나서 생활한다는 것 자체가 불가능하다. 대부분의 인간은 태어나서 죽을 때까지 어떠한 형태로든 조직과 관계를 맺고 살아야만 한다. 조직은 둘 이상의 구성원들이 공동의 목표를 달성하기 위해 규칙과 규정에 따라 과업, 역할, 권한 등을 구조화한 사회체제로서 다음과 같은 속성을 지니고 있다(윤정일 외, 2016).

첫째, 조직은 특정 목적이나 목표를 가지고 있다. 이러한 공동목표가 구성원의 노력을 통합시키는 작용을 한다고 볼 수 있다.

둘째, 조직은 다수의 부분요소로 구성되어 있다. 조직을 구성하는 부분요소에는 조직의 구조도 포함될 수 있으며, 기능적인 분업이나 계층적인 분화가 필요하다.

셋째, 조직의 목적 달성을 위해서는 상호작용이나 의사소통이 필요하다. 조직의 부분 구성요소가 하나의 전체적인 목표 달성에 기여하기 위해서는 상호의존적(interdependent)이어야 하며, 이를 위해서는 종적·횡적 의사소통이 필요하다.

넷째, 조직은 개방 체제적 속성을 지니고 있다. 따라서 환경과 서로 영향을 주고받으며 지속적인 발전과 적응을 추구한다.

학교는 교육목표 달성을 위해 다양한 구성요소들 간의 관계 속에서 형성된다. 더구나 학교는 성격상 개방체제로서 외부의 환경으로부터 많은 영향을 받으며, 외부 환경과의 상호작용 속에서 존재하고 있다. 따라서 학교는 교육목표를 달성하기 위하여 다른 모든 조직에서 요구되는 인적 및 물적 자원뿐만 아니라, 보다 구체적인 기술적 요소를 고려해야 한다.

(2) 조직의 원리

조직의 원리는 조직의 업무를 효과적으로 수행하기 위한 조직 활동의 기본 지침이다. 교육행정 담당자들은 조직의 원리를 파악하고 이해함으로써 교육기관을 효율적이고 효과적으로 운영할 수 있다. 일반적으로 통용되고 있는 다섯 가지 조직의 원리로 계층제의 원리, 분업의 원리, 조정의 원리, 명령통일의 원리, 통솔한계의 원리를 살펴보면 다음과 같다.

첫째, 계층제의 원리(principle of hierarchy)는 공식 조직 구조를 구성하는 구성원 간의 상하관계, 즉 권한이나 책임 및 의무의 정도에 따라 등급을 설정하여 지휘체계나 명령계통을 확립하는 것을 말한다. 대부분의 관료조직의 경우 그 계층이 최고관리층, 중간관리층, 하급관리직으로 체계화되어 있다. 이와 같은 수직적인 서열관계는 계층제와 관계가 있다.

둘째, 분업의 원리(principle of division of work)는 업무수행의 효율을 높이기 위해서 한 사람에게 가능한 한 가지 주된 업무를 분담시키는 것을 말한다. 업무수행자는 반복되는 업무수행으로 전문가가 되어 나름대로의 업무수행상의 노하우를 가지게 된다. 조직의 규모가 커지고 수행해야 될 업무가 복잡해짐에 따라 분업이나 전문화의 원리는 현대조직의 필수적인 원리가 되고 있다.

셋째, 조정의 원리(principle of coordination)는 조직의 목표 달성을 위해서 구성원의 노력을 결집시키고 업무를 조정하는 것을 말한다. 업무 간 또는 집단 간 상호관계를 조화 있게 유도하는 것은 조직의 공동목표 달성에 필수불가결하다. 그러나 조정의 원리가 중요한 만큼 조정을 어렵게 하는 현실적인 제약요인 또한 많은 것이 사실이다. 지나친 분업화나 계층화는 조정을 더욱 어렵게 하며, 결국 조정의 중요성에 비추어 볼 때 조정을 잘하느냐 못하느냐에 따라 조직의 성패가 달려 있다고 해도 과언이 아니다.

넷째, 명령통일의 원리(principle of unity of command)는 부하는 그에게 권한과 책임을 부여한 오직 한 사람의 상관으로부터 지시나 명령을 받고 또 그에게 보고해야 한다는 것이다. 조직운영의 최종 권한은 이 한 사람의 상관에 있어야 한다.

다섯째, 통솔한계의 원리(principle of span of control)는 한 사람의 상관이 유효적절하게 통솔할 수 있는 부하직원의 수에는 한계가 있다는 것이다. 통솔의 범위는 과업의 성질이나 통솔자의 능력에 따라 그것이 달라질 것이기 때문에 한마디로 말하기는 어렵지만, 데이비스(Davis, 1961)는 관리자의 통솔 범위는 3~9명이어야 하지만 일선 감독자의 경우는 10~30명이어야 한다고 했다.

2) 조직의 형태

학교를 포함한 모든 조직은 조직의 형태와 구조가 달라진다. 가장 기본적인 형태로 공식조직과 비공식조직, 계선조직과 참모조직으로 구분해 볼 수 있다.

(1) 공식조직과 비공식조직(formal organization and informal organization)

공식조직은 조직의 설립 근거이기도 한 조직의 공식목표를 달성하기 위하여 인위적으로 구성된 조직으로 조직도(organizational chart)상에 명문화되어 있는 조직을 의미한다. 공식조직은 명령계통과 의사소통의 경로를 나타낸다. 반면, 비공식조직은 공식조직에서의 대인접촉이나 상호작용의 결과, 감정이나 태도, 가치관 등이 유사한 사람들끼리 모여 자연발생적으로 형성된 일종의 자생조직을 의미한다. 공식조직에서 충족할 수 없는 심리적·사회적 욕구의 충족과 관련하여 비공식조직의 중요성이 강조되고 있다. 공식조직과 비공식조직의 차이점을 제시하면 다음과 같다.

- 공식조직은 인위적으로 만든 것인 데 비하여, 비공식조직은 자연발생적으로 형성된 것이다.
- 공식조직은 그 조직의 설립과 폐지에 따라 그 수명이 계속되지만, 비공식조직은 공식조직에 선행하여 존재할 수도 있고 그 공식조직을 떠나도 계속되는 경우가 많다.
- 공식조직은 성문화되고 외면적·외재적인 데 비하여, 비공식조직은 성문화되지 않고 보다 내면적·내재적이어서 겉으로 잘 드러나지 않는다.
- 공식조직은 계층에 따른 과업의 분담이 분명한 데 비하여, 비공식조직은 계층이나 구성원의 역할분담이 불분명하다.
- 공식조직은 그 조직 구성원 전체로 구성되지만, 비공식조직의 구성원은 그 조직 구성원의 일부로서 구성되기 때문에 소집단인 것이다.
- 공식조직은 합리성 또는 능률의 논리에 따라 구성·운영되는 데 비하여, 비공식조직은 비합리적 감정의 논리에 따라 형성·운영된다.

이러한 공식조직과 비공식조직이 서로 조화를 이루게 되면 조직의 의사소통이 원활하게 이루어지게 되고, 구성원 개인의 정체성을 높여 주어 조직의 효율성도 높아지게 된다. 하지만 그렇지 못할 경우에는 의사소통의 왜곡과 단절이 생기기

쉬워서 의사결정에 어려움이 생기기도 한다. 현대의 조직구조를 이해하기 위해서는 비공식조직의 중요성 인식과 효과적인 활용 여부가 무엇보다도 중요하다.

(2) 계선조직과 참모조직(line organization and staff organization)

계선조직은 분명한 지휘명령 계통을 가진 수직적인 조직의 형태로서 권한의 차이에 따른 명령권을 행사하며 조직의 업무를 신속히 처리하는 조직을 의미한다. 기관의 장을 정점으로 하여 국장–과장–계장–계원으로 이어지는 행정관료조직 또는 센터장–사무국장–팀장–팀원의 조직이 이에 속하며, 계층제의 원리, 명령 통솔의 원리, 통솔범위의 원리에 의하여 운영되는 조직을 말한다(Davis, 1961).

계선조직의 장점은

- 권한과 책임의 한계가 분명하며 업무수행이 능률적이다.
- 단일기관으로 구성되어 정책 결정이 신속하게 이루어진다.
- 업무가 단순하고 비용이 적게 든다.
- 강력한 통솔력을 행사할 수 있다.

계선조직의 단점으로는

- 대규모 조직에는 계선만으로는 부족하고 업무량도 과다해진다.
- 조직의 장이 주관적이고 독단적인 조치를 취할 가능성이 있다.
- 특수 분야에서 전문가의 지식과 경험을 이용할 수 없다.
- 조직이 지나치게 경직될 가능성이 있다.
- 한두 사람의 유능한 인재를 잃으면 전체 조직이 마비될 수도 있다.

참모조직은 막료조직이라고도 하며, 계선조직이 원활하게 그 기능을 수행할 수 있도록 자문이나 권고, 협의, 정보수집, 인사, 연구 등의 기능을 수행하는 조직이다. 참모조직은 조직의 목표달성에 간접적인 기여를 할 뿐 직접적인 명령, 집행, 결정권을 행사할 수 없다(Pfiffner, 1960).

교육부의 기획관리실이나 대학정책실, 지방자치단체나 평생교육진흥원의 평생교육기획위원회 등은 대표적인 참모조직이라 할 수 있다.

참모조직의 장점은 다음과 같다.

- 기관장의 통솔범위를 확대시킨다.
- 전문적인 지식과 경험을 활용함으로써 합리적인 지시와 결정을 내릴 수 있다.
- 수평적인 업무의 조정과 협조를 가능하게 한다.
- 조직의 신축성을 가져올 수 있다.

참모조직의 단점으로는

- 조직의 복잡성으로 조직 내의 알력과 불화가 생길 수 있다.
- 경비가 증대되며, 참모는 책임을 지지 않으므로 계선과 참모 양자가 책임을 전가할 우려가 있다.
- 의사소통의 경로를 혼란에 빠뜨릴 가능성이 있다.

대규모 조직에는 서비스의 성격을 띠는 일종의 참모기관인 보조조직이 있어 계선조직의 기능을 부분적으로 보조하기도 한다. 이러한 보조조직은 계선조직의 내부나 외곽에 별도로 존재한다.

3) 학교조직의 특성

학교는 베버의 모형이 가지고 있는 특징을 기반으로 아주 발전된 형태의 관료조직이라 할 수 있다. 특히 교육활동의 효과성은 학교조직의 운영 형태에 따라 좌우된다. 학교조직에서는 그 조직을 어떻게 구성하느냐, 아울러 그것을 어떻게 운영하며, 구성원으로 하여금 그 조직에 어떻게 참여하게 할 것인지가 중요한 과제일 것이다. 교육에 대한 책무성이 강조됨에 따라 학교가 사회의 기대에 부응하기 위하여 학교조직의 효과적인 운영을 고려하지 않을 수 없다(이윤식 외, 2009).

또한 학교조직의 독자성은 교육의 목표, 과정, 성과 등의 측면과 조직구성원들의 특성 등 여러 측면에서 찾을 수 있다. 특히 학교는 일반 조직과는 다른 독특한 측면을 가지고 있다(이신동 외, 2020).

첫째, 학교는 전문적 관료제이다. 학교는 관료조직이지만 고도의 전문적인 교육을 받은 교사들로 구성되어 있다는 점에서 다른 관료제와는 구별된다. 이러한 전문적 집단으로서의 교사들에 대한 감독이나 직무수행의 표준을 찾기 힘들고 상당한 재량권이 교사들에게 주어지고 있다. 학교에서의 의사결정은 다른 조직보다 훨씬 더 많이 교사들의 참여에 의해 이루어진다. 이는 흔히 관료적 가치와 전문적 가치 사이에 갈등을 유발하기도 한다.

둘째, 코헨 등(Cohen, March, & Olsen, 1972)은 학교조직을 조직화된 무정부 조직이라고 개념화하여 불분명한 목표, 불확실한 기술, 유동적인 참여 등과 같은 특성을 제시하고 있다. 따라서 의사결정이 모호할 수 있고 목표를 구체화하거나 이들 목표의 실천을 가져오게 하는 기술이 무엇인가를 확인하기 어렵다. 목표와 기술이 불확실하기 때문에 행정의 성공 여부도 모호하다. 즉, 조직이 효율적으로 운영되고 있는지 확인하기가 쉽지 않다.

셋째, 학교조직은 이완결합조직으로서의 성격을 갖고 있다(Weick, 1982). 이완결합조직은 전체를 이루고 있는 각 부분이 느슨하게 연결 또는 결합되어 있어 각 부분들은 정체성과 독립성을 보유하고 있다. 이완결합의 시각은 관료적 이론들과 구조 이론들을 보완해 주고 있다. 이 관점은 관료제 이론의 여러 가지 가정에 의문을 제기하며, 관료제와 구조적 이완성이 특수하게 결합된 곳으로 학교를 묘사하고 있다. 더구나 교직은 공식적이고 수직적인 통제, 명문화된 규정과 명령과 복종 등을 특징으로 하는 관료조직임과 동시에 본질적으로 각각의 전문적 요소들이 결합된 조직이지만 각자의 독자성과 정체성을 갖는 느슨하게 결합된 전문가 조직이기도 하다(Hoy & Miskel, 2013).

이상과 같이 학교조직은 조직의 구조적 특성을 확보하고 있으나 업무수행의 전문성에 기반한 자율성과 재량권이 부여되어 있기에 이완결합적(弛緩結合的, loosely coupled) 속성을 지니고 있다. 또한 조직목표 및 기술의 불명료성과 구성원의 유동적인 참여에 기인하여 조직화된 무질서조직의 특성을 갖고 있으며, 관료적 성향과 전문적 성향을 동시에 갖고 있다. 이처럼 학교조직은 일반 조직과는 달리 고유한 특성을 지니고 있으며, 학교 교육목표 달성을 위해 다양한 구성요소들 간의 관계 속에서 형성되고 있다.

학교조직 구조는 법제적으로 정해져 있으나 교육활동의 수행을 중심으로 하는 실제적인 학교경영에 있어서는 학교행정가의 권한과 책임으로 이루어지는 자유재량의 영역에 속해 있다. 학교가 교육목표 달성을 위해 수행해야 할 업무에는 학생에게 직접 적용하는 교육활동과 그 수행을 위해서 필요한 사무활동 및 그에 대한 원활한 진행을 위한 운영활동이 있다. 교육활동은 보통 학년이나 학급담임 또는 교과담임의 조직에서 이루어지며, 사무활동은 보통 업무분장 조직에서, 운영활동은 직원회의를 비롯하여 각종 위원회 조직에서 이루어진다(최희선, 2004).

학 습 과 제

1. 교육행정의 개념에 대해 설명하시오.
2. 교육행정의 법규상의 원리와 운영상의 원리에 대해 설명하시오.
3. 고전적 이론, 인간관계론, 행동과학론, 체제이론에 대한 차이점에 대해 설명하시오.
4. 조직의 원리에 대해 설명하시오.
5. 공식조직과 비공식조직의 차이점에 대해 설명하시오.

교직의 이해

CHAPTER 14

INTRODUCTION TO EDUCATION

1. 교직의 의미와 성격

1) 교직관

교직은 교육에 종사하는 직업을 말한다. 교직사회는 교육에 종사하는 교육직원, 즉 교직원으로 이루어진 조직이다. 교직원의 핵심구성원은 바로 교사이다. 교직관이란 교직을 지각하고 인식하는 틀을 말한다. 즉 교직관은 교사라는 직업을 어떻게 보느냐에 관한 문제이다. 교직관은 사회문화적인 영향을 받으며 변화되어 왔고, 시대의 흐름을 거치면서 새로운 교직관이 생겨나기도 하였다. 교직관의 유형은 일반적으로 성직관, 노동직관, 전문직관 등으로 제시된다.

(1) 성직관

성직관은 전통적인 교직관으로 교직을 세속적 직업으로 보지 않고 성직자적 입장에서 본다. 이러한 관점에서는 투철한 소명의식과 윤리적 태도가 요구된다. 즉 교사는 성직자와 같이 사랑과 헌신, 희생과 봉사 등이 교육적 덕목으로 강조된다. 교사와 학생과의 관계가 인격적이고 윤리적이어야 한다는 교육의 본질적인 측면에서는 성직관이 중시되어야 한다는 주장도 있다. 그러나 성직관이 교사들에게 과도한 희생과 봉사를 요구하고, 교직의 현실을 도외시한 관점이라는 주장과 함께, 교사의 권리를 제한할 수 있다는 우려도 있다.

(2) 노동직관

노동직관은 교사를 교육노동자로 여기는 관점으로 성직관과 반대되는 입장이다. 노동직관은 교사도 학교라는 직장에서 정신적 노동을 통해 보수를 받아 생활하는 정신노동자로 본다. 기본적으로 노동자로서의 조건을 가지고 있다는 점을 강조하기 때문에 학교와 교사의 관계를 고용주와 피고용인인 근로자의 관계로 본다.

노동직관을 따르는 사람들은 교사도 노동자이므로 「헌법」과 「근로기준법」에 보장되어 있는 권리를 다른 노동자와 대등하게 누릴 수 있어야 한다고 주장한다. 따라서 교원노동조합의 결성을 당연시하며, 이것은 교사를 노동자로 보는 관점이 현실적으로 수용되었다는 의미이다.

(3) 전문직관

전문직관은 교직관 중 가장 널리 받아들여지고 있는 관점으로, 성직관과 노동직관의 장점을 받아들인 것으로 볼 수 있다. 성직관은 교직의 규범성을 강조하고, 노동직관은 현실적인 면을 강조하였다. 전문직관의 관점에서, 교직이란 직무를 수행하기 위해 전문적인 이론, 방법, 기술 등이 필요하며, 교사는 전문성을 확보하기 위해 장기간의 교육과 훈련을 받아야 하고, 교과내용에 대한 전문적 지식과 교수-학습 방법에도 정통해야 한다고 본다. 교육의 본질적인 측면에서 볼 때, 전문직의 성격을 가진 교직은 업무 수행상 자율성이 보장되어야 하고, 교사는 책임감과 윤리의식을 가지고 업무를 수행해야 한다.

2) 교직의 성격

(1) 교직의 전문성

오늘날의 지배적인 교직관은 전문직관이며, 교직은 다른 직업과는 달리 특별한 성격을 가지고 있다. 교직이 인간을 대상으로 하고, 인간의 전인적 형성에 영향을 미친다는 점에서 전문성이 더욱 강조될 수밖에 없다. 리버만(Liberman)이 제시한 전문직의 기준은 다음과 같다.

첫째, 유일하고 독특한 사회적 봉사 기능을 수행한다.
둘째, 고도의 지적 기술을 요구한다.
셋째, 장기간의 준비기간이 필요하다.
넷째, 광범위한 자율권을 행사한다.

다섯째, 전문적 자율권 범위 안에서 내린 판단이나 행동에 대한 책임을 진다.

여섯째, 경제적 이익보다는 사회봉사를 우선시한다.

일곱째, 자치조직을 결성할 수 있다.

여덟째, 윤리강령을 준수한다(김진한, 2009).

교직이 전문성과 자율성을 인정받기 위해서는 장기간의 교육과 임용 이후의 지속적인 교육을 통하여 전문능력이 유지되고 발전되는 것이 필요하다. 교육의 전문가가 되기 위해서는 학생들의 발달단계를 이해하고 학생의 특성에 맞게 교육하는 것이 필요하며, 가르치는 내용은 물론 가르치는 방법에 대한 지식과 기술도 필요하다. 교직이 전문직이 되기 위해서는 임용 이후에도 현직에서 실시하는 연수나 장학을 통해 지속적인 전문성 개발을 위해 노력해야 한다(신동선 외, 2020).

(2) 교직의 특수성

수많은 직업 중 하나인 교직은 일반 직업과 공통되는 특징을 가지는 동시에 일반 교직만의 고유한 특성을 가지고 있다(신동선 외, 2020).

첫째, 교직은 인간을 대상으로 하는 직업으로서 인간을 인간답게 이끌어 주는 역할을 한다. 교사는 인간의 어떤 특정 부분의 가능성만을 대상으로 하는 것이 아니라 전인적 인간, 즉 지적, 정신적, 신체적, 사회적, 정치적 등 모든 부분의 특성을 지닌 인간 그 자체를 대상으로 한다. 따라서 교사는 지식을 가르치는 것도 중요하지만, 전인적인 인간을 길러내는 것을 일차적 목표로 삼아야 한다.

둘째, 교직은 대체로 인간의 정신생활을 대상으로 하는 직업이다. 많은 직업 중에 사람을 대상으로 하는 직업은 많지만, 교직처럼 학생들의 정신적인 발달에 관여하는 직업은 흔치 않다. 모든 직업은 나름대로의 어려움이 있으나 인간의 정의적 영역과 관련된 부분을 바람직한 방향으로 이끌어주는 일은 매우 힘든 일이다.

셋째, 교직은 미성숙자를 대상으로 하는 직업이다. 교직은 변화의 가능성이 많은 성장하는 학생들을 대상으로 한다는 특징이 있다. 학생들은 성숙하지 못한 상태이기 때문에 본보기의 대상으로 주로 교사의 언행을 본받으려고 한다. 따라서 교사는 불완전하지만 성장 가능성이 있는 학생들에게 책임감을 가지고 대해야 하며, 교사 자신도 학생들에게 모범을 보여야 한다.

넷째, 교직은 봉사적 성격을 가진 직업이다. 교사는 학생들의 성장을 돕기 위해 봉사하는 역할을 한다. 교사도 생활을 위해 일정한 보수를 받으며 일한다. 즉 경제적인 여건도 필수적으로 고려되어야 하는 사항이다. 그러나 교사들은 물질적인 보수가 없더라도 방과 후의 시간까지 학생들을 위해 보내고, 정신적으로도 많은 도움을 주는 경우가 많다. 교사들은 물질적 보상보다 학생들의 올바른 성장에 더욱 보람을 느끼고 정성과 사랑으로 학생들을 대하게 된다.

다섯째, 교직은 국가와 사회에 대하여 큰 영향을 주는 직업이다. 학생들을 어떻게 교육했느냐에 따라 국가의 미래가 달려 있다고 하였다. 즉 학생의 소질과 능력에 맞는 교육을 하여, 미래 사회가 요구하는 인재로 길러야 한다. 그러므로 교육은 특정 정당이나 이념에 의해 좌우되어서는 안 되며, 공익을 추구하는 방향으로 나아가야 한다. 즉 교육은 국가가 지향하는 방향으로 일관적으로 추구되어야 하는 것이다.

2. 교사의 역할과 자질

1) 교사의 역할

교사가 해야 하는 역할은 교사 자신이 의식적으로 수행해야겠다고 인식하는 동시에 사회적으로도 수행해야 한다고 인정하는 포괄적 행동 양식이다. 교사의 역할은 사회적 상황이나 제도, 역사적 맥락, 가치관, 인간관, 교육관 등의 변화에 따라 달라져야 한다. 「초·중등 교육법」 제20조(교직원의 임무) 제4항에서 "교사는 법령이 정하는 바에 따라 학생을 교육한다."라고 명시되어 있다. 교사의 가장 중요한 역할은 학생을 교육하는 일이라는 것을 의미한다. 교사의 역할은 다음과 같이 정리할 수 있다(김승희 외, 2012; 신동선 외, 2020; 장원동·양애경, 2012).

첫째, 교사의 역할 중 가장 핵심적인 것은 '가르치는 일'이다. 교사는 학생들의 필요와 요구, 능력에 따라 지식과 기술을 가르친다. 그러므로 교사는 자신이 가르치는 교과에 대한 충분한 지식을 가지고 있어야 한다. 그러나 오늘날은 인터넷과 스마트폰의 대중화, 인공지능기술 등으로 단순한 지식은 누구나 검색을 통해 확인이 가능하게 되었다. 따라서 현대의 교사는 지식의 주입보다 전이력이 높은 지식의 이해에 중점을 두어야 하며, 단편적 내용보다 구조화된 내용을 강조하는 교육에 중점을 두어야 한다.

둘째, 교사는 사회화를 돕는 사람이다. 사회화란 사회에 적응하며 살아가기 위하여 사회 구성원들과의 상호작용을 통해 사회생활에 필요한 가치, 기술, 지식, 규범 등을 학습하는 것을 가리킨다. 인간은 사회화를 통해 인간다운 품성과 자질을 습득하며 사회적 존재로 살아갈 수 있다. 교사는 학생들의 사회화 과정을 통해 건전한 사회생활을 도와주는 역할을 한다. 학생들의 사회화는 계획적인 수업을 통해서만 이루어지는 것이 아니라, 교사와 학생들의 상호작용을 통해 자연스럽게 습득된다.

셋째, 교사는 평가하는 사람이다. 교육평가는 교육과 관련된 평가로, 교육의 목적이나 이념을 규준으로 일정한 교육 계획 및 지도 등으로 얻은 성과를 나타낸다. 교사의 평가방법과 내용은 학생들의 학습 및 생활, 태도에 큰 영향을 끼친다. 교사의 판단은 학생들의 자아실현에 영향을 주며, 교사의 평가 결과에 따라 학생들의 동기가 강화되기도 하고, 좌절감을 느끼기도 한다. 평가도 교육 활동이므로 교육적이어야 한다. 즉 교육과정, 교수–학습, 평가가 일관성 있게 진행되어야 의미 있는 교육이 이루어질 수 있을 것이다.

넷째, 교사는 학생의 생활을 지도하고 상담하는 사람이다. 교사의 학생지도 영역은 크게 학습 지도와 생활 지도로 구분될 수 있다. 생활지도의 영역은 진로 및 직업지도, 학업지도, 사회성 지도, 건강 및 여가지도, 가정 및 종교문제 지도 등 생활에서의 거의 모든 문제를 포괄한다. 생활지도는 주로 개인상담이나 집단상담을 통해 이루어지게 되는데, 학교 현장에서는 전문상담강사나 Wee 센터 등에서 상담을 지원하고 있다. 그러나 최근에는 사회적으로 문제가 되는 학교폭력이나 가정폭력, 학생 자살 등 정신건강과 관련된 문제들이 자주 발생하고 있어 상담가로서의 교사의 역할이 더욱 중요해지고 있다.

2) 교사의 자질

"교육의 질은 교사의 질을 넘을 수 없다."라는 말이 있다. 이것은 학교현장에서 교사가 수업을 어떻게 준비하였느냐에 따라 교육의 질적 수준을 결정하게 된다는 의미이다. 교사의 자질은 교육 성과에서 우수한 성취를 이룬 교사에게 나타나는 특성이라 볼 수 있다. 교원이 갖추어야 할 자질은 시대와 상황에 따라 달라질 수 있지만, 대체적으로 요구되는 교사의 자질은 다음과 같다(신동선 외, 2020; 장원동·양애경, 2012).

첫째, 교사는 폭넓은 교양과 인간을 존중하는 바람직한 인격의 소유자여야 한다. 미성숙한 학생들을 성숙한 인간으로 양성하기 위해 교사 자신이 먼저 높은 인격과 윤리의식, 역사의식을 소유하여 학생들의 본보기가 되고, 감동과 비전을 주어야 한다. 따라서 교사는 일상생활에서 늘 성숙하고 바람직한 행동을 하여야 한다.

둘째, 교사는 건전한 학생관과 교육에 대한 사명감을 가져야 한다. 교사는 학생을 인격적으로 대하고 존중하며, 그들의 잠재적 능력에 대한 확신을 가져야 한다. 또한 교사는 교직에 대한 신념과 사명감을 가지고, 교육을 미래 사회를 창조하고 변화시키는 수단으로 인식하여야 한다.

셋째, 교사는 학생에 대한 이해와 애정을 가져야 한다. 교사는 학생에 대한 지적, 정의적, 신체적 발달에 대하여 정확한 이해가 필요하다. 학생에 대해 애정이 있는 교사는 학생의 부정적 측면을 강조하여 질책하기보다, 긍적적인 면을 강조하여 학생의 잠재능력을 최대한 끌어 올리려는 노력을 해야 한다. 즉 교사는 학생들 내면의 무한한 가능성을 펼칠 수 있도록 조력자의 역할을 해야 한다.

넷째, 교사는 교육에 대한 이해는 물론, 수업 능력을 지녀야 한다. 교사는 평소 가르치는 내용에 대하여 항상 연구하고 공부하여야 한다. 더불어 교사의 핵심적 역할인 가르치는 일, 즉 효과적인 수업 방법을 체득하고 있어야 한다.

다섯째, 교사는 적극적인 행동 의지를 지녀야 하며, 인간관계 속에서 효과적으로 상호작용할 수 있는 의사소통 능력을 지녀야 한다. 교사의 삶의 자세와 적극적 행동 양식은 학생들의 인생관에 모범으로 작용할 수 있으며, 다양한 인간관계 속에서 설득력 있는 의사소통을 할 수 있어야 한다. 즉 교사는 올바른 가치관과 모범적 행동으로 타인에게 신뢰를 주고, 교육자로서의 품위를 유지해야 한다.

3. 교원의 윤리·권리·의무

1) 교원 윤리의 개념과 중요성

윤리는 사람이 사회적 관계를 유지하기 위하여 마땅히 지켜야 하는 도리로서 실제의 도덕이나 규범의 총체를 말한다. 즉 윤리는 인간 행동의 규범이다. 교원의 윤리는 교사의 행동 규범으로 교육 활동에 종사하는 교원들이 당연히 지키고 따라야 하는 규범이라 할 수 있다. 교원은 교육이라는 특수한 분야의 일을 하고 있으므로 다른 직업에 비해 비교적 높은 수준의 도덕성을 갖출 것을 요구받는다. 교원은 가르치는 사람이며, 가르침은 지적이고 기능적인 면뿐 아니라 사회적·도덕적 측면도 포함되기 때문이다.

교직은 학생의 인간 형성을 목적으로 하며, 국가의 미래를 결정하는 국민의 질을 결정하므로 법규를 준수하는 것 이상으로 교원 윤리가 중요시된다. 교원 윤리가 중시되는 이유를 제시하면 다음과 같다.

첫째, 교직은 학생들의 인격을 형성하는 직업이다. 교육 활동은 바른 것을 가르치고 배우는 과정에서 도덕적이고 가치지향적인 것을 추구한다. 교원은 학생들에게 지속적으로 노출되고, 학생을 가르치는 과정에서는 공식적 규율보다 비공식적인 인간관계에 영향을 더 많이 받기 때문에 고도의 윤리성이 요구된다. 따라서 비공식적 실천 규범인 교원 윤리가 중요시된다.

둘째, 교육의 목적이나 내용, 교수과정, 학생에 대한 배려와 지원, 학생과 학부모의 관계 등 교원의 모든 행위와 관련되는 것이 바로 교원 윤리이다. 교육 활동은 자율적인 활동으로서 직무를 수행하는 교원이 자율권과 재량권을 가지고 교사 자신의 자율적인 판단으로 실행된다. 교사가 교원 윤리를 바탕으로 자율성을 확보한다면 그것은 곧 올바른 교육 활동으로 이어질 것이다.

셋째, 교원 윤리의 실천이 교육의 질을 좌우하므로, 교사의 교육력을 강화하기 위해서 교원 윤리가 중요시된다. 우수한 인재의 양성, 탁월한 능력과 자질을 가진 국민을 육성하는 것이 교육이다. 따라서 교원의 윤리관을 확립하는 것이 양질의 교육을 보장하는 것이다.

넷째, 교직은 학생들을 위해 헌신하고 봉사하는 직업이므로, 학생의 건전한 성장과 바람직한 발달을 도모하기 위해서 교원 윤리가 강조되어야 한다. 학생의 도덕적·윤리적인 성장과 발달은 학생의 사회적 환경의 질에 의해 영향을 받는다. 그중에서도 인간적 환경, 즉 인간관계가 가장 중요하다. 따라서 교사나 부모의 윤리성·도덕성은 학생의 윤리적 성장에 중요한 영향을 미친다.

2) 교원의 권리

교원의 권리는 교직에 종사하는 교원들이 그들이 책임과 의무를 수행하면서 보장받아야 할 권리이다. 교원의 권리는 적극적 권리와 소극적 권리로 구분할 수 있다. 적극적 권리에는 자율성 신장, 생활보장, 근무조건 개선, 복지·후생제도의 확충이 해당되며, 소극적 권리에는 교원의 신분보장, 쟁송제기권, 불체포특권, 교원단체 활동권이 있다.

(1) 적극적 권리

① 자율성 신장

전문직은 직업 활동에 대하여 권위를 인정받고 있으며, 전문적 능력을 발휘할 수 있도록 여건을 조성해 주어야 한다. 교직은 전문직으로서 교육전문가들이 직무를 수행함에 있어 자율성이 보장되어야 한다. 「헌법」 제31조 제4항의 "교육의 자주성, 전문성, 정치적 중립성 및 대학의 자율성은 법률이 정하는 바에 의하여 보장된다."라는 규정에서 교원의 자주성과 전문성 보장을 명시하고 있다.

② 생활보장

생활보장은 모든 직업의 기본적 권리이다. 교원이 안정된 생활기반 위에서 가르치는 일에만 몰두할 수 있는 여건을 마련해 주어야 한다는 의미이다. 교원들은 학생을 대상으로 교육하기 때문에 보수나 권리를 주장하기 힘든 면이 존재한다. 따라서 국가는 교원들의 생활보장을 위해 특별한 배려를 해야 한다. 「교육기본법」 제14조 제1항의 "교원의 경제적·사회적 지위는 우대되고 그 신분은 보장된다."는 규정과 「교육공무원법」 제34조의 "교육공무원의 보수는 우대되어야 한다."는 규정은 교원이 우대를 받도록 국가·사회가 배려를 한 것이라 볼 수 있다.

③ 근무조건 개선

근무조건은 일의 성취와 능률, 만족의 문제와 직접적으로 관련된 문제이다. 교원이 교육 활동에 전념하기 위해서는 교육의 효과와 능률을 높일 수 있는 적합한 근무조건이 조성되어야 한다. 그러기 위해서는 적정량의 근무 부담이 주어져야 하며, 과중한 수업 부담이나 업무과다, 과밀학급 등은 교육 활동 전념의 제약조건이라 할 수 있다.

④ 복지·후생 제도의 확충

교원이 교육 활동에만 전념하기 위해서는 건강의 유지, 자녀 교육, 가족부양의 책임 등 교원들의 생활안정이 보장되어야 한다. 과거보다는 복지·후생제도가 나아지고 있으며, 현재는 연금, 자녀 학비 보조금, 무주택 교원지원, 학교 안전 사고에 대한 보장 등이 실행되고 있다.

(2) 소극적 권리

① 교원의 신분보장

모든 교원은 「국가공무원법」에 의해 신분보장은 물론 「교육공무원법」에 의하여 더 강력한 신분보장의 권리를 인정받고 있다. 「교육기본법」 제14조에서는 "교원의 경제적·사회적 지위는 우대되고 그 신분은 보장된다."고 밝히고 있다. 「교육공무원법」 제43조에서는 "교육공무원은 형의 선고, 징계 처분 또는 「교육공무원법」에서 정하는 사유에 의하지 아니하고는 의사에 반하여 휴직, 강임, 면직을 당하지 아니한다. 또한 교육공무원은 권고에 의하여 사직을 당하지 아니한다."라고 명시되어 있다.

② 쟁송제기권

쟁송제기권은 부당한 징계 처분에 대하여 고충 처리의 심사 청구나 재심을 청구할 수 있는 제도이다. 교원에 대한 징계 사유는 법령 위반, 직무 태만, 위신 손상 등이며, 징계의 종류에는 파면, 해임, 정직, 견책, 감봉 등이 있다.

③ 불체포특권

「교육공무원법」 제48조를 보면 "교원은 현행범인 경우를 제외하고는 소속 학교장의 동의 없이 학원 안에서 체포되지 아니한다."라고 규정하고 있다. 교원에게 이러한 특권을 인정하는 것은 학원의 자유를 보장하고 교원이 교육 및 연구 활동을 수행함에 있어 권력기관의 부당한 압력을 배제하기 위해서이다.

④ 교원단체 활동권

교원은 교원의 권리를 확보하고 효과적인 직업 수행을 위해 단체활동을 할 수 있다. 즉 교원들은 단체 조직과 운영을 통하여 회원들의 상호 유대 강화와 복지향상, 자질향상 등의 공동 목표를 추구할 수 있다. 「교육기본법」 제15조에는

"교원은 상호 협동하여 교육의 진흥과 문화의 창달에 노력하며 교원의 경제적·사회적 지위를 향상하기 위해 각 지방자치단체와 중앙에 교원단체를 조직할 수 있다."라고 규정하고 있다.

3) 교원의 의무

교원은 국가 공무원으로서 지켜야 할 의무가 있다. 교원의 의무는 적극적 의무와 소극적 의무로 나누어 볼 수 있다. 적극적 의무에는 교육 및 연구 활동의 의무, 선서·성실·복종의 의무, 비밀 엄수의 의무, 친절·공정·청렴의 의무, 품위 유지의 의무 등이 있으며, 소극적 의무에는 영리업무 및 겸직금지 의무, 정치활동 금지 의무, 집단행위 금지 의무 등이 있다.

(1) 적극적 의무

① 교육 및 연구 활동의 의무

교원의 가장 중요한 의무는 가르침이며, 가르쳐야 할 내용에 대하여 풍부한 지식을 가지고 있어야 한다. 교원은 교육자로서 갖추어야 할 품성과 자질을 향상시키기 위하여 노력하여야 하며(「교육기본법」 제14조), 교육공무원은 그 직책을 수행하기 위하여 끊임없이 연구와 수양에 힘써야 한다(「교육공무원법」 제38조).

② 선서·성실·복종의 의무

공무원은 취임할 때에 소속 기관장 앞에서 대통령령 등으로 정하는 바에 따라 선서(宣誓)하여야 한다(「국가공무원법」 제55조). 모든 공무원은 법령을 준수하며 성실히 직무를 수행하여야 하며(「국가공무원법」 제56조), 공무원은 직무를 수행할 때 소속 상관의 직무상 명령에 복종하여야 한다(「국가공무원법」 제57조). 교원의 성실 의무는 윤리성에 바탕을 두고 있으므로 학생의 인격과 능력을 신장시키는 데 충실해야 하며, 복종의 의무에서 명령은 정당한 직무상의 명령이어야 한다.

③ 비밀 엄수의 의무

공무원은 재직 중은 물론 퇴직 후에도 직무상 알게 된 비밀을 엄수하여야 한다(「국가공무원법」 제60조). 즉 교원은 직무 수행 중에 알게 된 비밀을 누설하면 안 된다. 이는 국가와 이해 당사자의 권익을 보호하기 위함이다. 이러한 비밀 엄수의 의무를 위반할 시 징계의 사유가 된다.

④ 친절·공정·청렴·품위 유지의 의무

공무원은 국민 전체의 봉사자로서 친절하고 공정하게 직무를 수행하여야 하며(「국가공무원법」 제59조), 청렴의 의무로서 공무원은 직무상의 관계 여하를 불문하고 그 소속 상관에게 증여하거나 소속 공무원으로부터 증여를 받아서는 안 된다(「국가공무원법」 제61조).

모든 공무원은 직무의 내외를 불문하고 그 품위를 손상하는 행위를 하여서는 안 된다(「국가공무원법」 제63조). 교원은 공직의 체면, 위신, 신용을 유지할 필요가 있다.

(2) 소극적 의무

① 영리 업무 및 겸직금지 의무

공무원은 공무 외에 영리를 목적으로 하는 업무에 종사하지 못하며 소속 기관장의 허가 없이 다른 직무를 겸할 수 없다(「국가공무원법」 제64조). 그러나 교원이 직무 내용이 유사하고 담당 직무 수행에 지장이 없다고 판단되면 소속 기관장의 허가를 받아 겸직이 가능하다.

② 정치활동의 금지 의무

공무원은 정당이나 그 밖의 정치단체의 결성에 관여하거나 이에 가입할 수 없다. 공무원은 선거에서 특정 정당 또는 특정인을 지지 또는 반대하기 위한 행위를 하여서는 안 된다(「국가공무원법」 제65조). 교육공무원도 일반직 공무원과 동일하게 정치활동에 대하여 중립을 지킬 것을 요구하고 있다.

③ 집단 행위의 금지 의무

공무원은 노동운동이나 그밖에 공무 외의 일을 위한 집단 행위를 하여서는 안 된다. 다만, 사실상 노무에 종사하는 공무원은 예외로 한다(「국가공무원법」 제66조). 교원은 단체결성권과 단체교섭권은 인정하고 있으나 단체행동권은 제한되고 있다. 교원의 집단행위 제한은 집단행위로 인해 직무의 공백으로 학생의 학습권을 침해할 수 있기 때문에 제한하고 있다.

4. 교원 윤리강령

교원단체총연합회는 기존의 「사도헌장 및 사도강령」을 대체하는 것으로서 「교직윤리헌장」을 제정하여 2005년 5월에 선포하였다. 새로 제정된 「교직윤리헌장」은 새로운 시대의 교육환경과 사회적 요구를 반영한 것이다. 「교직윤리헌장」의 서문과 구체적 윤리 조항을 밝히고 있는 '우리의 다짐'의 내용은 다음과 같다.

◆ 교직윤리헌장 ◆

우리는 교육이 인간의 가치와 존엄성을 높이며, 개인의 성장과 자아실현은 물론 국가와 민족의 미래에 중대한 영향을 준다는 사실을 명심하고, 국민으로부터 부여받은 교육자의 책무를 다하기 위해 최선을 다한다.
우리는 균형 있는 지 · 덕 · 체 교육을 통하여 미래사회를 열어갈 창조정신과 세계를 향한 진취적 기상을 길러줌으로써, 학생을 학부모의 자랑스런 자녀요 더불어 사는 민주사회의 주인으로 성장하게 한다.
우리는 교육자의 품성과 언행이 학생의 인격형성을 좌우할 뿐만 아니라 사회 전반의 윤리적 지표가 된다는 사실을 인식하고, 윤리성과 전문성을 높이기 위해 노력한다.
이에 우리 모두의 의지를 모아 교직의 윤리를 밝히고, 사랑과 정직과 성실에 바탕을 둔 교육자의 길을 걷는다.

◆ 우리의 다짐 ◆

- 나는 학생을 사랑하고 학생의 인권과 인격을 존중하며, 합리적인 절차와 방법에 따라 지도한다.
- 나는 학생의 개성과 가치관을 존중하며, 나의 사상 · 종교 · 신념을 강요하지 않는다.
- 나는 학생의 학업성적 · 성별 · 가정환경의 차이에 따라 차별하지 않으며, 부적응아와 약자를 세심하게 배려한다.
- 나는 수업이 교사의 최우선 본분임을 명심하고, 질 높은 수업을 위해 부단히 연구하고 노력한다.
- 나는 학생의 성적평가를 투명하고 엄정하게 처리하며, 각종 기록물을 정확하게 작성 · 관리한다.
- 나는 교육전문가로서 확고한 교육관과 교직에 대한 긍지를 갖고, 자기개발을 위해 노력한다.
- 나는 교직 수행과정에서 습득한 학생과 동료, 그리고 직무에 관한 정보를 악용하지 않는다.
- 나는 학생이나 학부모로부터 사적 이익을 취하지 않으며, 사교육기관이나 외부업체와 부당하게 타협하지 않는다.
- 나는 잘못된 제도와 관행을 개선하는 데 앞장서며, 교육적 가치를 우선하는 건전한 학교문화 형성에 적극 참여한다.
- 나는 학부모와 지역사회를 교육의 동반자로 삼아 바람직한 교육공동체 형성을 위해 함께 노력한다.

학 습 과 제

1. 교직관의 세 가지 유형에 대하여 설명하시오.
2. 교직의 성격에 대하여 설명하시오.
3. 교사의 역할과 자질에 대하여 설명하시오.
4. 교원의 적극적 권리와 소극적 권리에 대하여 설명하시오.
5. 교원의 적극적 의무와 소극적 의무에 대하여 설명하시오.

참 고 문 헌

가영희·성낙돈·안병환·임성우(2008). 성인학습 및 상담. 서울: 과학교육사.

가영희·성낙돈·안병환(2012). 교육학개론. 서울: 동문사.

강기수·김희규·이규은·차춘희(2012). 교육학개론. 서울: 동문사.

강봉규·박성혜(2014). 새로운 교육과정. 서울: 태영출판사.

고경화(2017). 예 잇고 뜻 살핀 교육의 역사와 철학. 서울: 동문사.

국가법령정보센터(2019). 초중등교육법 및 초중등교육법시행령. http://www.law.go.kr/

강명희·정재삼·조일현·이정민·님규연·소효정(2017). 교육방법 및 교육공학. 경기: 교육과학사.

곽재호·유헌창(2018). 한국컴퓨터교육학회. 하계학술대회발표논문집. 제22권 제2호(ADDIE 교수설계모형기반 교육용정보역량강화 프로그램). pp. 143-146.

권낙원·김민·한승록추·추광재(2012). 교사를 위한 교육과정론. 경기: 공동체.

권성호(1998). 교육공학의 탐구. 파주: 양서원.

권인탁·김근곤·김인홍·김천기·노상우·박세훈·박승배·송재홍·온기찬·유평수·최태식(2013). 교육학개론. 파주: 양서원.

교육공학용어사전 편찬위원회(2015). (엮은이) 고려대민족문화연구소.

교육부(2020). 제2차 인성교육 종합계획(2021-2025).

구병두·최종진·김부국·김상남·차승봉·박균달·정의식·김경민·이범석·이경철·구희진(2015). 교육과정. 파주: 양서원.

국립특수교육원(2009). 특수교육학 용어사전.

김국현(2012). 교육학개론. 서울: 학지사.

김규태·김영보·김정란·변기흠·안병규·이재식·이혜정·장동만·최명숙(2013). 현장 전문가가 들려주는 교직실무. 경기: 공동체.

김규태·방경곤·이병환·윤혜영·우원재·김태연·이용진·엄재춘(2019). 학교폭력 예방 및 학생의 이해. 파주: 양성원.

김도진·송성순·최헌철(2019). 교육학개론. 서울: 창지사.

김병희·정길영·차상희·은은숙(2013). 교육과정의 이해. 경기: 공동체.

김병희·김경식·김형구·박형진·윤주국·이현철(2014). 교육사회학. 경기: 공동체.

김석우(2013). 교육평가의 이해. 서울: 학지사.

김성열·강현석·김석우·김회수·도승이·박인우·박주병·성기선·손은령·신종호·이길재·이상무·이희수·정제영(2021). 교육학개론. 서울: 학지사.

김신일(2005). 학습 사회의 교육학. 서울: 학지사.

김승희·이성주·전희정·이순덕·채형렬·권재환(2012). 알기 쉬운 교직실무. 경기: 공동체.

김용현·김종표(2015). 평생교육론. 파주: 양서원.

김윤태(2001). 교육행정·경영의 이해. 서울: 동문사.

김의석·이우언·정석환(2008). 최신 교육학개론. 서울: 양서원.

김이영·송창백·이은희·은숙·최윤희·하경표(2016). 학교폭력 예방의 이론과 실제. 파주: 양서원.

김종서·황종건·김신일·한숭희(2003). 평생교육개론. 경기: 교육과학사.

김종하(2016). 사회과 수업에서 직소(jigsaw) 수업의 현실적 적용 모형 제안. 경북대학교 석사학위논문.

김지은(2013). 교육행정 및 교육경영. 서울: 동문사.

김진한(2009). 교사를 위한 교직실무. 서울: 학지사.

김흥규·이만표(2013). 교육사회학. 파주: 양서원.

나항진·김경수·박성희·박영미·신정혜(2014). 교육사회학. 파주: 양서원.

남궁용건·김남근·김노연(2008). 교육학개론. 서울: 양서원.

뉴스투데이: 인천대 한자대학동맹 컨퍼런스 참석을 위해 한국을 방문한 벤 넬슨 미네르바 스쿨 창립자(2019. 07. 03.)

디지털 인사이트: 미네르바 스쿨 하버드보다 들어가기 힘든 가장 선택적인 학교. 2021. 2.

류방란·김경애·이상은·한효정·이윤미·이종태·최항섭·이지미(2018). 제4차 산업혁명시대의 교육: 학교의 미래. 충북: 한국교육개발원.

민재윤·김민(2021). 포스트코로나시대의 교육동향과 블렌디드러닝 모델연구. *The Treatise on The Plastic Media, 24*(2), 76-85.

박균열·주영효·이인수(2019). 고교학점제의 안정적 정착을 위한 학교 구성원의 역할 분석. 고려대학교 교육문제연구소, 32(4), 87-113.

박세훈·권인탁·고명석·유평수·정재균(2012). 교육행정 및 교육경영. 서울: 학지사.

박의수·강승규·정영수·강선보(2017). 쉽게 쓴 교육의 역사와 철학. 서울: 동문사.

박지수·길준민(2020). 4차 산업혁명 시대의 에듀테크 정보처리학회논문지. 소프트웨어 및 데이터 공학, 9(11), 329-331.

방선욱·지봉환(2014). 예비교사를 위한 교직실무. 파주: 양서원.

백영균(2006). 교육방법 및 교육공학. 학지사.

백영균·한승록·박주성·정겸·최명숙·변호승·정환·강심천·윤성철(2015). 스마트 시대의 교육방법 및 교육공학. 서울: 학지사.

변영계·김영환·손미(2000). 교육방법 및 교육공학. 서울: 학지사.

변영계(2005). 교수학습 이론의 이해. 서울: 학지사.

서민철(2012). 인성교육의 윤리학적 기초로서 덕윤리. 학습자중심 교과교육 연구, 12(3), 217-241.

성낙돈·안병환·가영희·노재화(2015). 교육사회학. 서울: 동문사.

성태제(2019). 교육평가의 기초. 서울: 학지사.

성태제·강대중·강이철·곽덕주·김계현·김천기·김혜숙·송해덕·유재봉·이윤미·이윤식·임웅·홍후조(2020). 최신교육학개론. 서울: 학지사.

소경희(2009). 역량기반 교육의 교육과정사적 기반 및 자유교육적 성격 탐색. 교육과정연구, 27(1), 1-20.

송도선 역(2016). 학교와 사회. 경기: 교육과학사.

송인섭(2007). 자기주도학습. 서울: 학지사.

신명희·강소연·김은경·노원경·서은희·송수지·원영실·임호영(2013). 교육심리학. 서울: 학지사.

신명희·강소연·김은경·노원경·서은희·송수지·원영실·임호영(2018). 교육심리학. 서울: 학지사.

신동선·황승숙·권상순·박찬·한효령(2020). 보건교사를 위한 교직실무. 서울: 계축문화사.

신득렬(2007). 쉽게 풀어 쓴 교육철학 및 교육사(개정판). 서울: 양서원.

신재한(2017). 교육방법 및 교육공학. 서울: 양서원.

신차균·안경식·유재봉(2006). 교육철학 및 교육사의 이해. 서울: 학지사.

안병환(2012). 교육사화학의 이해. 경기: 공동체.

안정수(2001). 교육목표의 개념, 목적, 기능. 경희대학교 교육발전연구원.

오만록(2015). 교육사회학. 경기: 정민사.

유경애(2019). 대학 교양수업에서 직소(Jigsaw) 협동학습-학습자 인식 변화와 인지·정의적 효과. 교양교육연구 13(6), 381-402.

유승우·임형택·권충훈·이순덕·전희경(2018). 교육방법 및 교육공학. 경기: 양서원.

유평수·문선향·김유화·이원·황연우·김윤정·정세민(2014). 교육행정 및 교육경영. 경기: 공동체.

윤정일·허형(2002). 신교육의 이해. 서울: 학지사.

윤정일·송기창·조동섭·김병주(2016). 교육행정학원론(6판). 서울: 학지사.

이경호(2019). 4차 산업혁명시대 인재상 분석을 통한 교육과제 탐색. 한국교육학연구, 25(2), 143-166.

이무근(2003). 직업교육학원론. 경기: 교육과학사.

이병승·우영효·배제현 (2013). 쉽게 풀어 쓴 교육학. 서울: 학지사.

이병승·우영효·배제현 (2020). 쉽게 풀어 쓴 교육학(4판). 서울: 학지사.

이병환(2015). 새로운 교육사회학. 서울: 태영출판사.

이상무·이희수·정제영(2021). 미래교사를 위한 교육학개론. 서울: 학지사.

이성진(1996). 교육심리학: 그 학문적 성격과 과제. 교육심리연구, 10(1), 25-48.

이신동·김창동·구자억·김동일·김복영·김희규·모경환·박성옥·박춘성·이정기·정대용·정윤경·최철용(2020). 교육학개론. 서울: 학지사.

이윤식·김병찬·김정휘·박남기·박영숙·송광용·이성은·전제상·정명수·정일환·조동섭·진동섭·최상근·허병기(2009). 교직과 교사. 한국교원교육학회 편. 서울: 학지사.

이은철(2020). PBL 수업에서 교육과정 편성 과제에 대한 동기 설계가 학습자의 교과 흥미와 과제 난이도 인식에 미치는 영향. 한국콘텐츠학회논문지. 20(1).

이재욱(2012). 학교폭력의 원인과 해결 방안: 학교폭력예방 및 대책에 관한 법률의 실효성 검토와 법교육의 중요성 인식을 중심으로. 고려대학교 교육대학원 석사학위논문.

이정기·강용원·임창호·조성국·류해옥(2008). 기독교 교육학개론. 생명의 양식.

이정기(2015). 온라인대학교육. 커뮤니케이션즈북스

이지헌·송현종·이두휴·손승남·이정화(2018). 교육학개론. 서울: 학지사.

이지헌·송현종·이두휴·손승남·이정화·김희봉·김영록·이순덕·곽유미·임배(2020). 교육학개론. 서울: 학지사.

이택휘·유병열(2000). 도덕교육론. 파주: 양서원.

이화(2015). 개정교육과정의 주요 내용과 성공적 실행 방안. 서울: 한국교육개발원.

이화여대 교육공학과(2007). 21세기 교육방법 및 교육공학. 경기: 교육과학사.

이현아(2014). 가족식사가 자녀의 학교적응에 미치는 영향-학부모 인식을 중심으로-. 한국가족자원경영학회지, 18(3).

이현청(1994). 교육사회학. 파주: 양서원.

이형행(2011). 교육학개론. 서울: 양서원.

이홍우(1991). 교육의 개념. 서울: 문음사.

임관혁·박지윤·신혜성(2021). 교과목 설계를 위한 교수설계 타당화 모형의 제안. *Korean Journal of General Education 2021, 2. 15*(1), 205-21.

임규혁·임웅(2007). 학교학습 효과를 위한 교육심리학(2판). 서울: 학지사.

임진혁(2014). 교육의 새로운 패러다임: Flipped Learning 기회인가 위협인가?. 의학교육논단. 16(3), 132-140.

장경원(2019). 초·중등교육에서의 PBL을 위한 문제개발 및 튜터활동 전략. 교육연구학회. 19(7).

장원동·양애경(2012). 현장 중심에서 본 교육학개론. 서울: 동문사.

정범모(1968). 교육과 교육학. 서울: 배영사.

정종기(2018). PBL교과수업과 학교도서관 LAI(Library-Aided Instruction)의 연계를 위한 기술적 분석(PBL 사례연구 중심으로. 도서관정보학회지. 49(4).

정석환(2012). 쉽게 풀어 쓴 교육철학 및 교육사. 서울: 동문사.

정일환·문수백·류영숙·조태윤·정현숙·전경숙(2018). 학교폭력예방과 인성교육. 파주: 양서원.

조헌국(2017). 4차 산업혁명에 따른 미래사회와 교육환경의 변화, 그리고 초·중등 과학교육의 과제. 초등과학교육, 36(3), 286-301.

조연순(2006). 문제중심학습의 이론과 실제. 서울: 학지사.

주삼환·천세영·김택균·신붕섭·이석열·김용남·이미라·이선호·정일화·김미정·조성만(2009). 교육행정 및 교육경영(4판). 서울: 학지사.

차경수·최충옥·이미나·옹정근·남기석(2006). 교육사회학의 이해. 파주: 양서원.

차경수·조대훈(2012). 사회교육과 교육의 도전과 전망. 서울: 동문사.

최수영·백영균·설양환역(2003). 체제적 교수설계. Dick, W., Carey, L., & Carey, J. O. 저, 서울: 아카데미 프레스.

최희선(2004). 학교·학급경영. 경기: 형설출판사.

켈러, J. M. & 송상호.(1999). 매력적인 수업설계. 서울: 교육과학사.

한국고용정보원(2017). 2017 한국직업전망.

한국교육평가학회(2004). 교육평가 용어사전. 서울: 한국교육평가학회.

한국교육학회(1998). 인성교육. 서울: 문음사.

한상길(2011). 교직실무. 경기: 공동체.

황정규·서민원·최종근·김민성·양명희·김재철·강태훈·이대식·김준엽·신종호·김동일(2017). 교육평가의 이해. 서울: 학지사.

황종관(2001). 도덕교육에서의 권위와 자율성의 관계. 도덕교육연구, 12(2), 87-112.

허형(2010). 학습촉진자로서의 교사의 역할 변화에 관한 연구. 한국교육학 연구, 16(3), 181-203.

홍선주·이명진·최영인·김진숙(2016). 지능정보사회 대비학교 교육의 방향 탐색. 서울: 한국교육 과정평가원.

AECT(1994). *Instructional technology: The definition and domain of the field.* Washington, D. C.: Association for Educational Communication & Teaching.

AECT Definition and Technology Committee(2004). The meaning of educational technology. http://wwww indiana. edu/~molpage/~ publications. html.

Alberty, H. B., & Alberty, E. L. (1963). *Reorganizing the highschool curriculum.* N.Y.: The Macmillan.

Aronson. (1978.). *The jigsaw classroom.* Beverly Hills, CA, USA: SAGE Publications.

Bates, A. W. (1995). *Technology, open learning and distance education.* N.Y.: Routledge.

Bergmann, J., & Sams, A. (2012). *Flip your classroom: Reach every student in every class every day.* Eugene: International Society for Technology in Education.

Barrows, H. S. & Myers, A. C. (1993). *Problem-based learning in secondary schools.* Unpublished Monograph. Springfield. IL: Problem-Based Learning Institute.

Blosser, P. E. (1973). *Handbook of effective questioning techniques.* Worthington, Ohio: Education Associates Inc.

Bloom, B. S. (1956). Taxonomy of Educational Objectives. *Handbook the cognitive domain.* David McKay. New York.

Blumenfeld, P, C., Soloway, E., Mark, R. W., Kajcik, J. S., Guzdial, M., & Palinsar, A. (1991), Motivation project-based learning: Sustaining the doing, Supporting the learning. *Educational Psychologist, 26,* 369-398.

Bobbit, F. (1918). *The curriculum.* Boston: Houghton Mifflin.

Borden, J. (2014, August 26). *MOOCs are dead: Long live the MOOC.* Retrieved from http://www.wired.com.

Borich, G. (2000). *Effective teaching methods* (5th ed.). Columbus: Merrill Publishing.

Bowles, T. Gintis, H. (1976). *Schooling in capitalist america.* N.Y.: Basic Books.

Bruner, J. S. (1960). *The process of education.* 이홍우(譯) (1973). 브루너 교육의 과정. 서울: 배영사.

Cohen, M. D. , March, J. G., & Olsen, J. P. (1972). A Garbage Can Model of Organizational Choice. *Administrational Science Quarterly, 17.*

Corey, S. M. (1971). *The nature of instruction.* NJ: Prentice-Hall.

Cunningham, C. A., & Allen, B. L. (2010). Philosophical questions about learning technologies. In R. Bailey, R. Barrow, D. Carr, & C. McCarthy (Eds.), *The SAGE handbook of phillosophy of education.* Thousand Oaks, LA: SAGE.

Davis, R. C. (1961). *The fundamentals of top management.* N.Y.: Harper & Row.

Dewey, J. (1944). *Democracy and education.* N.Y.: The Free Press.

Dick, W., & Carey, L. (1985). *The systematic design of instruction* (2nd ed.). Harper Collins.

Dick, W., Carey, L., & Carey, J. O. (2004). *The systematic design of instruction* (6th ed.), Allyn & Bacon.

Eggen, P., & Kauch, D. (2001). *Educational psychology: Windows on classrooms* (5th ed.), Upper Saddle River, NJ: Person Prentice Hall.

Gagné, R, & Briggs, L. (1979). *Principle of instructional design* (4th ed.). N.Y.: Hollt, Rine & Winston.

Gagné, R. M. (1985). *The conditions of learning and theory of instruction* (4th ed.). N.Y.: Hollt, Rine & Winston.

Gagné, R. M., Briggs, L. J., & Wager, W. (1992). *Principles of instructional design* (4th ed.). for Worth, TX: Jovanovich.

George F. Kneller. (1971). *Introduction to the philosophy of education.* N.Y.: John Wiley and Sons, pp. 20–21.

Griffin, P., Care, E., & McGaw, B. (2012). *The changing role of education and schools. In Assessment and teaching of 21st century skills* (pp. 1–15). Springer.

Heinich, R. Molenda, M. Russell, J. and Smadino, S. (1996). *Instructional media and the new technologies for learning.* N.Y.: Macmi.

Hirsch, E. D., Jr. (1988). *Cultural literacy: What every American needs to know.* N.Y.: Vintage Books.

Hopkins, L. T. (1941). *Interaction: The democratic process.* Boston: D. C. Heath.

Hoy, W. K. & Miskel, C. G. (2008). *Educational administration: Theory, reasearch, and practice* (8th ed.). N.Y.: McGraw–Hill, 18. 오영재·신현석·양성관·박종필·가신현 역 (2013). 교육행정 이론, 연구, 실제(9판). 서울: 아카데미프레스.

Hyun, Jung., Ediger, Ruth; Lee, Donghun. (2017). Students' Satisfaction on Their Learning Process in Active Learning and Traditional Classrooms. *International Journal of Teaching and Learning in Higher Education, 29*(1), 108–118.

Im, J. & Beum, S. (2012). Innovation for higher education through e-education: IT-enabled active learning: Communications of the Korea Information Science Society. *Korea Inf Sci Soc, 30*(5), 48–55.

Januszewski, A., & Molenda, M. (2008). *Eucational technology: A definition with commentary.* N.Y.: Lawrence Erlbaum.

Johnson, D., & Johnson, R. (1994). *Learning together and alone; Cooperation competition, and individualization* (4th ed.). Boston: Allyn & Bacon.

Kail, R. V., J. C. Cavanaugh. (2004). *Human Development: A lifespan view* (3rd ed.) Belmont. CA: Wadsworth.

Karfman. R. (1978). 교육체제 설계 (서정화, 노종회, 조문혁 역). 서울: 배영사. (원저는 1970년 출간).

Kneller, G. F. (1990). 교육철학이란 무엇인가(*Introduction to the philosophy of education*). 정희숙 역. 서울: 서광사. (원저는 1971년 출판).

Krathwohl, D. R., B. S. Bloom, B. B. Masia. (1964). Taxonomy of educational objectives, *Handook ll: Affective domain.* N.Y.: David McKay.

Kurzweil, Ray.(2006). *The singularity is near: When humans transcend biology.* N.Y.: Peguin Books.

Lunenburg, F. C., & Ornstein, A. C. (2012). *Educatinal administration: Concepts and practices* (6th ed.). Belmint, CA: Wadswoth/Thomson Learning.

Mannheim, K. (1936). *Ideology and Utopia.* London: Routledge.

Mayer, R. E. (2008). *Learning and instruction.* Upper Saddle River. NJ: Pearson Merrill Prentice Hall.

Markham, T., Larmer, J., & Ravitz, J. (2003). Project-Based Learning. *Handbook: A guide to dtandards focused project-based learning for middle and high school teachers.* Novato, CA: Buck Institute for Education.

Omrod. J. E. (2004). *Educational psychology: Development learners* (4th ed.). Upper Saddle River: Merrill Printice-Hall.

Parelius, A. P. & Parelius, R. J. (1978). *The sociology of education.* Englewood Cliffs. NJ: Prentice-Hal. Inc.

Peters, R. S. (1966). *Ethics and education*. London: George Allen and Unwin.

Pfiffner, I. (1960). *Organization: Administrative organization.* Englewood Cliffs. NJ: Prentice-Hall.

Phyllis C. Blumenfeld, Elliot Soloway, Ronald W. Marx, Joseph S. Krajcik, Mark Guzdial & Annemarie Palincsar. (2011), *Motivating project-based learning: Sustaining the doing*. Supporting the Learning, pp. 369-398 | Published online: 21 Nov. Education.

Power, E. J. (1996). *Education philosophy: A history from the ancient world to modern America.* N.Y.: Garland.

Prober, C. G., & Heath, C. (2012). Lecture halls without lectures: A proposal for medical education. *New England Journal of Medicine, 366*(18), 1657-1659.

Reay, D. (1994). *Selecting training methods.* London: Kogan Page.

Reay. D. (2001). Blended learning: A fusion fir the future. *Knowledge Management Review, 4* (3), 6.

Reigeluth, C. M. (1983). *Instructional design theories and models.* An Overview of Their Current Status. Publisher: Lawrence Erlbaum Associates.

Sayler, J. G., & Alexander, W. M. (1954). *Curriculum planning for better teaching and learning.* N.Y.: Rinehart and Winston.

Scheffler, I. (1960). *The language of education.* Springfield.

Seels, B & Richey, Rita. (1994). *Introductional technology: The definition and domains of the field.* AECT

Seifert(1991). *Educational psychology.* Houghton Mifflin Co.

Shunk. D. H. (2004). *Learning Theories: An educational perspective.* Upper Saddle River, N.Y.: Person.

Slavin. R. E. (1987). Ability grouping and student achievement in elementary schools: A best evidence synthesis. *Review of Educational Research, 57,* 293–336.

Smaldino. S. E, Russel, J. D., Heinich, R., Molenda, M. (2005). *Instructional technology and medi a for learning* (8th ed.), Upper Ssddle. N.Y.: Prentice Hall.

Spector. J. M. (2016). *Foundations of educational technology* (2nd ed.). Routledge, NY. 205–212.

Sullivan, T. J. (2009). *Sociology: Concept and applications in a diverse world.* N.Y.: Vango books.

Taylor, F. W. (1911). *The Principles of scientific management.* N.Y.: Harper & Broghers.

Tseng, K.H., Chi-Cheng Chang, Shi-Jer Lou & Wen-Ping Chen (2013). Attitudes towards science, technology, engineering and mathematics (STEM) in a project-based learning (PBL) environment. *International Journal of Technology and Design Education, 23,* pp. 87-102.

Toffler, A. (1990). *Power shift.* N.Y.: Bantam Books.

Tyler. R. (1949). *Basic principles of curriculum and instruction.* Chicago: University of Chicago.

Tyler, R. (1942). General statement on evaluation. *The Journal of Educational Research, 35*(7), 492–501.

Weber M. (1947). *The theory of Social and Econimic Organization.* translated by A. M. Henderson and T. Parsons. N.Y.: The Free Press.

Winch, C., & Gingell, J. (1999). *Key concepts in the philosophy of education.* London: Routlege.

Willis, J. (2000). The maturing of constructivist instructional design: some basic principles that can guide practice, *Educational Technology, 40*(1), 5–16.

저 자 소 개

송성순

계명대학교 교육학박사(교육심리)
임상심리사, 평생교육사
계명대학교 교육대학원 강의
계명대학교 원격교육원 강의전담교수
동몽심리연구소 소장

공은화

경북대학교 교육학박사(교육사회 및 평생교육)
평생교육사
대구카톨릭대학교 강의
대구보건대학교 외래교수

교육학개론

초판 1쇄 인쇄 2022년 2월 21일
초판 1쇄 발행 2022년 2월 25일

지 은 이 | 송성순 · 공은화
펴 낸 이 | 김기섭
편 집 인 | 이광순
펴 낸 곳 | 창지사 www.changjisa.com
08589 서울시 금천구 가산디지털 1로 83 파트너스타워 1차 9층
전화(02) 719-2211~3
팩스(02) 701-9386
등 록 | 1977년 4월 28일 · 제1-421호

ISBN 978-89-426-1507-0 (93370)

값 21,000원